Wolfgang Gerß (Hrsg.)

Bevölkerungsentwicklung in Zeit und Raum

Wolfgang Gerß (Hrsg.)

Bevölkerungs-
entwicklung
in Zeit und Raum

Datenquellen und Methoden
zur quantitativen Analyse

VS VERLAG FÜR SOZIALWISSENSCHAFTEN

Bibliografische Information der Deutschen Nationalbibliothek
Die Deutsche Nationalbibliothek verzeichnet diese Publikation in der
Deutschen Nationalbibliografie; detaillierte bibliografische Daten sind im Internet über
<http://dnb.d-nb.de> abrufbar.

1. Auflage 2010

Alle Rechte vorbehalten
© VS Verlag für Sozialwissenschaften | GWV Fachverlage GmbH, Wiesbaden 2010

Lektorat: Katrin Emmerich / Tanja Köhler

VS Verlag für Sozialwissenschaften ist Teil der Fachverlagsgruppe
Springer Science+Business Media.
www.vs-verlag.de

Umschlaggestaltung: KünkelLopka Medienentwicklung, Heidelberg
Druck und buchbinderische Verarbeitung: Rosch-Buch, Scheßlitz
Gedruckt auf säurefreiem und chlorfrei gebleichtem Papier
Printed in Germany

ISBN 978-3-531-17115-9

Inhalt

Vorwort

Die Anregungen zu dieser Aufsatzsammlung stammen aus zahlreichen Seminaren, die ich im Rahmen der empirischen Sozialforschung in 35-jähriger Lehrtä-
tigkeit bis zu meinem Eintritt in den beruflichen Ruhestand im Jahr 2006 im
Institut für Soziologie der Gerhard-Mercator-Universität Duisburg (Campus
Duisburg der Universität Duisburg-Essen) und im Sozialwissenschaftlichen
Institut der Heinrich-Heine-Universität Düsseldorf geleitet habe. Das Generalthema ist die Verfügbarkeit und Aussagefähigkeit amtlicher statistischer Bevölkerungsdaten im Zeitablauf und in kleinräumlicher Gliederung. Die beiden
Aspekte Zeit und Raum werden zunächst in Beziehung zur mathematischen
Chaostheorie gebracht. Als Datengrundlage werden Einwohnerzahlen über zwei
Jahrhunderte verwendet. Die historische Bevölkerungsstatistik beruht zum dominierenden Anteil auf den Volks- und Berufszählungen. Auch in neuester Zeit
erscheinen derartige Bestandsaufnahmen unentbehrlich; allerdings wird seit
mehreren Jahren ein Methodenwechsel zum sog. Registerzensus diskutiert. Ein
für aktuelle soziologische Untersuchungen immer wichtiger gewordener Teil
der modernen Bevölkerungsstatistik ist der Mikrozensus, der sich im Lauf seiner
Geschichte zu einem methodisch äußerst anspruchsvollen Instrument der Da-
tenbeschaffung entwickelt hat. Die Ergebnisse des Mikrozensus können außer
im Zeitvergleich auch für den Vergleich kleinerer Gebietseinheiten verwendet
werden, was am Beispiel einer Mortalitätsanalyse gezeigt wird. Neben den Methoden der Zeitreihenanalyse wurden in der wissenschaftlichen Statistik Methoden der Räumlichen Datenanalyse entwickelt. Diese beiden Spezialgebiete lassen sich in stochastischen Modellen miteinander kombinieren. Auf der Basis der
hier dargestellten theoretischen Grundlagen der Raum-Zeitlichen Datenanalyse
wird für ein ausgewähltes Gebiet und seine Gebietsteile eine integrierte räumlich-zeitliche Bevölkerungsprognose aufgestellt.
    Ich danke Frau Elke Messal, die viele Jahre lang alle Hindernisse bei der
Literaturbeschaffung überwunden hat. Meiner Frau Jutta Gerß danke ich für die
sehr zeitaufwendige Erstellung des druckfertigen Manuskripts. Mein Sohn und
Mitautor Dr. Joachim Gerß hat über seine eigenen Beiträge hinaus insbesondere
bei der Datenverarbeitung beratend und unterstützend geholfen.

Heiligenhaus 2009   Prof. Dr. Wolfgang Gerß

Veränderungen der räumlichen Bevölkerungsverteilung zwischen Vorhersagbarkeit und Chaos

Wolfgang Gerß

Die quantitative Erfassung der Bevölkerung und ihre Beschreibung nach individuellen Merkmalen wie Lebensalter und Geschlecht gilt seit Jahrtausenden in allen politischen Systemen als unentbehrliche Entscheidungsgrundlage der staatlichen Verwaltung. Seit mindestens drei Jahrhunderten sind statistische Bevölkerungsdaten auch Gegenstand wissenschaftlicher Forschung. So untersuchte der als Verfasser satirischer Schriften bekannte Londoner Arzt John Arbuthnott (1667-1735) empirisch-wissenschaftlich aus medizinischer Sicht Zeitreihen der Geburtszahlen von Knaben und Mädchen und erfand damit den sog. Vorzeichentest. Der deutsche Prediger Johann Peter Süßmilch (1707-1767) wertete für sein Werk „Die göttliche Ordnung in den Veränderungen des menschlichen Geschlechts, aus der Geburt, dem Tode und der Fortpflanzung desselben erwiesen" (1741) Bevölkerungsdaten aus theologischer Sicht wissenschaftlich aus. Die ab Anfang des 19.Jahrhunderts in den deutschen Staaten eingerichteten staatlichen statistischen Dienststellen waren gleichzeitig Datenlieferanten für Zwecke der Behörden und wissenschaftliche Institutionen. Die frühen Veröffentlichungen dieser statistischen Landesämter enthielten weitaus mehr kommentierenden und auswertenden Text als Zahlentabellen. Die wissenschaftliche Funktion der Ämter ging aus ihren Bezeichnungen nicht direkt hervor. Im Jahr 1805 wurde als erste deutsche Statistikbehörde das „Königlich Preussische Statistische Bureau" eingerichtet. Dieses Bureau wurde nach Gründung des Deutschen Reiches ab 1871 in „Königlich Preussisches Statistisches Landesamt" und ab 1919 in „Preußisches Statistisches Landesamt" umbenannt (Die Schreibweise „Preussen" bzw. „Preußen" war unterschiedlich). Auf Reichsebene bestand ab 1871 das „Kaiserliche Statistische Amt" und ab 1919 das „Statistische Reichsamt". Vor allem in den ersten Jahrzehnten der amtlichen Statistik dominierte im Arbeitsprogramm die Bevölkerungsstatistik und wissenschaftliche Demografie. Das Königlich Preussische Statistische Bureau veröffentlichte als eine der ersten heute noch verfügbaren großen Arbeiten die „Uebersicht der Bodenfläche und Bevölkerung des preußischen Staats – Aus den für das Jahr 1817 aemtlich eingezogenen Nachrichten". Mit Daten über die Einwohnerzahl, die Fläche, die Wohnhäuser und den Viehbestand für das Jahr 1819 folgten die „Beiträge zur Statistik des preußischen Staats – Aus ämtlichen Nachrichten von dem statistischen Bureau zu Berlin bearbeitet und herausgegeben". Bereits wesentlich umfangreicher war die „Neueste Uebersicht der Bodenfläche, der Bevölkerung und des Viehstandes der einzelnen Kreise des preußischen Staats – Nach den zu Ende des Jahres 1831 ämtlich aufgenommenen Verzeichnissen herausgegeben vom Direktor des statistischen Bureaus zu Berlin". Eine weitere demografische Veröffentlichung erschien unter dem Titel „Die Bevölkerung des preussischen Staats nach dem Ergebnisse der zu Ende des Jahres 1837 amtlich aufgenommenen Nachrichten in staatswirtschaftlicher, gewerblicher und sittlicher Beziehung dargestellt vom Direktor des statistischen Bureaus zu Berlin". Die dominierende Bedeutung der Bevölkerungsstatistik zeigt sich auch in den Themen der Veröffentlichungsreihe „Preussische Statistik". Von 1861 bis zur Fusion des Preußischen Statistischen Landesamts mit dem Statistischen Reichsamt im Jahr 1934 erschienen 305 Bände, von denen 107 ausschließlich bevölkerungsstatistische Daten enthielten. Im 20. Jahrhundert verlagerte sich der Schwerpunkt der amtlichen statistischen Aktivitäten immer mehr von der Bevölkerungsstatistik zu anderen Bereichen, insbesondere zur Wirtschaftsstatistik. Im Kaiserlichen Statistischen Amt deutete sich diese Entwicklung bereits ab 1871 an, im Statistischen Reichsamt erhielt sie erheblichen Auftrieb. Der Titel der ab 1919 vom Statistischen Reichsamt herausgegebenen Zeitschrift lautete – damals wie heute – kennzeichnenderweise „Wirtschaft und Statistik". Aus alter Gewohnheit werden aber bis heute in den fachübergreifenden Veröffentlichungen wie den statistischen Jahrbüchern des Bundes und der Länder Bevölkerungsdaten (mit Gebietsdaten) auf den ersten Seiten dargestellt.

Im Zentrum der Bevölkerungsstatistik standen zu jeder Zeit und weltweit in allen Staaten die in mehrjährigen Abständen durchgeführten totalen Volkszählungen. Sie waren für die statistischen Ämter immer eine große Herausforderung und gaben Anlass zur Erprobung neuer technischer Hilfsmittel. So wurde in einer amerikanischen Volkszählung durch Hermann Hollerith (1860-1929) Pionierarbeit für die automatisierte Datenverarbeitung geleistet. Volkszählungen fanden in Deutschland seit Beginn des 19. Jahrhunderts zunächst meistens in dreijährigen und danach in fünfjährigen Abständen statt. Unter Statistikern wurde lange diskutiert, wie groß der Abstand zwischen zwei Zählungen sein dürfte, damit die demografischen Veränderungen noch in ausreichendem Umfang erfasst werden könnten. Man hielt fünfjährige Abstände für einen angemessenen Kompromiss zwischen dem Aufwand der Zählungen und der Aussagefähigkeit ihrer Ergebnisse. Zehnjährige Abstände, wie sie später von internationalen Organisationen empfohlen und weltweit meistens praktiziert wurden, wurden für normale politische, wirtschaftliche und soziale Verhältnisse als gerade noch hinnehmbar angesehen. Um so ungewöhnlicher erschien es, dass in der Bundesrepublik Deutschland nach der Volkszählung 1970 siebzehn Jahre vergingen, bis die nächste Volkszählung durchgeführt werden konnte. Nach der Volkszählung 1987 – in der DDR nach der letzten dortigen Volkszählung 1981 – ist erst wieder im Jahr 2011 eine Volkszählung vorgesehen. Die Volkszählungen verursachen einen enormen Aufwand an Arbeitskräften und Zeit. Die hohen Kosten sind jedoch nicht der Grund für die siebzehnjährige bzw. vierundzwanzigjährige deutsche Abstinenz. Vielmehr wirkt sich hier die politische Situation der frühen achtziger Jahre des zwanzigsten Jahrhunderts bis in die Gegenwart aus. Der von der damaligen außerparlamentarischen Opposition propagierte Volkszählungsboykott, der von den sensationslüsternen Medien begierig aufgegriffen wurde und schließlich sogar beim Bundesverfassungsgericht Gehör fand, wurde als zu der Zeit sich gerade anbietende Revanche gegen die von der Bundesregierung im Rahmen der NATO betriebene Geheimhaltung der Standorte von Atomwaffen benutzt; er hatte mit der eigentlichen Volkszählung direkt nichts zu tun und verursachte bei den amtlichen Statistikern erhebliche Irritationen. Viele Politiker, die damals zu den Aktivisten oder Sympathisanten oder zumindest verständnisvollen Beobachtern des Volkszählungsboykotts gehörten, hielten sich beim Thema Volkszählung auch dann noch zurück, als sie selbst in politischen Institutionen Verantwortung trugen und die Notwendigkeit der Beschaffung aktueller demografischer Daten nicht mehr ignorieren konnten. Die schweren Geburtswehen der Volkszählungen 1987 und 2011 sind somit teilweise psychologisch zu erklären.

Die Volkszählungen bilden die Basis sowohl der laufenden Fortschreibung des Bevölkerungsstandes als auch seiner Vorausberechnung für die Zukunft. Zur Beantwortung der Frage, ob und auf welche Weise veraltete Basisdaten die Qualität der fortgeschriebenen bzw. vorausberechneten Daten beeinträchtigen, wird hier die mathematische Chaostheorie verwendet. Ein chaotisches System ist dadurch gekennzeichnet, dass es empfindlich auf bestimmte Erscheinungsformen der Anfangsbedingungen reagiert. Ein Fehler in den Anfangsbedingungen – bzw. die nachträgliche Korrektur eines solchen Fehlers – kann dazu führen, dass eine bis dahin regelmäßig erscheinende und prognostizierbare Entwicklung auf lange Sicht plötzlich in vollkommen unregelmäßiges Verhalten umschlägt. Die Entwicklung ist dann nicht mehr vorhersagbar, obwohl die Struktur des zugrundeliegenden Systems vollständig determiniert ist und sich nicht geändert hat. Chaostheoretische Modelle werden vor allem in den Naturwissenschaften angewendet, haben aber auch Eingang in die Wirtschafts- und Sozialwissenschaften gefunden. Die Chaostheorie stellt den klassischen Kausalitätsprinzipien – gleiche Ursachen haben gleiche Wirkungen (schwache Kausalität) bzw. ähnliche Ursachen haben ähnliche Wirkungen (starke Kausalität) – Prozesse gegenüber, bei denen ähnliche Ursachen zu völlig verschiedenen Wirkungen führen können. Bezogen auf die Bevölkerungsfortschreibung und -vorausberechnung bedeutet dies, dass die Fortpflanzung selbst eines anfänglich minimalen Fehlers unabsehbare Folgen für die Aussagefähigkeit der Ergebnisse haben kann. Das jede Vorhersagemöglichkeit zerstörende Chaos tritt aber nicht nach kurzer Zeit, sondern erst nach langer Dauer des fehlerbehafteten Prozesses auf, dann allerdings mit katastrophaler Heftigkeit.

Die Chaosanfälligkeit ist eine Eigenschaft bestimmter nichtlinearer Funktionen. Das am gründlichsten untersuchte und am weitesten verbreitete chaostheoretische Modell ist die sog. logistische Funktion (logistische Abbildung). Diese Funktion wurde zuerst zur Beschreibung der Dynamik von Tierpopulationen verwendet. Die Übertragung auf die Entwicklung des menschlichen Siedlungswesens im Zeitablauf liegt nahe. Die logistische Funktion zeigt, wie sich eine zu einem Anfangszeitpunkt gegebene Population bis zu einem späteren Zeitpunkt weiterentwickelt. Der (einzige) Parameter der logistischen Funktion wird durch das Verhältnis der späteren zu der Ausgangspopulation bestimmt, drückt also die Stärke und die Schnelligkeit der Populationsdynamik aus. Je nach dem Wert des Parameters kann der durch die Funktion dargestellte Populationsverlauf zu einer festen Größe konvergieren, zu einer regelmäßigen Periodizität übergehen oder sich in einem irregulären Chaos auflösen. Eine Voraussage im Sinn einer Punktschätzung ist nur im ersten Fall möglich. Im zweiten Fall kann immerhin ein Vertrauensbereich in der Größe der Amplitude des periodischen Prozesses angegeben werden. Im dritten Fall ist keine Aussage zur Langzeitdynamik mehr möglich, da der Vertrauensbereich sämtliche theoretisch denkbaren Zahlenwerte der zu prognostizierenden Variablen überdecken würde. Dabei wird der zum Chaos führende Prozess allein durch die logistische Funktion determiniert; eine stochastische Komponente wird nicht in das Modell einbezogen.

Die Veränderung der Anzahl der in einem Gebiet ansässigen oder sich aufhaltenden Menschen kann sowohl mit der globalen Zu- oder Abnahme der Bevölkerung korrespondieren als auch die Folge räumlicher Verschiebungen der Bevölkerung sein. Der Aspekt der Veränderung der Gesamtzahl wird eindrucksvoll durch das Wachstum der Weltbevölkerung nach den „World Population Prospects" der Vereinten Nationen demonstriert. Auf der Erde lebten im Jahr 1800 ca. eine Milliarde Menschen. Die zweite Milliarde wurde im Jahr 1926, die dritte 1960, die vierte 1974, die fünfte 1987 und die sechste 1999 erreicht. Zwar scheint die Beschleunigung des Bevölkerungswachstums allmählich nicht mehr größer zu werden, ein Gipfel des Weltbevölkerungsstandes ist aber nicht absehbar. Die logistische Funktion setzt in ihrer ursprünglichen Form die Existenz und Kenntnis eines Maximalwertes der Population voraus. Da eine Bestandsobergrenze möglicherweise für Populationen wild lebender Tiere, aber kaum für die in einem Gebiet siedelnden Menschen definierbar ist, kann die logistische Funktion zur Modellierung der Dynamik der absoluten Einwohnerzahl nicht verwendet werden. Jedoch ist es möglich, die relative Verteilung der gegebenen Bevölkerung eines Gebietes auf die einzelnen Gebietsteile darzustellen. Die Variablenwerte der logistischen Funktion sind dann nicht mehr – wie in der ursprünglichen Formulierung – als Realisationen des Grades der Annäherung an einen theoretischen Maximalbestand, sondern als Anteile an einem tatsächlichen Bestand zu interpretieren. Die ungleichmäßige räumliche Verteilung der Bevölkerung führt zu Gebietsteilen mit unterschiedlicher Siedlungsdichte. Die Systematik der Siedlungstypen der „Bundesanstalt für Bauwesen und Raumordnung" unterscheidet zwischen Agglomerationsräumen, verstädterten Räumen und ländlichen Räumen. Innerhalb der ersten beiden Kategorien werden die Kernstädte aus den Kreisen mit verschiedenen Verdichtungsgraden herausgehoben. Nach diesem Schema können die zentralen Großstädte (Cities) ihrem Umland gegenübergestellt werden. Gegenstand der folgenden Kapitel ist die Frage, ob und wie sich die Verteilung der Bevölkerung auf eine Großstadt und ihr Umland in den letzten zwei Jahrhunderten verändert hat.

Als geeignetes Fallbeispiel wird die Großstadt Münster/Westfalen mit den umliegenden Gemeinden verwendet. Münster ist das in Jahrhunderten gewachsene und in politischer, wirtschaftlicher und kultureller Hinsicht unbestrittene Zentrum des Münsterlandes. Dieses Zentrum ist mit seinem Einzugsbereich weit genug von anderen Zentren und deren Einzugsbereichen entfernt, sodass die demografischen Beziehungen zwischen der City und den ihr zugeordneten kleinstädtisch/ländlichen Gemeinden nicht wesentlich gestört werden.

Populationsdynamik

„Beim Vergleich [der Bevölkerung] über die Zeit oder zwischen mehreren Ländern geht es um die Frage: Was erklärt sich aus verändertem Verhalten? Was erklärt sich aus den sich ändernden Strukturen? Und was ist das Resultat der inneren Dynamik demografischer Prozesse (Populationsdynamik)?" (Münz und Ulrich 2001, S.479). Das „veränderte Verhalten" drückt sich dabei zum Beispiel in steigenden oder sinkenden Kinderzahlen pro Familie aus; die „sich ändernden Strukturen" gehen zum Beispiel auf die altersbedingt wachsende oder sinkende Anzahl potenzieller Eltern zurück. Bei einer derartigen verbalen Begriffsumschreibung bleibt unklar, was dann noch als „innere Dynamik" übrig bleibt. Hier zeigt sich die Notwendigkeit einer mathematisch exakten und operationalisierenden Formulierung. Dies geschieht in einfacher Form durch die sog. demografische Grundgleichung der Bevölkerungsfortschreibung, nach der die Bevölkerung zum Zeitpunkt t aus der Bevölkerung zum früheren Zeitpunkt t-1 zuzüglich der von t bis t-1 eingetretenen Geburten und Zuzüge und abzüglich der von t bis t-1 eingetretenen Sterbefälle und Fortzüge berechnet wird. Demnach basiert die Prognose des Bevölkerungsstandes auf der Prognose der vier Komponenten der Bevölkerungsentwicklung, in der Praxis insbesondere auf variierenden Annahmen über die Geburten. Auf diese Weise prognostizieren die Vereinten Nationen weltweit die Bevölkerung bis mindestens zum Jahr 2050 (United Nations: World Population Prospects).

Die suffiziente Nutzung der Leistungsfähigkeit mathematischer Formulierung sozialer Ereignisse wurde von Thomas Robert Malthus (1798) eingeleitet und bis in die Gegenwart zur „mathematischen Ökologie" (Mac Arthur 1972) fortentwickelt. Malthus (1766-1834) wird als englischer „Theologe und Ökonom" (siehe z.b. Meyers Kleines Konversations-Lexikon 7. Auflage, Leipzig und Wien 1908) überliefert, könnte aber aus heutiger Sicht als erster Vertreter der mathematischen Soziologie bezeichnet werden. Nach seiner Theorie wächst die Bevölkerung in geometrischer Progression (exponentielles Wachstum), während die Nahrungsmittelproduktion nur linear zunimmt. Die Folge sind Krisen und Not, sodass sich die Zahl der Menschen zwangsweise wieder an den Nahrungsmittelspielraum anpasst. Dieser Teufelskreis kann nur durch (materielle und sexuelle) Askese durchbrochen werden (Malthus als Theologe). Die spätere Geschichte hat gezeigt, dass Malthus die Entwicklung der Bevölkerung überschätzt, die der Nahrungsmittelproduktion dagegen unterschätzt hat. Karl Marx (1818-1883) hielt ihm entgegen, dass die Ernährung nicht nur von der Nahrungsmittelproduktion, sondern auch von deren Verteilung zwischen Staaten und innerhalb der Staaten abhängt (Marx 1867). Malthus konnte auch nicht voraussehen, wie sich die Möglichkeiten der Familienplanung und die Bereitschaft zur Ausschöpfung dieser Möglichkeiten entwickeln würden und wie ein Sozialversicherungssystem der ökonomischen Notwendigkeit großer Kinderzahlen die Basis entziehen würde. Obwohl die spezielle mathematische Formulierung von Malthus heute nicht mehr akzeptiert wird, vertritt die herrschende Meinung der Bevölkerungswissenschaft nach wie vor eine pessimistische Beurteilung – d.h. negative Bewertung – des Bevölkerungswachstums. Die Optimisten wie vor allem Julian Lincoln Simon (1990) bleiben in der Minderheit. Die Erfahrung von Malthus lässt sich auch gut in das neuere Konzept der „demografischen Transition" (Chesnais 1986) einbauen. Hiermit wird der Übergang von einer Population mit hoher Geburten- und Sterbehäufigkeit und dadurch geringer, aber konstant gehaltener Populationsdichte (typisch für traditionelle vorindustrielleGesellschaften) zu einer Population mit niedriger Geburten- und Sterbehäufigkeit und dadurch abnehmender bzw. bestenfalls stagnierender Populationsdichte (typisch für heutige Industriegesellschaften) beschrieben. Der Übergang vollzieht sich in mehreren Phasen. In der ersten Phase – dies ist die Zeit von Malthus – ist das Bevölkerungswachstum ggf. sogar exponentiell hoch, weil sich zuerst die Sterblichkeit verringert und die Geburtenzahlen längere Zeit noch konstant hoch bleiben. In diesem Zusammenhang wirkt sich die „demografische Trägheit" aus: „Im Altersaufbau einer Bevölkerung ist das Erbe der Vergangenheit quasi gespeichert, so dass es auch bei abrupten Änderungen der Fruchtbarkeit und Sterblichkeit nur zu allmählichen Änderungen in der Bevölkerungsentwicklung kommt" (Münz und Ulrich 2001, S.503).

Die von Malthus beschriebene Populationsdynamik wird als Pionierarbeit der nichtlinearen mathematischen Modellbildung gewürdigt. „The original exponential formulation was a most distinct contribution to social sciences and it is this basic model which is at the beginning of all non-linear modern mathematical analysis" (Dendrinos 1992, S 343). Die Beobachtungen und Überlegungen von Malthus erwiesen sich aber als entwicklungsbedürftig. „Human populations, in absolute terms, tend to grow at an exponential rate if unchecked. That may be an interesting statement from an analytical stand. It is, however, a rather confusing statement from a substantive viewpoint. In dynamics one might be able to approximate the growth rate of any stock over an arbitrary time-frame whith in exponential function. Out of this formulation, and in particular when this exponential growth rate is not simply a fixed parameter as it was in the original Malthusian population model, but instead a function of either the absolute population stock level or another variable, a very interesting set of conditions emerge. The growth rate is no longer fixed, but instead it changes with time. It might become positive, negative or zero at any point in space-time as a result of endogenous factors affecting and being affected by it, rather than being altered by exogenous checks as Malthus originally speculated" (Dendrinos 1992, S.30). Das Malthusische Modell des exponentiellen Wachstums einer Bestandsgröße x zum Zeitpunkt t innerhalb eines Zeithorizonts T lautet :

$$x_t = x_0 e^{at} \quad \text{mit } 0 < t < T \text{ und } x_0 = \text{Anfangsbestand}$$

Der Parameter a ist exogen bestimmt und innerhalb von T fest und damit Ausdruck der konstanten Wachstumsrate. Die über Malthus hinausgehende weitere Entwicklung führte zur Darstellung einer Limitierung des exponentiellen Wachstums (Verhulst 1838), zur Betrachtung des Parameters als Funktion der Zeit in der sog. Pearl-Reed-Gleichung (Pearl 1924) und zur gleichzeitigen Berücksichtigung zweier oder mehrerer Bestandsgrößen (Lotka 1925, Volterra in Scudo und Ziegler 1978).

Im Malthusischen Modell wird die Bevölkerungsentwicklung exogen gesteuert, indem die anders verlaufende Entwicklung der Nahrungsmittelproduktion einen katastrophalen Zusammenbruch erzwingt. Das Populationsmodell des belgischen Mathematikers Pierre-François Verhulst (1804-1849) (1838, 1845) beruht dagegen auf endogener Dynamik. Die folgende Darstellung lehnt sich an Peitgen et al. (1992) an. Wenn P die Populationsgröße (absolute Anzahl) zu einem bestimmten Zeitpunkt t ist, beträgt die Wachstumsrate r der Population zur Zeit t

$$r_t = \frac{P_{t+1} - P_t}{P_t}$$

bzw. bei angenommenem konstanten prozentualen Wachstum $r = \frac{P_{t+1} - P_t}{P_t}$

Daraus folgt $P_{t+1} = rP_t + P_t = (r+1)P_t$

Dies ist äquivalent mit $P_t = (1+r)^t P_0$

In dieser Form bedeutet das Modell – wie bei Malthus – unbegrenztes (exponentielles) Wachstum. Unter der realistischen Annahme, das der verfügbare Lebensraum beschränkt ist, hängt die Wachstumsrate von der auf ihren Höchstwert bezogenen aktuellen Populationsgröße ab. Diese relative Populationsgröße p ergibt sich als Quotient aus der Anzahl P und der maximal möglichen Populationsgröße. Der jeweils noch nicht realisierte – aber realisierbare – Populationsanteil ist dann 1-p. Zwischen diesem Populationsanteil und der Wachstumsrate der Population besteht die Proportionalitätsbeziehung

$$\frac{p_{t+1} - p_t}{p_t} \, proportional(1 - p_t)$$

Daraus folgt nach Einfügung der Konstanten r

$$\frac{p_{t+1} - p_t}{p_t} = r(1 - p_t) \Rightarrow p_{t+1} = p_t + rp_t(1 - p_t)$$

Außer in dieser Form wird das Modell von Verhulst in einer praktikableren Form – entsprechend der o.a. Malthusischen Formel – dargestellt:

$$x_{t+1} = ax_t(1 - x_t)$$

Beide Formulierungen sind äquivalent:

$$p_{t+1} = p_t + rp_t(1-p_t) \qquad\qquad x_{t+1} = ax_t(1-x_t)$$

Aus der Festsetzung $x_t = \dfrac{r}{r+1}p_t$ | Aus der Festsetzung $a = r+1$

folgt: | folgt:

$$x_{t+1} = \frac{r}{r+1}p_{t+1} \qquad\qquad x_{t+1} = (r+1)\frac{r}{r+1}p_t(1-\frac{r}{r+1}p_t)$$

$$= \frac{r}{r+1}[p_t + rp_t(1-p_t)] \qquad\qquad = rp_t(1-\frac{r}{r+1}p_t)$$

$$= \frac{r}{r+1}(p_t + rp_t - rp_t^2) \qquad\qquad = rp_t - \frac{r^2 p_t^2}{r+1}$$

$$= \frac{r}{r+1}(1+r-rp_t)p_t$$

$$= \frac{rp_t}{r+1}(1+r-rp_t)$$

$$= \frac{rp_t + r^2 p_t - r^2 p_t^2}{r+1}$$

$$= \frac{rp_t(1+r)}{r+1} - \frac{r^2 p_t^2}{r+1}$$

$$= rp_t - \frac{r^2}{r+1}p_t^2 \quad \leftarrow identisch \rightarrow \quad = rp_t - \frac{r^2}{r+1}p_t^2$$

Dieses Wachstumsgesetz von Verhulst wird in der Literatur – jeweils mit dem Attribut „logistisch" versehen – synonym als Modell, Abbildung (englisch map), Gleichung, Funktion, Parabel oder Formel bezeichnet. Das Wort „logistisch" kommt vom französischen „logis" (Behausung, Quartier). „Logistik" bedeutet Versorgung oder Nachschub und wird hier im Sinn von Vorratshaltung oder Kontrolle und Steuerung von Beständen verwendet. Die logistische Funktion hat einige bemerkenswerte Eigenschaften. Die relativen Häufigkeiten p und 1-p bzw. x und 1-x sind positiv und auf den Wertebereich zwischen null und 1 beschränkt. Der Parameter r bzw. a ist ebenfalls positiv und beträgt höchstens

4. Der Höchstwert 4 ergibt sich aus der Überlegung, dass das Produkt $x_t(1-x_t)$ bei $x_t = 1 - x_t = 0,5$ mit dem Betrag 0,25 maximal wird und bei Verwendung eines Parameters $a > 4$ zu einem unzulässigen Wert $x_{t+1} > 1$ führen würde. Die logistische Funktion $x_{t+1} = ax_t(1-x_t)$ erscheint im rechtwinkligen Koordinatensystem mit den Werten x_t auf der Abszisse und den Werten x_{t+1} auf der Ordinate als nach unten geöffnete symmetrische Parabel, die vom Anfangspunkt (0/0) über den Scheitelpunkt $(0,5/\frac{a}{4})$ zum Endpunkt (1/0) verläuft.

Das Wachstumsgesetz kann nach dem Grundgedanken von Verhulst in allgemeinster Form wie folgt geschrieben werden (Mahnke et al. 1992):

$$y_{t+1} = f(y_t) = ry_t - sy_t^2 \quad \text{mit } y_t = \text{Population im Jahr t } (t \geq 0)$$

Die zukünftige Population wird damit auf zwei additive Komponenten zurückgeführt. Die erste Komponente stellt das lineare Wachstum dar, die zweite Komponente die durch die Beschränkung des verfügbaren Lebensraums bewirkte nichtlineare Dämpfung. Im Grenzfall s=0 ist das Wachstum rein linear. Mit r=1+p wird die Nettoproduktionsrate bezeichnet. Bei $p_{t+1} \approx rp_t$ ergibt sich exponentielle Dynamik in der Form $p_t = p_0 r^t$

Die Populationsentwicklung hängt von dem Wert von r ab:

$$r < 1 \Rightarrow p_t \xrightarrow[t \to \infty]{} 0 \qquad \text{Aussterben der Population}$$

$$r = 1 \Rightarrow p_t = p_0 \qquad \text{Stagnation}$$

$$r > 1 \Rightarrow p_t \xrightarrow[t \to \infty]{} \infty \qquad \text{Bevölkerungsexplosion}$$

Aus der Variablentransformation

$$x_t = \frac{s}{r} y_t \Leftrightarrow y_t = \frac{r}{s} x_t \qquad \text{ergibt sich:}$$

$$y_{t+1} = ry_t - sy_t^2 \Rightarrow \frac{r}{s} x_{t+1} = r\frac{r}{s} x_t - s\frac{r^2}{s^2} x_t^2$$

$$x_{t+1} = rx_t - rx_t^2$$

$$x_{t+1} = r(x_t - x_t^2)$$

$$x_{t+1} = rx_t(1 - x_t) \quad \text{mit} \quad 0 < r \le 4 \quad \text{und} \quad 0 < x_0 < 1$$

Aus zu verschiedenen Zeitpunkten beobachteten Populationsdaten x kann der Wert des Parameters des zwischen den betrachteten Zeitpunkten abgelaufenen logistischen Wachstumsprozesses ermittelt werden. Wenn außer zum Basiszeitpunkt t=0 nur zu t=1 die Populationsgröße bekannt ist, ist der Parameter a gleich dem Quotienten aus x_1 und $x_0(1 - x_0)$

Wenn eine Beobachtung zu t=2 vorliegt, kann x_2 direkt mit dem Ursprungsbestand x_0 in Verbindung gebracht werden, ohne dass x_1 ausdrücklich angegeben wird:

$$x_2 = ax_1(1 - x_1)$$
$$= aax_0(1 - x_0)[1 - ax_0(1 - x_0)]$$
$$= (a^2x_0 - a^2x_0^2)(1 - ax_0 + ax_0^2)$$
$$= a^2x_0 - a^2x_0ax_0 + a^2x_0ax_0^2 - a^2x_0^2 + a^2ax_0^2x_0 - a^2ax_0^2x_0^2$$
$$= -a^3x_0^2 + a^3x_0^3 + a^3x_0^3 - a^3x_0^4 + a^2x_0 - a^2x_0^2$$
$$x_2 = a^3(-x_0^2 + 2x_0^3 - x_0^4) + a^2(x_0 - x_0^2)$$

Nach dieser Gleichung müsste a aus bekannten Werten x_0 und x_2 ermittelt werden, was kaum zu bewältigen ist. Der direkte Lösungsweg, a nur aus bekannten Werten x_0 und x_t zu berechnen, wird bereits bei t=3 unübersehbar kompliziert:

$$x_3 = ax_2(1 - x_2)$$
$$= a[a^3(-x_0^2 + x_0^3 + x_0^3 - x_0^4) + a^2(x_0 - x_0^2)]$$
$$\{1 - [a^3(-x_0^2 + x_0^3 + x_0^3 - x_0^4) + a^2(x_0 - x_0^2)]\}$$
$$= a[(-a^3x_0^2 + a^3x_0^3 + a^3x_0^3 - a^3x_0^4) + (a^2x_0 - a^2x_0^2)]$$
$$\{1 - [(-a^3x_0^2 + a^3x_0^3 + a^3x_0^3 - a^3x_0^4) + (a^2x_0 - a^2x_0^2)]\}$$
$$= (-a^4x_0^2 + a^4x_0^3 + a^4x_0^3 - a^4x_0^4 + a^3x_0 - a^3x_0^2)$$
$$(1 + a^3x_0^2 - a^3x_0^3 - a^3x_0^3 + a^3x_0^4 + a^2x_0 - a^2x_0^2)$$

$$= -a^4 x_0^2 - a^7 x_0^4 + a^7 x_0^5 + a^7 x_0^5 - a^7 x_0^6 - a^6 x_0^3 + a^6 x_0^4$$
$$+ a^4 x_0^3 + a^7 x_0^5 - a^7 x_0^6 - a^7 x_0^6 + a^7 x_0^7 + a^6 x_0^4 - a^6 x_0^5$$
$$+ a^4 x_0^3 + a^7 x_0^5 - a^7 x_0^6 - a^7 x_0^6 + a^7 x_0^7 + a^6 x_0^4 - a^6 x_0^5$$
$$- a^4 x_0^4 - a^7 x_0^6 + a^7 x_0^7 + a^7 x_0^7 - a^7 x_0^8 - a^6 x_0^5 + a^6 x_0^6$$
$$+ a^3 x_0 + a^3 x_0^3 - a^6 x_0^4 - a^6 x_0^4 + a^6 x_0^5 + a^5 x_0^2 - a^5 x_0^3$$
$$- a^3 x_0^2 - a^6 x_0^4 + a^6 x_0^5 + a^6 x_0^5 - a^6 x_0^6 - a^5 x_0^3 + a^5 x_0^4$$
$$= a^7 \left(-x_0^4 + x_0^5 + x_0^5 - x_0^6 + x_0^5 - x_0^6 - x_0^6 + x_0^7 + x_0^5 - x_0^6 - x_0^6 + x_0^7 \right.$$
$$\left. - x_0^6 + x_0^7 + x_0^7 - x_0^8 \right)$$
$$+ a^6 \left(-x_0^3 + x_0^4 + x_0^4 - x_0^5 + x_0^4 - x_0^5 - x_0^5 + x_0^6 + x_0^3 - x_0^4 - x_0^4 \right.$$
$$\left. + x_0^5 - x_0^4 + x_0^5 + x_0^5 - x_0^6 \right)$$
$$+ a^5 \left(+x_0^2 - x_0^3 - x_0^3 + x_0^4 \right) + a^4 \left(-x_0^2 + x_0^3 + x_0^3 - x_0^4 \right)$$
$$+ a^3 \left(+x_0 - x_0^2 \right)$$
$$x_3 = a^7 \left(-x_0^4 + 4x_0^5 - 6x_0^6 + 4x_0^7 - x_0^8 \right) + a^6 (0) + a^5 \left(x_0^2 - 2x_0^3 + x_0^4 \right)$$
$$+ a^4 \left(-x_0^2 + 2x_0^3 - x_0^4 \right) + a^3 \left(x_0 - x_0^2 \right)$$

Anstelle des nicht gangbaren direkten Lösungsweges zur numerischen Bestimmung des Parameters a wird dieser für das im letzten Kapitel beschriebene Fallbeispiel durch iteratives Ausprobieren ermittelt. Dabei wird die Abfolge

$$x_0 = ax_0(1 - x_0)$$
$$x_2 = ax_1(1 - x_1)$$
$$x_3 = ax_2(1 - x_2)$$

usw. bis

$$x_T = ax_{T-1}(1 - x_{T-1})$$

fortlaufend berechnet, indem das Ergebnis jedes Rechenschrittes in den darauffolgenden Schritt eingesetzt wird. Gegebene Daten sind nur x_0, x_T und die Anzahl T der Rechenschritte. Der Parameterwert a wird – einheitlich für alle Rechenschritte – so lange variiert, bis die von x_0 ausgehende Rechnung nach T

Schritten zu dem bekannten Wert x_T führt. Das Verfahren liefert einen für den gesamten Zeitraum T „durchschnittlichen" Parameterwert a, der nur den Zweck erfüllt, mit beliebiger Genauigkeit x_T zu treffen. Die als Zwischenergebnisse anfallenden Werte x_1 bis x_{T-1} sind für sich genommen nicht aussagefähig, aber auch irrelevant. Der gefundene Wert a muss nicht die einzige mögliche Lösung sein, ist aber gerechtfertigt, weil a innerhalb und zwischen verschiedenen aufeinanderfolgenden Zeiträumen T sich in der Realität nur wenig ändert. Bei der – grundsätzlich beliebigen – Wahl des Startwertes a des iterativen Prozesses kann man sich also an dem für einen früheren Zeitraum T ermittelten Ergebnis orientieren. Von dem für einen bestimmten Zeitraum ermittelten Parameterwert a hängt es ab, wie die Zeitreihe x= f(t) – mit den Zeitpunkten t auf der Abszisse und den x-Werten auf der Ordinate des rechtwinkligen Koordinatensystems – verläuft. Die Zeitreihe kann bei der logistischen Funktion konvergierend, zyklisch mit verschiedener Periodenlänge oder irregulär sein.

Die logistische Funktion wurde als „Verhulst-Dynamik" ursprünglich zur Beschreibung der nichtlinearen Entwicklung von Tierpopulationen verwendet (u.a. May 1976, Worg 1993, Plaschko und Brod 1995). In einem Gebiet lebt zum Zeitpunkt t eine bestimmte Anzahl von Tieren einer Art. Bei unbegrenzten Ressourcen (ausreichend Nahrung und Nistplätze, keine Konkurrenten, keine Feinde usw.) ist die Anzahl der Tiere zum Zeitpunkt t+1 proportional zu ihrer Anzahl zur Zeit t. Die Reproduktionsrate ist konstant, und der Bestand der Art wächst exponentiell. Bei begrenzten Ressourcen gibt es eine maximale Anzahl von Tieren, die in dem Gebiet leben können. Die Reproduktionsrate ist dann nicht mehr konstant, sondern um so kleiner, je größer die Population zum Zeitpunkt t ist; das heißt das Wachstum fällt relativ um so schwächer aus, „je mehr sich der realisierte Bestand dem Maximalbestand nähert. Hier gilt in der Formel $x_{t+1} = ax_t(1-x_t)$ für x die Bedeutung „Anteil des realisierten Bestandes am Maximalbestand". Der Maximalbestand muss dazu bekannt sein, was bei Tieren (vielleicht) möglich sein mag. Bei der Untersuchung der räumlichen Verteilung der Ansiedlung von Menschen kann eine obere Populationsgrenze nur theoretisch definiert, aber nicht numerisch bestimmt werden. Hier hat daher x die Bedeutung „Anzahl der Personen, die an einem bestimmten Ort wohnen, dividiert durch die Anzahl der in einer diesen Ort einschließenden abgegrenzten Region insgesamt wohnenden Personen". Damit kann x aufgefasst werden als die Wahrscheinlichkeit, dass von der Bevölkerung einer betrachteten Region eine einzelne Person innerhalb dieser Region an einem bestimmten Ort wohnt.

Dann ist $1 - x$ die Wahrscheinlichkeit, dass eine einzelne Person in der Region außerhalb des betrachteten Ortes wohnt.

Chaostheorie

Der französische Physiker, Mathematiker und Astronom Pierre Simon Marquis de Laplace (1749-1827) gilt als der bedeutendste Repräsentant eines klassischen – auf die Newtonsche Mechanik zurückgehenden – wissenschaftlichen Weltbildes, das durch zwei Eckpfeiler gekennzeichnet ist: 1) Wenn man die naturgesetzlichen Abläufe und die Anfangsbedingungen kennt, ist jeder dynamische Prozess vorhersehbar. 2) Komplexe Systeme können in additive Teilsysteme zerlegt bzw. Teilsysteme zum Gesamtsystem addiert werden, das heißt, die Beziehungen sind linear. Die Chaostheorie setzt sich von dieser Auffassung radikal ab, indem sie grundsätzlich von nichtlinearer Dynamik ausgeht und das Verhalten eines Systems – obwohl es deterministisch ist – als irregulär bzw. scheinbar stochastisch und damit nicht vorhersagbar erkennt. „The emerging paradigm of chaos has profound implications for the previously dominant Newtonian view of a mechanistic and predictable universe. While a Newtonian universe was founded on stability and order, chaos theorie teaches that instability and disorder are not only widespread in nature, but essential to the evolution and complexity in the universe. Thus, chaos theory, as relativity theory and quantum theory before it, presents another strike against a singular commitment to the determinism of a Newtonian view of the natural realm" (Kiel und Elliott 1996, S.2). Der Gegensatz zwischen der Chaostheorie und dem klassischen Weltbild wurde gelegentlich auf ein bloßes Missverständnis der Laplaceschen Wahrscheinlichkeitslehre zurückgeführt, womit die Existenzberechtigung der Chaostheorie als revolutionäre eigenständige Theorie infrage gestellt wurde. Laplace (1814) führt aus: „Eine Intelligenz, welche für einen gegebenen Augenblick alle in der Natur wirkenden Kräfte, sowie die gegenseitige Lage der sie zusammensetzenden Elemente kennte und überdies umfassend genug wäre, um diese gegebenen Größen der Analysis zu unterwerfen, würde in derselben Formel die Bewegungen der größten Weltkörper, wie des leichtesten Atoms umschließen; nichts würde ihr ungewiss sein und Zukunft wie Vergangenheit würden ihr offen vor Augen liegen.... Alle Bemühungen beim Aufsuchen der Wahrheit wirken dahin, [den menschlichen Geist] unablässig jener Intelligenz näher zu bringen,... der er aber immer unendlich fern bleiben wird" (Übersetzung einschließlich der eigenwilligen Satzzeichensetzung zitiert nach Wehr 1997, S. 249). Der letzte Halbsatz wurde in dem Sinn interpretiert, dass auch Laplace wie die Chaostheorie das Verhalten eines – obwohl streng naturgesetzlich deterministisch funktionierenden – Systems für den menschlichen Geist für nicht voll vorhersagbar hält. Dieser Versuch, Laplace als Vordenker der Chaostheorie in Anspruch zu nehmen, beruht aber wohl ebenfalls auf einem Missverständnis. Bei Laplace liegt die Unvorhersagbarkeit nur an der nicht ausreichenden menschlichen Intelligenz. Die Chaostheorie zeigt dagegen, dass auch nach Struktur und Verhalten vollständig bekannte und verstandene Systeme sich unvorhersagbar entwickeln können.

Die Grundlage des klassischen Weltbildes der Vorhersagbarkeit ist die Ansicht, dass bestimmte Ursachen zu auf sie zurückgeführten Wirkungen in einem proportionalen Verhältnis stehen, das heißt dass kleine Ursachen kleine und große Ursachen große Wirkungen haben. Die ersten Zweifel an der generellen Gültigkeit dieser Ansicht wurden von dem englischen Physiker James Clerk Maxwell (1831-1879) und von dem französischen Physiker und Mathematiker Henri Poincaré (1854-1912) geäußert (beide Übersetzungen zitiert nach Dangelmayr und Hettel 1997, S.19). „Es gibt Fälle, bei denen eine kleine anfängliche Variation sehr große Veränderungen im Endzustand des Systems hervorrufen kann" (Maxwell 1876). „Es kann vorkommen, dass kleine Abweichungen in den Anfangsbedingungen schließlich große Unterschiede in den Phänomenen erzeugen. Ein kleiner Fehler zu Anfang wird später einen großen Fehler zur Folge haben. Vorhersagen werden unmöglich, und wir haben ein zufälliges Ereignis" (Poincaré 1892). Der letzte Halbsatz macht deutlich, dass Poincaré noch nicht zwischen „zufällig" (stochastisch) im Sinne der sog. Brownschen Bewegung – benannt nach dem britischen Botaniker Robert Brown (1773-1858) – (Harrison 1985) und „chaotisch" (deterministisch unvorhersehbar) unterscheidet. Dieser Unterschied ist aber gerade bei den (viel späteren) sozialwissenschaftlichen Anwendungen der Chaostheorie besonders wichtig. „In den Sozialwissenschaften [darf] generell nicht erwartet werden, dass ein chaotischer Determinismus eine Zeitreihe hundertprozentig reproduzieren kann. Vielmehr wird `der Zufall` stets eine gewisse Rolle spielen, also wenn, dann `gestörtes Chaos` vorliegen. Worum es geht, ist nicht, den traditionellen Ansatz `linearer Determinismus plus Stochastik` durch den des Deterministischen Chaos zu ersetzen, sondern mittels nichtlinearem Determinismus (z. B. chaotischem) die Bedeutung des [stochastischen] Störgliedes zu verringern" (Woeckener 1997, S.158).

Der Ausgangspunkt der weitestgehend interdisziplinär ausgerichteten Chaosforschung ist die Erkenntnis, dass die Chaos verursachende Nichtlinearität keine Ausnahme, sondern der Normalfall der Realität ist. „In der Geschichte von Wissenschaft und Technik hat es niemals ein derart allgegenwärtiges Phänomen gegeben, niemals ein universelles Paradigma oder einen Bereich, der so interdisziplinär wäre, wie der des Chaos.... Das Grundgestein, auf dem dieses

Gebiet lokaler sowie globaler Verzweigungen verankert liegt, ist die alles beherrschende Nichtlinearität, die zu vergangenen Zeiten von Technikern und Wissenschaftlern aus angewandten Disziplinen bedenkenlos linearisiert wurde, womit sie ihre einzige Gelegenheit eingebüßt haben, sich mit der Realität auseinanderzusetzen" (Chua 1991, Übersetzung zitiert nach Peitgen et al. 1994). Die Chaostheorie konnte erst empirisch verifiziert werden, als leistungsfähige Computer vorhanden waren, da chaotisches Verhalten von Systemen in der Regel erst nach sehr langen Rechenabläufen auftritt. Der erste empirische Nachweis des Chaos geht auf Edward Lorenz (1963) zurück, der das Grenzwertverhalten meteorologischer Zeitreihen untersuchte und den einprägsamen Schmetterlingseffekt – der Flügelschlag eines Schmetterlings kann eine Naturkatastrophe in einem anderen Kontinent veranlassen – beschrieb. Durch physikalische Experimente zeigte Jakov Sinaj (1970) als wichtigste Eigenschaft des Chaos, dass nahe beieinander startende Bewegungen sich exponentiell voneinander entfernen. Die Bezeichnung „Chaos" für irreguläres deterministisches Verhalten wurde von Li und Yorke (1975) eingeführt. Das griechische Wort χαος bezeichnet den „unendlich leeren Raum" bzw. die „gestaltlose Urmasse" der Schöpfungsgeschichte und wird im heutigen Sprachgebrauch als Zustand der Unordnung und Irregularität verstanden. Anders als im allgemeinen Sprachgebrauch ist Chaos in der mathematischen Theorie aber durch bekannte Funktionen determiniert und schließt auch Elemente der Ordnung ein. „Chaotic behavior is not random behavior, since it can be generated with a completely deterministic equation" (Kiel und Elliott 1996, S.5). Die Chaostheorie ist mit der Katastrophentheorie (Thom 1972, Zeeman 1976) verwandt. Beide sind Aspekte der nichtlinearen Dynamik. Während die Katastrophentheorie gravierende qualitative Änderungen durch abrupte Brüche („Katastrophen") im Ablauf von Prozessen untersucht (Gerß 2008), geht die Chaostheorie darüber hinaus, indem sie das Verhalten nach der Katastrophe analysiert. Beide Theorien haben gemeinsam, dass sie mit ihren reißerischen Namen große publizistische Aufmerksamkeit auch außerhalb der wissenschaftlichen Fachwelt erreicht haben. Wohl aus der Befürchtung, die Seriosität könnte leiden, wurde von Haken (1995) anstelle von Chaostheorie die weniger spektakuläre Bezeichnung „Synergetik" verwendet. In der Bedeutung „Erforschung der Emergenz neuer Qualitäten durch Selbstorganisation in komplexen Systemen" (Haken 2004, S.20) betont die Synergetik mehr die Ordnung im Chaos als dessen Unordnung.

Die Chaostheorie ist in den Naturwissenschaften – vor allem in der Physik – entstanden, hat aber auch Eingang in die Wirtschafts- und Sozialwissenschaften gefunden. Soziale Beziehungen sind oft nichtlinear, instabil und nicht vorhersagbar und haben damit die Eigenschaften chaotischer Systeme. Besonders verbreitet sind wirtschaftswissenschaftliche Anwendungen. Die Chaostheorie wurde zur Untersuchung von Konjunkturschwankungen (Grandmont 1985, Goodwin 1990, Pohjola 1981, Berry und Kim 1996), zu allgemeinen gesamt-wirtschaftlichen oder branchenbezogenen Analysen (Baumol und Benhabib 1989, Arthur 1990, Woeckener 1997, Schmidt und Stahlecker 1989 und 1991) und zu betriebswirtschaftlichen Fragestellungen (Zehetner 2003) verwendet. In den Sozialwissenschaften wird von der Chaostheorie bisher seltener Gebrauch gemacht. „Die Sozialwissenschaften nehmen [bisher überwiegend] einfache kausale Wirkungsbeziehungen linearer Art an.... In der Soziologie [ist] die Er-kenntnis nichtlinearer Dynamik bisher wenig verbreitet. Die [traditionelle linea-re] funktionale Erklärung gesellschaftlicher Ordnung ist [aber] besonders durch die Erkenntnis des Zusammenhangs gesellschaftlicher und wirtschaftlicher Strukturen mit der ökologischen Bedrohung ins Wanken geraten.... Durch die Einarbeitung der abstrakten Forschungsergebnisse über nichtlineare Dynamik in die sozialwissenschaftliche Methodik ist es möglich, Unbestimmtheit, nicht eindeutige, d.h. mehrere mögliche stabile Systemzustände, Instabilitäten und Fluktuationen aus den vorhandenen Systemstrukturen heraus zu erklären ohne Rückgriffe auf weitere exogene Prinzipien oder Mechanismen. Ab einem gewis-sen Komplexitätsgrad [sind] Brüche, Katastrophen und Chaos in vielen nichtli-nearen Systemen angelegt" (Müller-Benedict 2000, S.16,17,19). Sozialwissen-schaftliche Anwendungen der Chaostheorie sind zum Beispiel die Abhandlun-gen von Saperstein und Mayer-Kress (1988), Huckfeldt (1990) und Young (1991). Auch bei der Erforschung siedlungsgeografischer Phänomene wie der Entwicklung von Städten wurde die Chaostheorie verwendet (Dendrinos 1992 und 1996, Dendrinos und Sonis 1990). Die hier vorliegende Untersuchung der räumlichen Bevölkerungsverteilung ist in diesem Zusammenhang zu sehen.

Eine nicht immer zu überwindende Hürde gegen die Anwendung der Chaostheorie in den Wirtschafts- und Sozialwissenschaften ist die Tatsache, dass sich ein dynamischer Prozess über sehr viele aufeinanderfolgende Zeit-punkte erstrecken muss, bevor Chaos sichtbar gemacht oder ausgeschlossen werden kann, dass Chaos existiert. Für eine zuverlässige Diagnose werden Zeit-reihen von mindestens 2000 Werten empfohlen (Loistl und Betz 1996, S.106, Woeckener 1997, S.164). Derartig lange Zeitreihen liegen oft nicht vor. „One cannot be certain that chaotic attractors or containers do exist in socio-spatial dynamics. Chaotic dynamics may be rare events, occurring unexpectedly at a very small number of points in space-time. Though unpredictable, not lasting long or covering large areas of space, they have far-reaching effects in space-time" (Dendrinos 1992, S.329). Ein chaotisch erscheinender Verlauf einer Zeit-reihe könnte in Wahrheit ein hochperiodischer Zyklus sein. „ So selten und flüchtig die Kaskaden der Periodenverdopplung und der unregelmäßigen Ver-zweigungen sind, die u.a. zum Chaos führen können, so selten ist eine über

lange Zeit stabile Organisation und Identität. Die Dynamik mehrdimensionaler Systeme ermöglicht überhaupt nicht, für längere Zeit Beziehungen nach demselben Muster stabil zu halten oder Identität zu sichern" (Faßler 1997, S.184-185).
Das am häufigsten chaostheoretisch untersuchte und angewendete dynamische System ist die logistische Funktion $x_{t+1} = ax_t(1-x_t)$ mit $0 < a \leq 4$ und $0 < x < 1$ Jeder mögliche Systemzustand zum Zeitpunkt $t > t_0$ ist aus dem Zustand zur Zeit $t = t_0$ determiniert. Die Frage ist, was bei einem bestimmten Wert a mit x geschieht, wenn t gegen unendlich geht. Je nach dem Wert des Parameters gibt es einen als „Attraktor" bezeichneten Endzustand. Der Attraktor kann ein einziger x-Wert als Fixpunkt sein, er kann aus zwei oder mehreren periodische Schwingungen markierenden Werten als Grenzzyklen innerhalb eines Teilbereichs des zulässigen Wertebereichs bestehen, oder er kann unendlich viele über den gesamten zulässigen Bereich verstreute Werte als deterministisches Chaos umfassen. Der chaotische Attraktor wird nach Ruelle und Takens (1971) als „seltsamer" (strange) Attraktor bezeichnet. Die Zeitreihe $x = f(t)$ zeigt in einigen Proberechnungen, wie sich variierende Parameterwerte a und Startwerte x_0 auf die Form des Attraktors auswirken (nach Mahnke et al. 1992, S.46-58):

$a = 0,5; x_0 = 0,5 / 0,1 / 0,9$

$\Rightarrow$ nach wenigen Iterationen Konvergenz gegen $x = 0$

$a = 0,95; x_0 = 0,5 / 0,9$

$\Rightarrow$ erheblich langsamere Konvergenz gegen $x = 0$

$a = 1; x_0 = 0,5 / 0,001$

$\Rightarrow$ „unendlich langsame" Konvergenz gegen $x = 0$

$a = 1,2; x_0 = 0,001$

$\Rightarrow$ x entfernt sich langsam von 0 und konvergiert gegen $0,\overline{16}$

$a = 2; x_0 = 0,001$

$\Rightarrow$ „superschnelle" Konvergenz gegen $x = 0,5$

$a = 3,2; x_0 = 0,001$

$\Rightarrow$ stabiler Zyklus aus zwei verschiedenen x-Werten

$a = 3,5; x_0 = 0,5$

$\Rightarrow$ Zyklus aus vier verschiedenen x-Werten (0,8269 ; 0,5009; 0,8750; 0,3828)

$a = 4; x_0 = 0,0001$ und $0,0002$ (d.h. $\Delta x_0 = 10^{-4}$)

$\Rightarrow$ voll entwickeltes Chaos (die Lösungen divergieren exponentiell)

Wenn man im rechtwinkligen Koordinatensystem die Attraktoren (Ordinate) als Funktion aller möglichen Parameterwerte a (Abszisse) darstellt, erhält man das Feigenbaum-Diagramm (Feigenbaum 1978 und 1983). Diese Funktion verläuft im Bereich $0 < a \leq 1$ deckungsgleich mit der Abszisse (d.h. der erste stabile Fixpunkt ist $x^{(1)} = 0$), steigt im Bereich $1 < a \leq 3$ kontinuierlich an (Fixpunkt $x^{(2)}$) und spaltet sich beim Überschreiten von $a = 3$ auf die beiden Werte $x^{(3)}$ und $x^{(4)}$ eines Zweierzyklus auf (Bifurkation). Nach dieser ersten Bifurkation nach $a_1 = 3$ tritt eine zweite beim Überschreiten von $a_2 = 1 + \sqrt{6} = 3,449489...$ auf, das heißt die Periode des Zyklus verdoppelt sich von zwei auf vier. Weitere Periodenverdoppelungen ergeben sich nach den Parameterwerten a_k mit Zyklen der Periode 2^k. Die Kaskade der Periodenverdoppelungen wird immer schneller und führt schließlich zu einem Grenzwert a_∞:

$a_1 = 3 \rightarrow a_2 = 3,449489 \rightarrow a_3 = 3,544090 \rightarrow a_4 = 3,564407$

$\rightarrow a_5 = 3,568759 \rightarrow a_6 = 3,569692 \rightarrow a_7 = 3,569891$

$\rightarrow a_8 = 3,569934 \rightarrow ..... \rightarrow a_\infty = 3,5699456$

Die Amplitudengabelungen Δ zweier jeweils aufeinander folgender Bifurkationspunkte i stehen in einem bestimmten Größenverhältnis γ zueinander (Müller 1996, S.41):

$$\gamma = \lim_{i \to \infty} \frac{\Delta_i}{\Delta_{i+1}} \approx 2,5029$$

Aus der Folge der Bifurkationswerte a_k ergibt sich die sog. „universelle Feigenbaum-Konstante" F:

$$F = \lim_{k \to \infty} \frac{a_{k+1} - a_k}{a_{k+2} - a_{k+1}} = 4,669202$$

Die Feigenbaum-Konstante heißt universell, weil sie für sämtliche Funktionen f(x) gilt, deren Maximum durch eine quadratische Funktion angenähert werden kann, zum Beispiel (Worg 1993,S.67):

$$f(x) = ax(1-x) \qquad f(x) = a\sin(\pi x) \qquad f(x) = ax(1-x)^2$$
$$f(x) = a\sqrt{x(1-x)}$$

Zwischen a_∞ und F bestehen die Beziehungen:

$a_k \approx a_\infty - cF^{-k}$ mit c =2,6327

$\Rightarrow$ z.B. für $k = 2$:

$$3,5699456 - 2,6327 \frac{1}{4,669202^2} = 3,449 \approx a_2$$

$$a_\infty \approx \frac{Fa_{k+1} - a_k}{F - 1} \Rightarrow \text{z.B. für } k = 2:$$

$$\frac{(4,669202)(3,544090) - 3,449499}{4,669202 - 1} = 3,5699 \approx a_\infty$$

Bei einem höheren Parameterwert als $a = 1 + \sqrt{8} = 3,82842...$ existiert ein stabiler Zyklus mit der Periode 3. Ein etwas kleinerer Parameterwert führt im Langzeitverhalten abrupt ins Chaos; im Kurzzeitverhalten (bis ca. 50 Iterationen) zeigt sich eine stabile Periodik (Peitgen et al. 1994). Der Parameterwert a_∞ ist der kritische Grenzwert für den Übergang vom periodischen Bereich zum Chaos. Der chaotische Bereich (zwischen $a = a_\infty$ und $a = 4$) ist aber nicht durchgehend chaotisch, sondern enthält – als Elemente der „Ordnung im Chaos" – immer wieder Unterbrechungen in Form der sog. periodischen Fenster. Dieses Phänomen wird nach Manneville und Pomeau (1979) als Intermittenz bezeichnet; in der Physik wurde es bereits im Jahr 1927 durch Balthasar van der Pol entdeckt. Die Fenster – nicht-chaotische Lücken im Wertebereich $a > a_\infty$ – sind durch Zyklen der Periodenlänge 3 (erstes und breitestes Fenster), 5, 6, ... und weitere Bifurkationen charakterisiert. Für $a = 4$ sind die x_t aus x_0 exakt zu berechnen:

$$x_t = \sin^2(2^t \pi x_0) = \sin^2(2^t \arcsin\sqrt{x_0}) \quad \text{mit} \quad 0 \le x_0 < 1$$

oder: $x_t = \dfrac{1}{2} - \dfrac{1}{2}\cos[2^t \arccos(1 - 2x_0)]$

Die Startwerte x_0 sind ein rationaler oder irrationaler Quotient zweier ganzer Zahlen. Rationale Werte x_0 liefern Fixpunkte oder periodische Zahlenfolgen, zum Beispiel:

$x_0 = 0 \qquad\qquad \Rightarrow x_t = 0$

$x_0 = 0,\overline{3} \qquad\qquad \Rightarrow x_t = 0,75$

$x_0 = 0,2 \qquad\qquad \Rightarrow x_t = \dfrac{1}{8}(5 \pm \sqrt{5}) \quad$ Zweierzyklus

$x_0 = \overline{0,142857} \quad \Rightarrow$ Dreierzyklus

Ein Fixpunkt wird definitionsgemäß erreicht, wenn $x_{t+1} = x_t$ gilt, das heißt, wenn die Funktion $x_{t+1} = f(x_t)$ zu $x = f(x)$ wird. Die Werte der „primären" Fixpunkte $x^{(1)}$ und $x^{(2)}$ sind dann aus der logistischen Funktion zu berechnen:

$$x = ax(1 - x)$$
$$ax - ax^2 - x = 0$$
$$ax^2 + x(1 - a) = 0$$
$$x^2 + \frac{1-a}{a}x = 0$$
$$x\left(x + \frac{1-a}{a}\right) = 0 \Rightarrow x^{(1)} = 0; x^{(2)} = -\frac{1-a}{a} = -\left(\frac{1}{a} - 1\right) = 1 - \frac{1}{a}$$

Die beiden Werte $x^{(3)}$ und $x^{(4)}$ („sekundäre" Fixpunkte) des Attraktors nach der ersten Bifurkation betragen:

$$x^{(3),(4)} = \frac{1}{2}\left(1 + \frac{1}{a}\right) \pm \frac{1}{2a}\sqrt{a^2 - 2a - 3}$$

Die Stabilität der Fixpunkte wird durch einen Koeffizienten λ gemessen. Dessen Berechnung geht von der ersten Ableitung der logistischen Funktion im Zeitpunkt t aus:

$$f'(x_t) = \mu_t$$

$$\lambda = \lim_{t\to\infty} \frac{1}{t} \sum_{i=0}^{t-1} \ln \mu_i = \lim_{t\to\infty} \frac{1}{t} \sum_{i=0}^{t-1} \ln\left|f'(x_i)\right|$$

An den Fixpunkten gilt:

$$f(x) = ax(1-x) \quad \text{und}$$

$$f'(x) = a(1-2x) \Rightarrow \lambda = \ln a + \lim_{t\to\infty} \frac{1}{t} \sum_{i=0}^{t-1} \ln\left|1 - 2x_i\right|$$

Daraus folgt für $x^{(1)} = 0$: $\quad \lambda^{(1)} = \ln[a\left|(1 - 2x^{(1)})\right|] = \ln a$

Für $x^{(2)} = 1 - \dfrac{1}{a}$ folgt:

$$\lambda^{(2)} = \ln[a\left|(1 - 2x^{(2)})\right|] = \ln[a\left|1 - 2 + \frac{2}{a}\right|] = \ln\left|2 - a\right|$$

Für $x^{(3)}$ und $x^{(4)}$ ergibt sich: $\lambda^{(3),(4)} = \ln\left|-a^2 + 2a + 4\right|$

Der Stabilitätskoeffizient $\lambda = \ln \mu$ weist mit einem positiven Wert Instabilität und mit einem negativen Wert Stabilität aus.

Der Koeffizient λ wird nach dem russischen Mathematiker Alexandr Michajlowitsch Ljapunov (1857-1918) als maximaler Ljapunov-Exponent bezeichnet (Ljapunov 1949). Er kann auch als Maß der exponentiellen Divergenz Δx_t zweier benachbarter Trajektorien x_t erklärt werden. Ausgehend von der Differenz zwischen den beiden Anfangswerten ergibt sich:

$$\Delta x_t = \Delta x_0 e^{\lambda t}$$

Die oben angegebene Formel für λ als Funktion der ersten Ableitung der logistischen Funktion ist numerisch nicht praktikabel und kann ersetzt werden durch die zu diesem Zweck besser geeignete Formel (Herrmann 1994):

$$\lambda = \lim_{t \to \infty} \frac{1}{t} \ln \left| \frac{y_t}{y_0} \right| \Rightarrow \text{ für große t: } \quad \lambda \approx \frac{1}{t} \sum_{i=1}^{t} \ln \frac{\left| y_i - x_i \right|}{\left| y_{i-1} - x_{i-1} \right|}$$

λ misst den Abstand zwischen zwei Bahnen x und y (mit $y = x + \Delta x$) und weist auf Periodizität ($\lambda < 0$) oder auf Chaos ($\lambda > 0$) bzw. im Übergangsbereich ($\lambda = 0$) auf sog. Quasiperiodizität hin. Die Differenz Δx_0 kann einen Messfehler in den Ausgangswerten darstellen. Dann besteht zu der Dauer des maximal sinnvollen Vorhersagezeitraums T_{max} bei chaotischen Systemen die Proportionalitätsbeziehung (Eberl 1996, S.14):

$$T_{max} \text{ proportional } \frac{1}{K} \ln \frac{1}{\Delta x_0}$$

mit K=Summe der positiven Ljapunov-Exponenten
(bei der logistischen Funktion gibt es nur einen)

In chaotischen Systemen nimmt die Prognosegüte mit zunehmendem Prognosehorizont sehr schnell ab. Kurzzeitvorhersagen sind dann grundsätzlich noch möglich, Langzeitvorhersagen wegen der Initialwertsensibilität und des exponentiellen Fehlerwachstums dagegen äußerst unzuverlässig.

Ein zum Zeitpunkt null bestehender Messfehler E_0 pflanzt sich bis zum Zeitpunkt t zu E_t fort (Peitgen et al. 1994, S.45):

$$\left| \frac{E_t}{E_0} \right| = \left| \frac{E_t}{E_{t-1}} \right| \left| \frac{E_{t-1}}{E_{t-2}} \right| \cdots \cdot \left| \frac{E_1}{E_0} \right|$$

Ein einzelner dieser Fehlerverstärkungsfaktoren $\left| \frac{E_{i+1}}{E_i} \right|$ (mit i=0 bis t-1) misst, wie stark ein kleiner Fehler E_i von x_i (der jeweils letzten Iterierten) in der darauffolgenden Iteration vergrößert oder verkleinert wird. Der Ljapunov-Exponent ist der Logarithmus des geometrischen Mittels der Fehlerverstärkungsfaktoren:

$$\lambda = \frac{1}{t} \ln \left| \frac{E_t}{E_0} \right| = \frac{1}{t} \sum_{i=1}^{t} \ln \left| \frac{E_i}{E_{i-1}} \right|$$

Der Ljapunov-Exponent ist in der chaostheoretischen Literatur die am häufigsten verwendete Methode zur Unterscheidung von Periodizität und Chaos (T. A. Brown 1996). Andere diesem Zweck dienende Methoden sind die Spektral- oder Fourier-Analyse – benannt nach dem französischen Mathematiker und Physiker Jean-Baptiste Joseph Baron de Fourier (1768-1830) – , die auf der Linearkombination von Sinus- und Cosinusfunktionen beruht (Fourier 1822), und die Autokorrelationsfunktion, die die Abhängigkeit einer Zeitreihe von ihrer eigenen Vergangenheit darstellt (Box und Jenkins 1976). Als Maß chaotischer Unordnung kann auch die ursprünglich in der Physik als Funktion der thermodynamischen Wahrscheinlichkeit und dann in der Informationstheorie als Maß der mittleren Unsicherheit der Vorhersage (Shannon 1964) gebräuchliche Entropie in der von Kolmogorov (1959) dargestellten Form verwendet werden. Die Endzustände chaotischer Systeme können nach Mandelbrot (1983) anschaulich als sog. Fraktale grafisch dargestellt werden. Fraktale sind komplizierte geometrische Gebilde, deren typisches Merkmal die Selbstähnlichkeit ist; das heißt wie bei der russischen Puppe Matrjoschka ähnelt jeder Teil mehr oder weniger exakt dem Ganzen. Das berühmteste Fraktal – sog. „Apfelmännchen" – ist die Darstellung derjenigen Parameterwerte p_1 (horizontale Achse im rechtwinkligen Koordinatensystem) und p_2 (vertikale Achse), für die die Iteration $x_{i+1} = x_i^2 - y_i^2 + p_1$ und $y_{i+1} = 2x_i y_i + p_2$ nicht divergiert (Eberl 1996). Erst die Mandelbrotschen Fraktale haben der Chaostheorie zu großer Beachtung über die Wissenschaft hinaus verholfen; ihr frühester Vordenker war aber bereits der deutsche Mathematiker Georg Cantor (1845-1918) (Cantor 1983).

Bei empirischen Zeitreihen stellt sich das Problem, dass man nur eine Reihe in der Regel äquidistanter Realisationen kennt, aber nicht den sie generierenden Prozess. Die Berechnung des Ljapunov-Exponenten soll dann folgende Aussagen liefern (Loistl und Betz 1996):

Entweder „Die Zeitreihe stammt aus einem deterministischen Prozess mit quasi-zufälligem (chaotischem) Verhalten"

oder „Die Zeitreihe stammt aus einem deterministischen Prozess mit höchstens periodischem oder quasi-periodischem Verhalten"

oder „Die Zeitreihe ist rein stochastisch".

Die Lösung des Problems erfolgt über die Rekonstruktion des Attraktors der beobachteten Zeitreihe. Zur numerischen Bestimmung des Ljapunov-Exponenten aus empirischen Zeitreihen gibt es verschiedene Algorithmen, von denen der Wolf-Algorithmus am bekanntesten ist (Wolf et al. 1985). Bei der Verwendung der logistischen Funktion zur Prognose von Zeitreihen empirischer Bevölkerungsdaten, die in der Regel als fehlerbehaftet angenommen werden müssen, ist die Beachtung des grundsätzlichen Unterschieds zwischen regulärem und chaotischem Verhalten wichtig (Bräuer 2002, S.43). Im „fixen" und im periodischen Bereich führen auch ganz verschiedene Anfangswerte x_0 spätestens nach wenigen Iterationen zu ein und derselben Entwicklung im Zeitablauf. Im chaotischen Bereich läuft die Entwicklung selbst für fast identische Anfangswerte schon nach wenigen Iterationen auseinander.

Citybildung

Nach Max Weber (1922) ist die „Stadt" eine ihre ländliche Umgebung dominierende große, dicht besiedelte und permanente Siedlung von sozial verschiedenen Menschen, die nicht unmittelbar ihre eigenen Lebensmittel produzieren. „Urbanisierung ist der Prozess, in dem Menschen in großer Zahl die ländlichen Regionen und kleinen Städte verlassen, um sich in Städten und umliegenden metropolitanen Gebieten niederzulassen. Urbanisierung ist daher mit der Wanderung von dünn besiedelten Regionen in dicht besiedelte Regionen verbunden" (Häußermann 2001, S.507). Für das 19. Jahrhundert war charakteristisch, dass ein großer Unterschied zwischen Stadt und Land bestand. Auf dem „Land" lebten Bauern und mit der Landwirtschaft verbundene Handwerker und Arbeiter, es gab keine weiterführenden Schulen, und die Haushalte versorgten sich selbst. In der „Stadt" ermöglichte ein differenzierter Arbeitsmarkt die Wahl von verschiedensten Berufen in Industrie, Handel und Büros, man wohnte in Mietshäusern, und die benötigten Waren und Dienstleistungen wurden gekauft. Im 20. Jahrhundert führten die Industrialisierung der Landwirtschaft, Massenmedien wie Radio und Fernsehen, Automobile und das Telefon zur Verwischung der Abgrenzung zwischen Stadt und Land. In den letzten Jahrzehnten des 19. Jahrhunderts setzte der Übergang von der „Gemeinschaft" zur „Gesellschaft" ein (Tönnies 1887). Die ländlich-kleinstädtische „Gemeinschaft" ist durch ein enges Netz von Verwandten und Freunden mit gemeinsamen Werten und Traditionen und starken sozialen und emotionalen Bindungen, einen mit der Geburt festgeschriebenen sozialen Status und minimale räumliche Mobilität gekennzeichnet. Die Merkmale der industriell-großstädtischen „Gesellschaft" sind dagegen die Existenz von formalen Organisationen und Märkten anstelle von Zusammengehörigkeitsgefühl, höchstens unpersönliche und oberflächliche Interaktionen zwischen sich sonst fremden Personen, der Mangel an gemeinsamem kulturellen Erbe und gemeinsamen Berufserfahrungen, der weit verstreut lebende Bekanntenkreis und die große räumliche Mobilität. Die Vorzüge der Urbanisierung sind die Förderung der produktiven Vermischung von Menschen mit verschiedenen Lebenserfahrungen und des Austauschs von Meinungen, Absichten und Erwartungen. Die Städte sind als Zentren der Innovation in Wirtschaft, Wissenschaft, Technologie und Kunst der „Gipfel humaner Zivilisation" (Häußermann 2001, S.507).

Die Kehrseite der Urbanisierung sind die Gefahr von Umweltverschmutzung, sozialen Problemen und eines Lebens mit Hektik, Stress und psychischen Krankheiten. Dementsprechend wird die Urbanisierung in der wissenschaftlichen Literatur unterschiedlich beurteilt. Die sog. „Chicago-Schule" stellt die negativen Aspekte der Großstadt heraus (Park et al. 1925). Großstadttypisch sind demnach das hemmungslose Ausleben von individuellen Trieben nach der Auflösung der Bindungen der dörflichen Gemeinschaften, die Zunahme von unmoralischem abweichenden Verhalten und Kriminalität wegen fehlender sozialer Kontrolle, die soziale Absonderung einzelner Bevölkerungsgruppen (Segregation) insbesondere nach Hautfarbe und Religion und die Bildung von Ghettos. In ähnlicher Sicht betont Wirth (1938), dass das großstädtische Leben wegen der Größe, Dichte und Heterogenität der Bevölkerung mit seiner unpersönlichen Natur schwere soziale Probleme hervorbringt. Auch Choldin (1978) weist auf die auffallende großstädtische Kriminalität (insbesondere die Jugenddelinquenz) hin, sieht die Ursache aber nicht in der hohen Bevölkerungsdichte, sondern in sozial-strukturellen Faktoren wie der ethnischen Zusammensetzung und der ungleichen Verteilung von Reichtum und Erwerbsmöglichkeiten. Eine differenziertere Beurteilung der Großstadt wird von Simmel (1903) vertreten. Danach ist die städtische Mentalität durch „rein sachliche" (unpersönliche) Beziehungen gekennzeichnet. Dadurch entsteht einerseits ein Verlust an menschlicher Nähe, andererseits ein Gewinn an Freiheit und Individualität; das heißt typisch für die großstädtische Mentalität sind einerseits Gleichgültigkeit und andererseits Toleranz. Überwiegend positiv wird die Urbanisierung von Fischer (1982) gesehen. Die große Bevölkerungsdichte in der Stadt bewirkt neue Formen gemeinschaftlicher Bindung, die auf gemeinsamen beruflichen Tätigkeiten oder Freizeitinteressen beruhen. Derartige „segmentäre" Kontakte können sich auf dem Land wegen der geringeren Bevölkerungsgröße und -dichte nicht entwickeln; dort bestehen dagegen „ganzheitliche" Kontakte. Einige Autoren verweisen auf das Phänomen, dass einzelne großstädtische Viertel nach ihrer Sozialstruktur und dem Verhalten ihrer Bewohner Kleinstädten oder Dörfern ähneln (Gans 1962), indem sie Gemeinschaften mit dauerhaften engen Beziehungen und gegenseitiger Unterstützung darstellen. Solche Gemeinschaften werden unterschiedlich bewertet. Einerseits verfestigen die intensiven sozialen Beziehungen die kulturelle Rückständigkeit und stehen der Modernisierung der Lebensstile im Wege (Zapf 1969), andererseits kann das traditionelle „Milieu" ein bewahrenswertes kulturelles Gut der Bewohner sein und sollte – z.B. durch Neubauten – nicht zerstört werden (Gude 1971).

Zur Erklärung der Stadtentwicklung wurden verschiedene Theorien konzipiert. Nach der ökonomischen Theorie wird die räumliche Verteilung der
Siedlungen in erster Linie durch die Bodenpreise bzw. die aus der Bodennutzung erzielten Gewinne (Grundrente) gesteuert. „Grundrente [ist] der monetäre
Ertrag, der aus der Nutzung eines bestimmten Grundstücks gezogen werden
kann. Dieser bemisst sich im städtischen Kontext vor allem aus der Lage, d.h.
der Erreichbarkeit und Attraktivität eines Standortes" (Häußermann 2001,
S.532). Die früheste systematische Untersuchung über den Einfluss von Kosten
und Preisen auf die Intensität der Bodennutzung stammt von dem deutschen
Nationalökonomen Johann Heinrich von Thünen (1783-1850). Nach seinem
Modell bilden sich um einen Marktplatz – aus dem eine Stadt entsteht – mehrere
konzentrische Ringe mit jeweils verschiedener landwirtschaftlicher Nutzung. Je
weiter eine landwirtschaftliche Fläche vom Markt entfernt ist, desto höher sind
die beim Absatz anfallenden Transportkosten. Mit zunehmender Entfernung
vom Markt wird jeweils weniger intensiv gewirtschaftet. „Sehr deutlich zeichnen sich um große Konsumplätze mit ihren Märkten Intensitätszonen ab. In
ihrer Nähe bietet sich die Möglichkeit besonderen Kapital- und Arbeitsaufwan-
des, es wird Obst und Gemüse angebaut" (Kraus 1959, S.1458). Die „Thünen-
schen Ringe" erklären nur die Prinzipien der agrarischen Standortbildung
(v.Thünen 1842); das Transportkostenprinzip wurde aber auch auf andere Wirt-
schaftsbereiche übertragen. Das Modell des Transportkostenminimalpunktes
von Alfred Weber (1909) macht das Wesen der städtischen Bevölkerungsagglomeration als eines notwendigen Lokalisationsvorgangs deutlich. „Verstädte-
rung [ist demnach ein] raumwirtschaftlich zwangsläufiger Vorgang. Hierzu
gehört der Gesamtkreis von Standortbegünstigungen, die man als Fühlungsvor-
teile bezeichnet und die einer Dispersion in besonderem Maße entgegenstehen"
(Kraus 1959, S.1458/1459).

Neben der dominierenden ökonomischen Theorie der Stadtentwicklung
wurde die sozialökologische Theorie aufgestellt. Danach ergibt sich die Struktur
der Stadt aus der Interaktion zwischen verschiedenen Gruppen von Menschen
und der physischen und geografischen Umwelt. Diese Struktur entsteht überall
ähnlich auf der Basis natürlicher Einflussfaktoren (Konvergenztheorie). Das
früheste derartige Modell städtischer Raumnutzung geht auf Ernest Burgess
(1925) zurück (siehe Park et al. 1925). Außer den ökonomischen und sozialöko-
logischen Theorieansätzen gibt es noch die politisch-ökonomische Theorie. Die
Struktur der Stadt wird hier als Ergebnis eines Machtkampfes zwischen ökonomischen und politischen Interessen verschiedener Akteure gesehen.

Die Zeit seit Beginn der Industrialisierung kann unter dem Gesichtspunkt
der Citybildung in drei historische Phasen eingeteilt werden. Die weitaus längste
erste Phase umfasst das 19. Jahrhundert bis etwa zur Mitte des 20. Jahrhunderts.

Es war die Zeit der zunehmend hohen Dichte von Gewerbe und Bevölkerung in den Städten. Die Anstöße dazu waren ökonomischer, sozialer und kultureller Art. „Das kulturelle und ökonomische Potenzial der Städte war die räumliche Verdichtung von heterogenen Funktionen und sozialen Beziehungen, die ein innovatives Milieu und eine emanzipatorische soziale Praxis zur Folge hatte" (Häußermann 2001, S.527). In den europäischen Städten gab es in der ersten wie auch in den späteren Phasen fast nie Geburtenüberschüsse; ihr Bevölkerungswachstum war fast ausschließlich die Folge von Zuwanderungen aus ihrem näheren oder weiteren Einzugsbereich. Die individuellen Gründe für den Zuzug in die Stadt waren erhoffte Einkommenschancen, bessere medizinische Versorgung, besseres Bildungswesen und Flucht aus Bindungen und Verpflichtungen der Großfamilie, die als Einengung empfunden wurden. „Die `Lichter der Großstadt`versprechen sozialen Aufstieg, weniger soziale Kontrolle und den Anschluss an die moderne Zivilisation" (Münz und Ulrich 2001, S.494).

Die zweite historische Phase in der zweiten Hälfte des 20. Jahrhunderts ist gekennzeichnet durch die zunehmende Randwanderung von produzierendem Gewerbe und Bevölkerung aus den Kernstädten heraus in die Vorstädte und das weitere Stadtumland (Suburbanisierung). Ermöglicht wurde diese Umkehr des Wanderungssaldos durch die allgemeine Verfügbarkeit privater Kraftfahrzeuge und durch die private Eigentumsbildung; ein Impuls für die Nutzung dieser Möglichkeiten war die Familienfeindlichkeit großstädtischer Zentren. Die dritte historische Phase tritt ab Ende des 20. Jahrhunderts in Erscheinung. Ihre Merkmale sind die Tertiarisierung der innerstädtischen Ökonomie und die Revitalisierung der Innenstädte, zum Teil noch überlagert mit der andauernden Suburbanisierung, die aber auf zunehmende Probleme wegen der Verstopfung der Verkehrswege zwischen Innenstadt und Umland und damit zusammenhängender Energiekosten und Umweltbelastung stößt. In der dritten Phase „gibt es eine wachsende Zahl von gut verdienenden Bewohnern, die innerstädtische Wohnungen nachfragen, und daher werden die Altbauwohnungen modernisiert" (Häußermann 2001, S.517). Die Folge dieser Luxussanierung wird mit dem englischen Fachausdruck „gentrification" bezeichnet. „Gentrification beschreibt den Austausch (Verdrängung) der eingesessenen Bevölkerung durch eine sozial höhere Schicht in innerstädtischen Altbaugebieten im Zusammenhang baulicher Aufwertung" (Häußermann 2001, S.531). Der französische Historiker Jacques Le Goff (1998) sagt über seine Berufskollegen in Paris Ende des 20. Jahrhunderts: „Bei den Hochschuldozenten zum Beispiel sträuben sich zwar einige wenige und bleiben eingefleischte Vorstadtbewohner, aber insgesamt habe ich beobachtet, dass von all denen, die Karriere machen, sehr viele von den Vororten in die Innenstadt umziehen. Die Bezirke des Stadtzentrums entwickeln sich zu den vornehmsten Vierteln in Paris, und zwar nicht nur für Intellektuelle und

Künstler, sondern auch für Ausländer. Ich bin fest davon überzeugt, dass [die Innenstadt] momentan dabei ist, neue Vorzüge zu entwickeln, die ihre Anziehungskraft erneuern" (S.146/147).

An der neuesten Zuwanderung in die Innenstädte sind aber nicht nur „Yuppies" – Abkürzung für „Young Urban Professional", das sind die vor allem in den Großstädten tätigen Beschäftigten der neuen Dienstleistungsberufe in EDV, Telekommunikation, Marketing und Banken u.a. – beteiligt. Unter den Zuwanderern sind auch Arbeitskräfte – insbesondere Immigranten – für relativ gering bezahlte Dienstleistungen wie Reinigungspersonal und Bedienungspersonal in Restaurants. Dadurch entsteht als Folge des Übergangs von der Industrie- zur Dienstleistungsökonomie in der postindustriellen Stadt eine Polarisierung der Beschäftigung zu einem gespaltenen Arbeitsmarkt. Die Rückkehr bestimmter Menschen in die Stadt wird von den Tageszeitungen und anderen öffentlichen Medien vor allem an Einzelbeispielen anschaulich demonstriert, aus denen dann allgemeine Schlüsse gezogen werden wie zum Beispiel: „Für moderne Familien, in denen beide Eltern berufstätig sind, gewinnen die Städte mit ihrer guten Infrastruktur an Attraktivität. Steigende Benzinkosten verstärken den Trend weg vom Eigenheim auf dem Land... Neu ist auch, dass sich die etwas ältere Generation Richtung Stadt orientiert. Sie sind zwischen 55 und 65 Jahre und tauschen ihr ländliches Haus gegen eine Eigentumswohnung in der Stadt. Das ist nicht immer eine große Stadt, aber eine nahegelegene" (Westdeutsche Allgemeine Zeitung vom 26.07.2008). In der Bevölkerungsstatistik ist die neue Attraktivität der Städte noch nicht deutlich genug erkennbar, um zu unterscheiden, ob es sich dabei um eine Abschwächung oder Stagnation der Suburbanisierung der zweiten Phase oder um eine wirkliche Umkehr der Wanderungsströme als dritte Phase handelt. Die Interpretation als eigenständige dritte Phase wird durch die neue Rolle moderner Großstädte in der Zeit der Globalisierung gestützt. „Das Wachstum europäischer Städte war jahrhundertelang durch eine symbiotische Beziehung mit dem Umland und insbesondere den Austausch von Agrarprodukten gegen verarbeitete Güter gekennzeichnet... [Die heutigen Großstädte sind dagegen] arbeitsteilig überwiegend miteinander und mit der Weltwirtschaft verbunden. Diese Arbeitsteilung wurde durch weltweiten Transport, raschen Informationsausgleich und einen höheren Energieverbrauch möglich" (Münz und Ulrich 2001, S.495). Es gibt besonders in den international orientierten Dienstleistungsfirmen viele gutverdienende jüngere Angestellte, die innerstädtische Quartiere als Wohnort bevorzugen (Sassen 1991 und 1994).

Die historische Erfahrung, dass es abwechselnd Zeiten positiver und negativer Wanderungssalden der Städte geben kann, gibt Anlass zu der Vermutung der Existenz eines raumordnerisch harmonischen Stadt-Land-Größenverhältnisses, dem die realen Verhältnisse zustreben und das erreicht wird, wenn nicht

Störungen der Entwicklung eintreten. „Die geordnete Lokalisationstendenz ist [nach dieser Vorstellung] ein allgemeines Prinzip des Lebens und offenbart sich nicht nur auf den ökonomischen Lebensgebieten. Rein dispers, in weiter Streuung, könnte nur eine anarchische, sich selbst versorgende bäuerliche Bevölkerung leben. Alle sonstigen Gemeinschaften bedürfen der Arbeitsteilung und der Ausübung zentraler Funktionen am rechten Ort. Gerade dadurch stellt sich wiederum eine selbsttätige Raumordnung ein" (Kraus 1959, S.1459). Solche Modelle einer ausgewogenen Raumordung wurden in früherer Zeit von Christaller (1933) und Lösch (1940) aufgestellt. Die Aussagefähigkeit eines allgemeine Gültigkeit beanspruchenden Modells der räumlichen Bevölkerungsverteilung hängt davon ab, ob es in den Sozialwissenschaften gesetzähnliche Regelmäßigkeiten gibt, obwohl jeder einzelne Akteur einen freien Willen hat, dessen Auswirkungen nicht deterministisch vorausgesagt werden können. Nach herrschender Auffassung ist gerade der freie Wille des Menschen der Grund, dass auf Wahrscheinlichkeitsgesetzen beruhende Aussagen notwendig und möglich sind (Gerß 2007, S.17). Der einzelne Mensch entscheidet gezielt rational, aber die Gruppe verhält sich so, als ob ihre Individuen nach Zufall entscheiden würden. Die durch ein mathematisch formuliertes Zufallsmodell beschriebene beobachtete Variabilität steht nicht in Widerspruch zu der individuellen rationalen Entscheidung. „Socioeconomic spatiotemporal dynamics are built on the assumption that, in spite of the multifaceted, very complex, individual, game-theoretic behavior, the aggregate performance of social stocks can be captured by simple spatiotemporal dynamic models. But the very simple dynamic models describing the aggregate performance of socioeconomic systems turn out to be dynamically complicated – and surprising – in the variety of events they reveal" (Dendrinos und Sonis 1990, S.6).

Ein früheres Beispiel der mathematischen Formulierung einer Tendenz zur gleichgewichtigen räumlichen Bevölkerungsverteilung auf größere und kleinere Orte ist das sog. Zipfsche Gesetz (Zipf 1949). Danach treffen die Menschen ihre Entscheidung zur Ansiedlung nach zwei Zielrichtungen. Wer ein großes Angebot an Arbeitsplätzen, Waren und Dienstleistungen präferiert, siedelt sich in der Großstadt an. Wem Ruhe, landschaftlicher Freiraum und saubere Luft wichtiger sind, der bevorzugt als Wohnsitz eine kleine ländliche Gemeinde. Bei den Großstadtmenschen steht der Hang zur räumlichen Konzentration im Vordergrund („force of unification"), bei der ländlichen Bevölkerung der Hang zur räumlichen Dispersion („force of diversification"). Da stets beide Zielrichtungen verfolgt werden, gibt es eine Mischung von großen und kleinen Siedlungen. Das Ausmaß der Bevölkerungsagglomeration bzw. der regionalen Streuung der Bevölkerung hängt vor allem von der Bevölkerungsdichte, dem Industrialisierungsgrad und den Verkehrsmitteln ab. Das Zusammenwirken der force of unification und der force of diversification ermöglicht, dass die vielfältige – materielle und immaterielle, entgeltliche und unentgeltliche – Bedürfnisbefriedigung zu den niedrigsten Gesamtkosten (Produktions- und Transportkosten aller Güter sowie Fahrkosten aller Erwerbstätigen und Konsumenten zusammen) erfolgt und auf diese Weise dem „principle of least effort" genügt. Die Verteilung der Bevölkerung (B) auf Siedlungen verschiedener Größe kann grafisch als Ranggrößenverteilung – mit Anordnung der Siedlungen von der größten (Rang R=1) bis zur kleinsten auf der Abszisse und ihren Einwohnerzahlen auf der Ordinate des rechtwinkligen Koordinatensystems – dargestellt werden. Der Zusammenhang zwischen der Bevölkerung und dem Rang einer Stadt ist hyperbelartig:

$$RB^{\omega} = \text{konstant}$$

Das Zipfsche Gesetz besagt, dass der Exponent ω im Zustand der gleichgewichtigen räumlichen Bevölkerungsverteilung 1 beträgt und die realen Siedlungen sich stets in Richtung auf dieses Gleichgewicht entwickeln. Die von Zipf gegebene mathematische Begründung ist mangelhaft, und die behauptete universelle Gültigkeit als „Gesetz" ist fragwürdig (W. Gerß und J. Gerß 2005). Trotzdem sind die von Zipf gesammelten empirischen Beispiele, bei denen die Behauptung tatsächlich zutrifft, frappierend.

Die mathematisch fundierte und umfassende Verknüpfung zwischen der mathematisch-naturwissenschaftlichen Theorie nichtlinearer dynamischer Prozesse (Theorie der Bifurkationen, Katastrophentheorie, Chaostheorie) und den Wirtschafts- und Sozialwissenschaften allgemein sowie insbesondere der Raumwissenschaft (Siedlungsgeografie, Regionalwissenschaft) wurde von Wilson (1970), Weidlich und Haag (1983) und Dendrinos mit Mullally (1985) geliefert. Dendrinos und Sonis (1990) entwickelten danach eine „Theory of sociospatial evolution based on temporal and locational advantages of alternatives involving time lags in choices" (S.169). Die Nichtlinearität wird dabei als Normalfall, Linearität nur als Näherungslösung für zeitlich und räumlich eng begrenzte Beziehungen angesehen. „Whether linear or nonlinear interdependencies are included in modeling social systems is very much a function of the spatial and temporal horizon under consideration. Linear interdependencies are only approximations acceptable over relatively short spatiotemporal frames. Long-term spatial or temporal analysis must be carried out in a nonlinear mode" (S.158). Die logistische Funktion gilt vor allem wegen ihrer einfachen Handhabbarkeit als dominierendes Modell der räumlichen Bevölkerungsverteilung und Citybildung, kann und muss aber für komplexere Sachverhalte verallgemeinert werden. „A dominant type of simple and calm dynamics, involving smooth and continuous change in socioeconomic-geographic systems, is logistic growth and/or decline. Logistic-type dynamics might be rather easy to document in social histories-events. Logistic growth and/or decline are indeed ubiquitous events in the demographic, economic, and geographic literature "(S.159). Die Verwendung nichtlinearer Modelle wie der logistischen Funktion mit dem Ziel der Entdeckung von Chaos führt aber keineswegs immer zu diesem Ergebnis. Die Existenz von Chaos und die Diagnose von Chaos sind eher seltene Ereignisse. „Violent episodes may be temporally and spatially rare social events, and they may be few and far between. Chaos may be a relatively inaccessible state in both space and time. An observer of social systems must be very fortunate to stumble onto social science data where the presence of turbulence is captured" (S.161).

Gegenstand der räumlichen Verteilung sind eine oder (simultan) mehrere diskrete Bestandsgrößen (stocks; außer Bevölkerung z.B. Arbeitsplätze, Gebäude, gemeldete Kraftfahrzeuge), die an einem oder mehreren Orten (locations) gemessen werden, wobei die Zeit als stetige Variable oder als Folge diskreter Zeitpunkte berücksichtigt wird (Dendrinos und Sonis 1990, Dendrinos 1992 und 1996).Die allgemeinste Version der – für die empirische Analyse in erster Linie relevanten – Fälle mit diskreter Zeitmessung ist die „multiple stocks / multiple locations-configuration":

$$x_{ij}(t+1) = \frac{F_{ij}[x_{kl}(t); k = 1,...,I; l = 1,...,J]}{\sum_{s=1}^{I} F_{sj}[x_{kl}(t); k = 1,....I; l = 1,...,J]}$$

mit $i = 1,...,I$ = Index der locations und $j = 1,...,J$ = Index der stocks

sowie $\sum_{s=1}^{I} x_{sj}(t) = 1$ für alle $j = 1,...,J$ und alle $t = 1,...,T$

Als Spezialfall ergibt sich daraus die „one stock / two locations-configuration" (für den stock der locations $i = 1$ und $i = 2$):

$$x_1(t+1) = \frac{F_1}{F_1 + F_2[x_1(t), x_2(t)]} \quad \text{mit} \quad F_1 = 1$$

und [wegen $x_1(t) + x_2(t) = 1$]:

$$F_2[x_1(t), x_2(t)] = \frac{1 - ax_1(t)x_2(t)}{ax_1(t)x_2(t)} = \frac{1 - ax_1(t)[1 - x_1(t)]}{ax_1(t)[1 - x_1(t)]}$$

$$x_2(t+1) = 1 - x_1(t+1) = \frac{F_1 + F_2[x_1(t), x_2(t)]}{F_1 + F_2[x_1(t), x_2(t)]} - \frac{F_1}{F_1 + F_2[x_1(t), x_2(t)]}$$

$$= \frac{F_2[x_1(t), x_2(t)]}{F_1 + F_2[x_1(t), x_2(t)]}$$

Dies stimmt mit der in der Literatur für die logistische Funktion üblichen Schreibweise überein:

Logistische Funktion

$$= x(t+1) = ax(t)[1 - x(t)] = \frac{1}{\dfrac{1}{ax(t)[1 - x(t)]}}$$

$$= \frac{1}{1 + \dfrac{1}{ax(t)[1 - x(t)]} - 1} = \frac{1}{1 + \dfrac{1}{ax(t)[1 - x(t)]} - \dfrac{ax(t)[1 - x(t)]}{ax(t)[1 - x(t)]}}$$

$$= \frac{1}{1 + \dfrac{1 - ax(t)[1 - x(t)]}{ax(t)[1 - x(t)]}} \quad \text{— Modell der räumlichen Bevölkerungsverteilung}$$

Das one stock / two locations-Modell beschreibt die Situation, dass in einem Gebiet eine einzelne große Stadt existiert, die ihr aus mehreren kleinen Gemeinden bestehendes Umland braucht und von diesem gebraucht wird. Das Größenverhältnis zwischen der zentralen Stadt und der Gesamtheit der Umlandgemeinden kann dann als optimal ausgewogen angesehen werden, wenn es über längere Zeit stabil bleibt. Dies ist dann am ehesten zu erwarten, wenn die Anzahl der mit der Stadt verbundenen Umlandgemeinden überschaubar klein ist. Bei ungefährer Gültigkeit des Zipfschen Gesetzes (Wert des Exponenten ω in der Nähe von 1) und zum Beispiel sieben zu berücksichtigenden Umlandgemeinden gilt für den Bevölkerungsanteil der Umlandgemeinden zusammen $(1 - x)$ und für den Bevölkerungsanteil der Stadt (x):

$$1 - x = \left(\frac{1}{2} + \frac{1}{3} + \frac{1}{4} + \frac{1}{5} + \frac{1}{6} + \frac{1}{7}\right)x = 1,592857x \Rightarrow x = 0,385675$$

$$\Rightarrow 1 - x = 0,614325 \qquad \Rightarrow \frac{x}{1 - x} = 0,6278$$

Die Bevölkerung ist also dann ausgewogen und dauerhaft stabil auf die Stadt und das Umland verteilt, wenn der Anteil der Stadt knapp 63 % des Anteils der sieben Gemeinden ausmacht. Der Anteil des Umlands stimmt hier fast perfekt mit der als „goldener Schnitt" bezeichneten mathematischen Konstante $\frac{1}{2}(\sqrt{5}-1) = 0,618034...$ überein. Der goldene Schnitt ist dann gegeben, wenn eine Strecke so in zwei Teilstrecken zerlegt wird, dass die kürzere Teilstrecke zur längeren in demselben Verhältnis steht wie die längere Teilstrecke zur Gesamtstrecke. In der Kunst und Architektur – zum Beispiel bei der Konstruktion antiker griechischer Tempel – ist der goldene Schnitt die als optimal ästhetisch empfundene Norm harmonischer Proportionen, trifft aber auch vielfach in der Natur zu. Durch physikalische Experimente wurde nachgewiesen, dass der goldene Schnitt das gegen Störungen durch Messfehler stabilste Verhältnis ist (KAM-Theorem; benannt nach Kolmogorov 1954, Arnol'd 1963 und Moser 1967). Die mögliche Bedeutung des KAM-Theorems auch für die Soziologie ist bisher nur eine Hypothese. Ihre Bestätigung wäre eine wichtige Stütze für die Verwendung der logistischen Funktion als Modell der Verteilung der Bevölkerung auf eine City und ihren Einzugsbereich. Die Tabelle zeigt für einige willkürlich ausgewählte Staaten, wie sich in einem Zeitraum von ca. 100 Jahren die Verteilung der Bevölkerung auf die Hauptstadt – hier die einzige dominierende City des Landes – und das übrige Staatsgebiet in Richtung auf den goldenen Schnitt entwickelt hat.

Räumliche Verteilung der Bevölkerung

Staat	Jahr ca. 1900 bis 1905 *		Jahr ca. 2006 **	
_____ Hauptstadt (Metropolregion)	Anteil der City am Staat x	Verhältnis der City zum übrigen Staatsgebiet $\dfrac{x}{1-x}$	Anteil der City am Staat x	Verhältnis der City zum übrigen Staatsgebiet $\dfrac{x}{1-x}$
Ägypten/Kairo	0,0586	0,0622	0,2233	0,2875
Algerien/Algier	0,0206	0,0210	0,1969	0,2452
Iran/Teheran	0,0295	0,0304	0,1884	0,2321
Island/Reykjavik	0,1402	0,1631	0,3722	0,5929
Liberia/Monrovia	0,0053	0,0053	0,2693	0,3686
Mexiko/Mexiko	0,0398	0,0414	0,1749	0,2120
Myanmar/Rangun	0,0224	0,0229	0,1254	0,1434
Peru/Lima	0,0292	0,0301	0,2744	0,3782
Philippinen/Manila	0,0288	0,0297	0,1310	0,1507
Portugal/Lissabon	0,0656	0,0702	0,2451	0,3247
Venezuela/Caracas	0,0283	0,0291	0,1378	0,1598

Quellen : * Meyers Kleines Konversationslexikon Siebente Auflage, Leipzig und Wien 1908/09
** Wikipedia Stand Ende 2008

Bevölkerungsstatistik

Seitdem es Staaten gibt, gibt es auch Volkszählungen. Sie waren stets das Rückgrat der Bevölkerungsstatistik. „Die [früheste] Bevölkerungsstatistik diente in erster Linie verwaltungs- und fiskalischen Zwecken. Im Vordergrund stand die Feststellung der Einwohnerzahl, wie sie für die allgemeine Staatskunde, für die üblichen Verwaltungsbedürfnisse, für Zollabrechnungen, für wehrpolitische Zwecke und dergl. nötig war" (Lind 1940, S.159). Die Bibel widmet den Volkszählungen den Titel eines ganzen Kapitels. Das vierte Buch Mose trägt die Überschrift „Numeri" (Zahlen), weil es über zwei Volkszählungen berichtet. Die erste Zählung fand ein Jahr und einen Monat nach dem Auszug der Israeliten aus Ägypten während ihres Aufenthaltes als Nomaden in der Wüste Sinai statt (ca. 1270 v. Chr.). „Mose und Aaron [riefen] die ganze Gemeinde der Israeliten zusammen. Mit Hilfe der Stammesoberhäupter trugen sie alle Männer, die 20 Jahre und älter waren, in Listen ein, geordnet nach Sippen und Familien" (Deutsche Bibelgesellschaft 1983, Altes Testament S.169). Die ermittelten Zahlen werden in der Bibel detailliert und mit bemerkenswerter Präzision wiedergegeben. „Die Gesamtzahl aller wehrfähigen Israeliten betrug 603 550" (S. 171). Die zweite Zählung fand nach vierzigjähriger Wanderschaft (ca. 1230 v.Chr.) statt. Die Gesamtzahl der Männer ab 20 Jahren betrug nun 601 730 (S.195).

Eher beiläufig berichtet das Lukas-Evangelium über eine Volkszählung zur Registrierung der Bewohner des römischen Reiches und ihres Besitzes für die Erhebung von Steuern. „Kaiser Augustus [ordnete an], dass alle Bewohner des römischen Reiches in Steuerlisten erfasst werden sollten... So zog jeder in die Heimat seiner Vorfahren, um sich dort eintragen zu lassen. Josef.... ging nach Betlehem ..... Das ist der Ort, aus dem König David stammte. Er musste dorthin, weil er ein Nachkomme Davids war. Maria, seine Verlobte, ging mit ihm" (Deutsche Bibelgesellschaft 1983, Neues Testament S.83). Aus heutiger Sicht mutet seltsam an, dass die Menschen am Stammsitz der Sippe des Familienoberhauptes gezählt wurden. Die Zählung der Weihnachtsgeschichte war nur eine aus einer ganzen Serie von Volkszählungen im römischen Reich.

In späterer Zeit gab es genau datierte Bestandsaufnahmen der Bevölkerung unter anderem in Preußen ab 1719 unter König Friedrich Wilhelm I („Populationstabellen") und in Österreich in den Jahren 1785, 1786 und 1787 unter Kaiser Josef II. Bis zu Beginn des 19.Jahrhunderts dienten die Volkszählungen fast ausschließlich fiskalischen oder militärischen Zwecken; sie waren keine wissenschaftlichen Datensammlungen im modernen Sinn. Die ersten nicht nur für allgemeine administrative, sondern auch für wissenschaftliche Zwecke bestimmten Volkszählungen fanden 1842 in Brüssel und 1846 in ganz Belgien statt; sie sind mit dem Begründer der wissenschaftlichen Sozialstatistik Lampert Adolphe Jacques Quételet (1796-1874) verbunden (Quételet 1869). In einzelnen deutschen Staaten (unter anderem Preußen) wurde der Bevölkerungsstand bereits ab 1816 in meistens dreijährigen Abständen ermittelt. Diese Zählungen waren zunächst „mangelhaft organisiert und durchgeführt" (Beukemann 1911, S.198); sie wurden erst schrittweise verbessert, indem sie ab 1834 nach Gründung des Deutschen Zollvereins auf alle deutschen Staaten ausgedehnt wurden, ab 1843 durch „Aufnahme von Haus zu Haus" alle Personen einzeln erfassten und ab 1863 die Namen aller Personen registrierten. Die Zollvereinszählungen, die bis 1867 fortgeführt wurden, lieferten die Datenbasis für die Verteilung der gemeinsamen Einnahmen aus Zöllen und Verbrauchsabgaben auf die deutschen Staaten nach ihrer Einwohnerzahl. Diese „Zollabrechnungsbevölkerung" war im Prinzip die Wohnbevölkerung, umfasste also alle Personen, die am Zählort ihren Wohnsitz hatten. Da die Staaten von einer hohen Einwohnerzahl profitierten, „stellten sich bald Zweifel darüber ein, ob die einzelnen Staaten bei der Aufnahme und Auszählung der Bewohner auch gleichmäßig vorgingen, ob nicht etwa vorübergehend anwesende und dauerhaft abwesende Personen in die Bewohnerzahl eingeschlossen würden. Man glaubte schließlich, nur durch einen Übergang von der Wohnbevölkerung zur ortsanwesenden Bevölkerung die beobachteten Schwierigkeiten beseitigen zu können" (Beukemann 1911, S.199). Die ortsanwesende Bevölkerung sollte alle Personen umfassen, die um die dem

Zählungsstichtag vorangehende Mitternachtsstunde sich in einer Haushaltung des Zählungsgebietes aufhielten, wobei zu den Haushaltungen außer den Familien- und Einzelpersonenhaushaltungen auch sog. Anstaltshaushaltungen (Sammelhaushaltungen einschließlich Gasthöfe und Hotels mit ihren Gästen) gehörten. Aus demografischer Sicht wurde der Wohnbevölkerung der weitaus höhere Erkenntniswert zugeschrieben (v.scheel 1869), ihre Ermittlung war aber über die bloße Zählung hinaus nur durch zusätzliche Fragen an die Haushalte über die vorübergehend an- oder abwesenden Personen möglich. Die Erfassung der ortsanwesenden Bevölkerung erschien viel einfacher, wobei aber einerseits eine Untererfassung (am Zählungsstichtag nicht in einer Haushaltung anwesende auf Reisen befindliche Personen), andererseits eine Übererfassung (Doppelzählung von vorübergehend abwesenden Personen sowohl am tatsächlichen als auch am „empfundenen" Aufenthaltsort) in Kauf genommen werden musste. Da nach vorgenommenen Kontrollen die Übererfassung erheblich größer als die Untererfassung war, wurde vermutet, dass die ausgewiesene ortsanwesende Bevölkerung im Deutschen Reich insgesamt um ca. 400 000 Personen zu groß war (Beukemann 1911).

Nach Gründung des Kaiserlichen Statistischen Amtes fand die erste vollwertige reichsweit einheitliche statistische Volksbeschreibung als Zählung der ortsanwesenden Bevölkerung am 01.12.1871 statt. Die Wahl dieses Stichtags sollte erreichen, dass die erfasste ortsanwesende Bevölkerung mit der Wohnbevölkerung weitgehend übereinstimmte; denn zu dieser Jahreszeit konnten sich auf den örtlichen Bevölkerungsstand auswirkende Veranstaltungen am besten vermieden werden. Weitere Volkszählungstermine vor dem Ersten Weltkrieg waren 01.12.1875, 01.12.1880, 01.12.1885, 01.12.1890, 02.12.1895 (der 01.12. war ein Sonntag), 01.12.1900, 01.12.1905, 01.12.1910; dazu kamen noch Berufszählungen als Quasi-Volkszählungen am 05.06.1882, 14.06.1895 und 12.06.1907. Über die Periodizität der Volkszählungen wurde diskutiert. Der Übergang von drei- auf fünfjährige Abstände wurde bedauert, aber als gerade noch erträglich angesehen, eine Zählung erst wieder nach zehn Jahren – wie in den meisten nichtdeutschen Staaten bereits damals üblich – erschien für Deutschland als indiskutabel. „Es erscheint geradezu als ein Widerspruch, wenn man die große Bedeutung der Volkszählung für die Verwaltung und Wissenschaft anerkennt und betont, zugleich aber zehnjährige Perioden für hinreichend erachtet" (Beukemann 1911, S.224). Die Durchführung der Volkszählungen der Kaiserzeit erfolgte – ohne detaillierte Anweisung – unter Leitung und Verantwortlichkeit der Gemeindebehörden, die zum Austeilen und Einsammeln der Fragebogen „Zähler" einsetzten. Deren Funktion war als „freiwilliges Ehrenamt" konzipiert. „Die Zählertätigkeit wurde zunächst im Deutschen Reich wie in anderen Staaten als ehrenvoller öffentlicher Auftrag empfunden (zum Beispiel war der hoch angesehene Dichter Leo Tolstoi als Zähler bei der russischen Volkszählung tätig), was sehr bald nicht mehr der Fall war" (Gerß 2004, S.38). In der späten Kaiserzeit mussten wegen zunehmender Schwierigkeiten bei der Berufung von Ehrenamtlern besoldete Personen als Zähler einspringen. „Die Zurückhaltung der Richter und höheren Verwaltungsbeamten hat auf die Oberlehrer und dann auf die Volksschullehrer und weitere Berufskreise eingewirkt.... Man macht [für das System der besoldeten Zähler] geltend, es sei dem größten Teil der Bevölkerung lieber, dass ihm die amtlichen Fragebogen von angestellten Boten übergeben und die ausgefüllten Papiere wieder abgeholt werden, als von gesellschaftlich gleich oder höher stehenden Personen... Der durchschnittliche soziale Bildungsstand ist bei den ehrenamtlichen Zählern ohne Zweifel ein höherer als bei Lohnzählern" (Beukemann 1911, S. 219).

Zum Zweck der kriegsbedingten Lebensmittelbewirtschaftung fanden am 01.12.1916, 05.12.1917 und 08.10.1919 Bestandsaufnahmen der Bevölkerung statt, die aber keine „vollgültigen Volkszählungen" (Lind 1940) waren – die Erfassung erfolgte nur nach den ausgegebenen Lebensmittelkarten – und auch nicht wissenschaftlich ausgewertet wurden. Zwischen den Weltkriegen wurden am 16.06.1925, 16.06.1933 und am 17.05.1939 kombinierte Volks-, Berufs- und Betriebszählungen durchgeführt. Ermittelt wurde jeweils nur noch die Wohnbevölkerung. Die eigentliche Erhebungsarbeit oblag – wie früher – den Gemeinden, die dazu nun nähere Anweisungen zur Überprüfung der Zählpapiere auf Glaubwürdigkeit und Vollständigkeit unter Heranziehung ihrer Melderegister und Karteien erhielten. Die letzte gesamtdeutsche – sich auf alle vier Besatzungszonen erstreckende – Volkszählung fand am 29.10.1946 statt. Die Ergebnisse wurden veröffentlicht, galten aber als „wenig brauchbar" unter anderem wegen Übersetzungsfehlern in den mehrsprachigen Zählpapieren (Fürst 1972). In der besonderen Situation dieser frühen Nachkriegszeit wurde statt der Wohnbevölkerung das erhebungstechnisch einfachere Konzept der ortsanwesenden Bevölkerung verwendet. In der Bundesrepublik folgten Volkszählungen – entsprechend den Empfehlungen der Vereinten Nationen in etwa zehnjährigen Abständen um die auf null endenden Jahre – am 13.09.1950, 06.06.1961 und 27.05.1970. „Das Bestreben, von dem zehnjährlichen Turnus durch Zwischenzählungen zu einem Abstand von fünf Jahren zu kommen, wurde nur durch die Verbindung der Wohnungszählung 1956 mit einer Bevölkerungsfeststellung erreicht" (Fürst 1972, S.56). Alle Volkszählungen ab 1950 waren mit einer Berufs- und Arbeitsstättenzählung verbunden und verwendeten das Konzept der Wohnbevölkerung. Daneben wurden nur 1950 im Hinblick auf die staatliche Wohnraumbewirtschaftung und die noch zahlreich auseinandergerissenen Familien die „Wohnberechtigten" ausgezählt.

Die Volkszählungen waren zu von den Behörden und der Wissenschaft geforderten, von der Politik einvernehmlich akzeptierten und von den Befragten widerspruchslos geduldeten Veranstaltungen geworden. In diesem Sinn wurde um das Jahr 1980 die fällige nächste Volkszählung von den statistischen Ämtern routinemäßig vorbereitet. Mit noch tragbarer Verspätung wurde schließlich am 25.03.1982 das „Volkszählungsgesetz 1983" mit dem Erhebungsstichtag 21.04.1983 vom Bundestag einstimmig beschlossen. Am 05.03.1983 ging beim Bundesverfassungsgericht eine Verfassungsbeschwerde gegen dieses Gesetz ein. Die vom Gericht konsultierten Datenschutzbeauftragten des Bundes und der Länder äußerten am 12.03.1983 ihre Bedenken insbesondere gegen die – bei früheren Volkszählungen stets befürwortete und praktizierte – Verbindung der statistischen Erhebung mit der Aktualisierung der kommunalen Melderegister. Daraufhin wurde die Erhebung zwei Wochen vor dem Zählungsstichtag – also zu einem Zeitpunkt, als ein sehr großer Teil der Kosten der Volkszählung bereits angefallen waren – durch einstweilige Verfügung des Bundesverfassungsgerichts gestoppt. Das Statistische Bundesamt nahm auf Anforderung des Bundesverfassungsgerichts im Mai/Juni 1983 zu den Zwecken der Volkszählung Stellung und verwies unter anderem darauf, dass die laufende Fortschreibung des Bevölkerungsstandes der einzelnen Gemeinden und aller größeren Verwaltungsbezirke nach den Ergebnissen der Statistik der natürlichen Bevölkerungsbewegung (Geburten, Sterbefälle) und der Wanderungsstatistik (Zuzüge, Fortzüge) von den Basisdaten der jeweils letzten totalen Volkszählung abhängt. Schließlich meldete sich auch die Wissenschaft – sehr deutlich, aber vielleicht etwas zu spät – in Form einer Stellungnahme der Deutschen Statistischen Gesellschaft im September/Oktober 1983 – zu Wort: „Volkszählungen werden in fast allen Ländern der Erde – unabhängig von ihrer Gesellschafts- und Wirtschaftsordnung – durchgeführt.... Bei Verzicht auf die Volkszählung wäre dem Gesamtsystem der Bevölkerungs-, Wirtschafts- und Sozialstatistik die wesentliche Stütze entzogen.... Stichproben können Totalerhebungen nur zum Teil ersetzen, weil zugleich sachlich und regional tief gegliederte Ergebnisse damit nicht erreichbar sind.... Eine Stichprobe in Kombination mit einer Melderegister-Auswertung scheitert daran, dass der Inhalt der Melderegister dafür weder zuverlässig noch informativ genug ist. Ein Ersatz der Volkszählung durch kombinierte Auswertung verschiedener vorhandener Dateien scheidet aus, weil er die Probleme des Datenschutzes verstärkt, ohne die Aufgaben einer Volkszählung erfüllen zu können.... In Verbindung mit der Volkszählung aktualisierte und mit deren Ergebnissen synchronisierte Melderegister sind unverzichtbar. Sie stellen unter anderem eine wichtige Grundlage für eine verlässliche Bevölkerungsfortschreibung dar.... Wird die Volkszählung nicht mehr akzeptiert, würde rationalem politischen Handeln der Boden entzogen und der Fortschritt empirischer

Wirtschafts- und Sozialwissenschaft behindert. Für das Gemeinwohl entstünde ein unübersehbarer Schaden."

Das Bundesverfassungsgericht ließ sich von den Befürwortern der bis dahin etablierten Volkszählungsmethoden nur teilweise überzeugen. Es bestätigte in seinem Urteil vom 15.12.1983 grundsätzlich die Zulässigkeit der Volkszählung als Totalerhebung mit Auskunftspflicht der Befragten, verbot aber, wie beabsichtigt und bisher stets üblich einen Teil der bei der Volkszählung erhobenen Individualdaten an die Meldebehörden zur Aktualisierung und Korrektur ihrer Register zu übermitteln. Am 11.09.1985 beschloss der Bundestag nach langwierigen Diskussionen und unter erheblichen Geburtswehen – gegen die Stimmen der nun parlamentarisch etablierten, aber vom Volkszählungsboykott ihrer außerparlamentarischen Zeit geprägten GRÜNEN – ein neues Volkszählungsgesetz, das am 08.11.1985 in Kraft trat und als Zählungsstichtag den 25.05.1987 festsetzte. Ein Abgleich der Volkszählungsdaten mit den Melderegistern war nicht mehr vorgesehen. Wegen dieser und anderer Auflagen des Bundesverfassungsgerichts zum Datenschutz ergab sich eine gewaltige Kostensteigerung. Während für das Volkszählungsgesetz 1983 Gesamtkosten von 6 DM pro Einwohner kalkuliert wurden, betrugen die Kosten der Volkszählung 1987 13 DM pro Einwohner. Die Volkszählung 1987 war die bisher letzte in Deutschland. Damit ist Deutschland unter den Staaten mit vergleichbarem Zivilisationsstand der einzige, der es nicht schafft, die weltweit übliche zehnjährliche Bevölkerungsinventur durchzuführen.

Seit Beginn der modernen Volkszählungen im 19. Jahrhundert wurde immer wieder diskutiert (siehe z.B. Zahn 1900), ob die sehr kostspieligen und arbeitsaufwendigen primärstatistischen Totalerhebungen durch die laufende sekundärstatistische Auswertung der ohnehin vorhandenen amtlichen Einwohnerregister einfacher und billiger ersetzt werden können, so wie es zum Beispiel in Schweden geschieht. Das Ergebnis der Diskussion in Deutschland war aber stets, dass in der Vergangenheit auf die Verwendung der Einwohnerregister – abgesehen von der gelegentlichen Ergänzung und Berichtigung unvollständiger Volkszählungspapiere – als Urmaterial verzichtet wurde. Dazu seien einige – jeweils zeitgenössische – Statements von fachlich zuständigen Mitarbeitern statistischer Ämter zitiert.

> ➤ Engel 1861: „Die wesentlichen Methoden der Volkszählung und Volksbeschreibung sind, um von den schlechtesten anzufangen: (1) Die Bestimmung der Zahl durch Schätzung und Berechnung, (2) Die Konstruktion der Zählung aus Einwohnerlisten, (3) Die protokollarische Zählung (Vernehmung des Familienhauptes resp. des Hausbesitzers in Gemeindeversammlungen), (4) Die individuelle aber nicht namentliche Zählung von Haus zu Haus, (5) Die individuelle und namentliche Zäh-

lung von Haus zu Haus, (6) Die individuelle und namentliche Zählung von Haushalt zu Haushalt" (S.162).

➤ Beukemann 1911: „[Wegen des umfangreicheren Frageprogramms der Volkszählungen] kann heutzutage wohl kaum daran gedacht werden, die Gemeinde-Einwohnerverzeichnisse als Urmaterial der Volkszählung zu benutzen. Aber [die Verzeichnisse] können in ausgiebigem Maße für die Bevölkerungsaufnahme und für die Prüfung des Urmaterials nutzbar gemacht werden. Sie kommen also nicht als Konkurrenten oder Ersatzmittel, sondern nur als Sekundanten der Volkszählung in Frage. Umgekehrt aber gewährt das Material der Bevölkerungsaufnahme eine ausgezeichnete Handhabe zur Berichtigung und Ergänzung der Einwohnerverzeichnisse; denn auch bei sorgfältig geführten Registern stellt sich immer heraus, dass im Laufe der Jahre manche Personen nicht eingetragen, noch wesentlich mehr aber nicht gelöscht sind" (S.232). [Anmerkung: Die laufende Statistik der Geburten und Todesfälle beruhte zunächst auf Meldungen von Geistlichen anhand der Kirchenbücher; erst nach Einrichtung der Standesämter wurden von diesen auszufüllende „Zählkarten" verwendet, wobei den Standesbeamten als Anreiz für je 100 richtig ausgefüllte Zählkarten eine Schreibgebühr von drei Mark in Aussicht gestellt wurde (Gerß 2004)] „Wieweit der Inhalt [der Register] von dem wirklichen Bevölkerungsstande abweicht, kann durch den Vergleich mit dem Material der Volkszählung festgestellt werden. Voraussetzung ist allerdings, dass der Vergleich mit der Wohnbevölkerung [d.h. nicht mit der ortsanwesenden Bevölkerung] angestellt wird" (S.233).

➤ Schnieber 1940: [Die gravierendste Schwäche der Einwohnerregister wurde in der unzureichenden Erfassung der „Wanderungen" (Wohnsitzverlagerung über die Gemeindegrenzen) gesehen.] „Es muss als ein Grundsatz der Binnenwanderungsstatistik [Wanderungen innerhalb der Staatsgrenzen] gelten, dass der Zuwanderung an der einen Stelle stets eine Abwanderung an einer anderen Stelle und umgekehrt zu entsprechen hat.... Die Abmeldungen [sind] für eine statistische Bearbeitung weniger geeignet. Die Erfahrung zeigt, dass gerade beim Fortzug mit einem gewissen Hundertsatz unterlassener Meldungen gerechnet werden muss.... Mit Rücksicht auf die den Abmeldungen anhaftenden Mängel werden für die Reichsbinnenwanderungsstatistik grundsätzlich nur die Anmeldungen herangezogen" (S.228). „Da die Meldestatistik eine Identifizierung der erfassten Personen nicht zulässt, kann bei diesem Verfahren nicht festgestellt werden, wie weit die Wanderungen auf einer mehrfachen Beteiligung derselben Personen beruhen. Es lässt sich infolgedessen auch nicht erkennen, ob es sich bei den von der Statistik nachgewiesenen Wanderungen um unmittelbare oder um Anschlusswanderungen handelt" (S.229). [Fazit: „Für das deutsche Reich im ganzen führt (die Bevölkerungsfortschreibung aufgrund der Einwohnerregister) zu brauchbaren Ergebnissen, da sich hier alle Binnenwanderungsvorgänge kompensieren. Für die größeren oder kleineren Verwaltungsbezirke oder gar für einzelne Gemeinden führt die Fortschreibung jedoch nach dem augenblicklichen Stand der Dinge noch zu unbefriedigenden Ergebnissen. Sie vermag eine in nicht allzu langen Zwischenräumen durchzuführende Volkszählung nicht zu ersetzen" (Lind 1940, S.168)].

➢ Engelmann 1972: „Die Aufgabe der laufenden Bevölkerungsstatistiken besteht primär darin, zwischen den Volkszählungen durch Bevölkerungsfortschreibung aktuelle Daten über Stand, räumliche Verteilung und Struktur der Bevölkerung zu liefern. Die Entwicklung [ist] keineswegs abgeschlossen. Folgenreiche Veränderungen ... hängen eng mit der Entwicklung im Einwohnermeldewesen zusammen. Es ist damit zu rechnen, dass mit der fortschreitenden Automation in der Verwaltung schon in wenigen Jahren alle Einwohnerregister automatisiert sein werden. Damit wird sich die Möglichkeit anbahnen, Daten über Stand und Struktur der Bevölkerung sowie über die natürliche und räumliche Bevölkerungsbewegung für kleinste regionale Einheiten relativ einfach ermitteln zu können. ... Gleichwohl wird diese Entwicklung nicht – wie gelegentlich vermutet wird – künftige Bestandsaufnahmen überflüssig machen, da nicht alle benötigten Daten in den Registern enthalten sind und andere nicht auf den neuesten Stand gebracht werden können" (S.15). [Fazit: „Trotz der großen Fortschritte in der Methodik der Fortschreibung der Einwohnerzahlen kann mangels erforderlicher Kontrollen und der nicht fortschreibbaren Merkmale auf Volkszählungen nicht verzichtet werden" (Fürst 1972, S.56)].

➢ Statistisches Bundesamt 1983: „Die im Rahmen der Fortschreibung ermittelten Bevölkerungszahlen bedürfen in gewissen Abständen einer Korrektur durch totale Bestandsaufnahmen (Volkszählung), da die bei Fortschreibung zu berücksichtigenden Vorgänge (Geburten, Sterbefälle, Wanderungen) z.T. nur unvollständig registriert werden. Die Bevölkerungszahlen der Fortschreibung sind daher um so ungenauer, je länger die letzte totale Bestandsaufnahme zurückliegt. Eine Vorstellung von der Größenordnung des Fehlers in den Melderegistern vermittelt die Abweichung der Ergebnisse der Volkszählung 1970 von der Bevölkerungsfortschreibung bis zum Stichtag dieser Zählung (die Fortschreibung baute auf der Volkszählung 1961 auf). Das Fortschreibungsergebnis lag für das Bundesgebiet um etwa 860 000 Personen über dem Ergebnis der Volkszählung 1970. Dieser Überschuss ist – wie Untersuchungen über die Genauigkeit der Volkszählungen ergeben haben – überwiegend auf Fortschreibungsfehler zurückzuführen. Der Fehler bezieht sich auf das Bundesgebiet insgesamt und spiegelt noch nicht die regionalen Abweichungen zwischen Volkszählung und Melderegister wider, die sich im Bundesgebiet weitgehend aufheben. Die zur Zeit verfügbaren Bevölkerungszahlen basieren auf der Volkszählung 1970. Es wird angenommen, dass aufgrund von Fortschreibungsfehlern die Bevölkerungszahl derzeit um 1 Million Personen überhöht ist. Dieser Fehler entsteht hauptsächlich durch die Fehler im Meldewesen bei den An- und Abmeldungen."

➢ Statistische Ämter des Bundes und der Länder 2004: „Die unbereinigten Melderegister für die Bevölkerung am Ort der Hauptwohnung [weisen] im Bundesdurchschnitt eine Karteileichenrate von knapp 4,1% auf. In den Stadtstaaten liegt die Karteileichenrate zwischen 5,6% (Bremen) und 8,1% (Berlin) ... Den Karteileichen oder Übererfassungen in den Melderegistern stehen Untererfassungen oder Fehlbestände gegenüber. Bundesweit wurde im Rahmen des Registertests ein Fehlbestand von 1,7% aufgedeckt.... Die Betrachtung zeigt, dass es in den Melderegistern im Durchschnitt mehr Karteileichen als Fehlbestände gibt" (S.816).

Wie bei jeder statistischen Erhebung können auch bei den Volkszählungen Fehler auftreten (siehe z.b. bereits Würzburger 1896), die in besonderen Situationen leicht erklärt werden können. „Die Volkszählung 1950 hat, wie die Zählung von 1956 ergab, zweifellos eine Übererfassung gebracht. Die noch ungeklärten Schicksale der Gefangenen und Vermissten, die Tatsache, dass der Ernährer der Familie schon einen neuen Arbeitsplatz gefunden hatte, die Familie aber noch auf dem Lande saß, und das allgemeine Bestreben, im Hinblick auf die Wohnungsbewirtschaftung die Wohnung in der Haushaltsliste möglichst stark belegt erscheinen zu lassen, dürften die Hauptgründe der Übererfassung gewesen sein" (Fürst 1972, S.57). Im allgemeinen ist aber nach einvernehmlicher Auffassung aller Experten die Diskrepanz zwischen aktueller Volkszählung und auf veralteter Basis fortgeschriebenem Einwohnerregister die Folge davon, dass die Fortschreibung der Bevölkerung vor allem wegen fehlender polizeilicher Abmeldungen und wegen der mit der Möglichkeit eines zweiten Wohnsitzes verbundenen Probleme erfahrungsgemäß im Lauf der Zeit zu überhöhten Zahlen führt. In der seit fast zweihundert Jahren als sicher geltenden Erkenntnis, dass eine neue Volkszählung nur als primärstatistische Inventur einen Sinn ergeben würde, wurde nach dem Drama der Volkszählung 1987 durchaus in Übereinstimmung mit dem Urteil des Bundesverfassungsgerichts erwartet, dass die nächste Volkszählung wieder als totale Befragung der Bevölkerung stattfinden würde. Diese Erwartung beruhte darauf, dass man sich in dieser Hinsicht bisher immer auf den Gesetzgeber verlassen konnte. So wurde zum Beispiel bereits für die Volkszählung 1846 durch Rechtsverordnung vom 06.07.1846 ausdrücklich bestimmt, „dass die Zählung der Bevölkerung an Ort und Stelle zu erfolgen habe und die Aufstellung der Zählungslisten nicht durch Benutzung von Registern und anderen Quellen ersetzt werden dürfe" (Hüsgen 1966, S.7). Der Gesetzgeber hat sich nun – auch auf Druck der Europäischen Union – endlich durchgerungen, durch Bundesgesetz vom 08.12.2007 (Bundesgesetzblatt I, S.2808) nach weltweit einzigartiger 24-jähriger Abstinenz eine neue Volkszählung mit einem Zählungsstichtag im Jahr 2011 zu beschließen. Dieses „Zensusvorbereitungsgesetz" – die Verwendung des Reizwortes „Volkszählung" wurde im Titel vermieden – kam erst zustande, nachdem der Bundestag mit Zweidrittelmehrheit den Einspruch des Bundesrates zurückgewiesen hatte. Die Volkszählung 2011 soll aber – unter Missachtung der Forderungen und Ratschläge von Wissenschaft und statistischen Ämtern – nicht als Primärerhebung, sondern im wesentlichen als sekundärstatistische Auswertung vorhandener Register durchgeführt werden. Man hofft, auf diese Weise sowohl die Erhebungskosten gering halten als auch dem angeblichen Misstrauen der Bevölkerung wegen Gefährdung des Datenschutzes besser Rechnung tragen zu können. Der vorgesehene Registerzensus mit ergänzender Schätzung (durch eine Stichprobe) wäre nach der von dem prominenten Statistiker Ernst Engel im 19. Jahrhundert aufgestellten – oben zitierten – Rangfolge eine Kombination der beiden schlechtesten Erhebungsmethoden, die für eine Volkszählung in Frage kommen.

Beim längerfristigen Vergleich der Ergebnisse verschiedener Volkszählungen sind die zwischenzeitlich eingetretenen Gebietsstandsänderungen zu beachten. In den statistischen Veröffentlichungen fällt auf, dass die mit den Volkszählungsdaten veröffentlichten Flächenangaben auch dann – geringfügig, aber mehr als durch unterschiedliche Rundung erklärbar – variieren können, wenn keine Gebietsstandsänderung stattgefunden hat. So enthält die vom Statistischen Bundesamt anlässlich des hundertjährigen Bestehens der zentralen amtlichen Statistik herausgegebene Dokumentation „Bevölkerung und Wirtschaft 1872-1972" die folgenden Flächenangaben für das jeweilige Reichsgebiet (S.90):

540,7 qkm (am 1.12.1900)   540,8 qkm (am 1.12.1905)
540,9 qkm (am 1.12.1910)
468,7 qkm (am 16.6.1925)   468,8 qkm (am 16.6.1933)
470,4 qkm (am 31.12.1937)

Die letztgenannte Zahl wird in Verbindung mit der Volkszählung vom
17.5.1939 angegeben. Von 1900 bis 1910 und von 1925 bis 1937 hat es jeweils
keine Gebietsänderungen gegeben; dazu wird der pauschale Hinweis „Flächen-
änderungen ohne Grenzänderungen gehen auf Neuvermessungen zurück" ver-
merkt. Neuvermessungen sind nur sinnvoll, wenn mit genaueren Messmethoden
eine Korrektur der alten Messung erreicht wird. Eine Messung wird dann genauer, wenn der zugrundeliegende Kartenausschnitt vergrößert wird, das heißt
wenn der Maßstab für die Darstellung verkleinert wird. Je kleiner der Maßstab
ist, desto genauer werden auch die erst bei Vergrößerung erkennbaren Krüm-
mungen der Grenzlinien sichtbar, desto länger wird die gemessene Grenzlinie
und in der Regel desto größer die eingeschlossene Fläche. Dieses in den beiden
angeführten Zeiträumen eingetretene Phänomen ist in der fraktalen Geometrie
wohlbekannt und ein wichtiger Aspekt der Chaostheorie (Mandelbrot 1967).
Die Ursache liegt in der sog. Selbstähnlichkeit der Grenzen natürlicher geografi-
scher Gebiete (z.b. Inseln) oder historisch gewachsener Staaten (insbesondere in
Europa).

Fallbeispiel

Veränderungen der räumlichen Bevölkerungsverteilung führen in der Regel zu
mehr oder weniger stark ausgeprägten großstädtischen Agglomerationen, wor-
unter organische Lebens- und Raumgemeinschaften aus je einem politischen
Stadtkern und einer wirtschaftlich und sozial entscheidend von ihm beeinfluss-
ten Umgebung zu verstehen sind. Der Einzugsbereich der deutschen Großstädte
wurde in der Kaiserzeit auf Grund von Volkszählungsergebnissen nach dem
Modell der sog. „mathematischen Agglomeration" untersucht (Schott 1912).
Dazu wurde um den Stadtmittelpunkt ein Kreis mit dem Radius 10 km betrachtet. Dieser Einzugsbereich wurde in einen inneren Kreis mit Radius 1km und
neun je 1 km breite konzentrische Kreisringe aufgeteilt. In jeder Teilfläche wurde die Bevölkerungsdichte ermittelt. Die unterschiedlichen Dichtewerte bildeten
die Grundlage für die Zerlegung der Bevölkerung in einen städtischen und einen
(mehrfach abgestuften) nichtstädtischen Teil. In einer späteren Untersuchung für
die Zeit von 1916 bis 1925 wurde der 10-km-Radius auf 15 oder 20 km ausgedehnt (Schott 1929, Reichl 1929). Dies führte zu störenden Überschneidungen
der Agglomerationskreise wegen der Häufung der Großstädte zum Beispiel im

Ruhrgebiet. Die rein mathematische Bestimmung der Agglomeration erschien damit fragwürdig. Man kam zu der Erkenntnis, dass die auf der mathematischen Agglomeration beruhende frühere pauschale „vergleichende Agglomerationsstatistik" durch die auf den Einzelfall bezogene „monografische Agglomeration" ergänzt oder ersetzt werden muss. Dazu war die Betrachtung vieler verschiedener Verflechtungsmerkmale notwendig, von denen als wichtigstes der Pendelverkehr zwischen der Großstadt und dem Umland angesehen wurde. „Im Pendelverkehr finden die meisten anderen Einflüsse, die von der Kerngroßstadt ausgehen, ihren letzten Niederschlag. Es liegt daher nahe, den Pendelverkehr als allein maßgebendes Verflechtungsmerkmal für die Zurechnung eines Ortes zum Agglomerationsgebiet zu wählen. Dagegen sprechen aber folgende Bedenken: Welche Mindestzahl von Pendlern ist für die Zurechnung eines Ortes zur Agglomeration erforderlich? Muss es eine absolute oder eine prozentuale Mindestzahl sein? Eine gleichmäßige schematische Behandlung der einzelnen Gemeinden verbietet sich mit Rücksicht auf deren unterschiedliche Größe und wirtschaftliche Natur.... Die Zugehörigkeit zum Agglomerationsgebiet kann also nicht einheitlich für alle Orte mit Hilfe eines einzigen `repräsentativen` Verflechtungsmerkmals beurteilt werden. Sie muss vielmehr für jeden Ort – gewissermaßen prädikativ – bestimmt werden, indem man Art und Stärke aller auftretenden Verflechtungen sorgfältig abwägt. Eine so vorgenommene Abgrenzung des Agglomerationsgebietes muss allerdings immer etwas Willkürliches an sich haben. ... Die vergleichende Agglomerationsstatistik wird also weiterhin auf die mathematische Agglomeration angewiesen bleiben" (Knibbe 1940, S. 217, 218, 219).

Als Demonstrationsbeispiel dient hier die Stadt Münster (Westfalen) mit ihrem Umland. Sie ist besonders gut dazu geeignet, die Beziehungen zwischen einer zentralen Großstadt und ihrem kleinstädtisch-ländlichen Einzugsbereich ungestört von anderen Zentren über einen langen Zeitraum zu untersuchen. Die Großstädte im Rhein-Ruhr-Ballungsraum einschließlich des niederbergischen Landes scheiden zu diesem Zweck aus, weil sie meistens ohne Umland direkt aneinander grenzen oder weil das jeweils einer Stadt zugeordnete von dem einer anderen Stadt zugeordneten Umland nicht eindeutig getrennt werden kann. Die vom großstädtischen Ballungsraum weit genug abseits liegende Stadt Aachen stellt wegen ihrer Lage an der Staatsgrenze einen nicht zu verallgemeinernden Sonderfall dar. In Nordrhein-Westfalen kommt nur noch die Stadt Bielefeld als Untersuchungsobjekt in Frage, die aber nie die Bedeutung als regionales Zentrum wie Münster hatte. Der Untersuchungszeitraum umfasst die Jahre 1816 bis 2008. Münster ist eine kreisfreie Stadt, das heißt eine Stadt, die keinem (Land-) Kreis angehört. Vor dem Inkrafttreten der Gemeindeordnung für das Land Nordrhein-Westfalen am 16.12.1952 wurde für derartige Städte generell die

Bezeichnung Stadtkreis verwendet und definiert als „Kreis, der nur aus einer [einzigen] Stadt besteht". Die um Münster liegenden Gemeinden wurden verwaltungsmäßig als Landkreis Münster zusammengefasst. Die Bezeichnung Landkreis wurde vor 1946 nur dann verwendet, wenn es – wie im Fall Münster – einen gleichnamigen Stadtkreis gab. Wenn dies nicht zutraf, wurde bereits damals – wie heute – die Bezeichnung Kreis verwendet. Der Stadtkreis bzw. die kreisfreie Stadt Münster bestand während des ganzen Untersuchungszeitraums, der Landkreis bzw. Kreis Münster nur von 1816 bis Ende 1974. Bis Ende 1974 kann das Kreisgebiet Münster insgesamt als Umland der Großstadt Münster betrachtet werden. Ab Anfang 1975 ist das Umland aus mehreren einzelnen Gemeinden, die nun verschiedenen anderen Kreisen angehören, zusammen zu setzen. Zum Umland gehören alle Gemeinden, die mit der Stadt Münster eine gemeinsame Grenze haben. Bei diesen Gemeinden ist am ehesten ein starker Pendelverkehr aus und nach Münster zu erwarten. Die Stadtgrenze von Münster wird von neun Gemeinden berührt (Ascheberg, Havixbeck, Senden, Altenberge, Greven, Drensteinfurt, Everswinkel, Sendenhorst und Telgte). Zum Umland wird hier außerdem die Gemeinde Nottuln gerechnet, die unter allen nicht an Münster grenzenden Gemeinden am wenigsten von Münster entfernt ist und gleichzeitig die größte Berufspendlerzahl nach Münster entsendet. Nach den Ergebnissen der (bisher letzten) Volkszählung am 25.05. 1987 arbeiteten in Münster insgesamt 48137 Personen mit Wohnsitz in einer anderen Gemeinde, während nur 8582 der 246186 Einwohner ihren Arbeitsplatz in einer anderen Gemeinde hatten. Diese Diskrepanz ist typisch für eine Stadt mit Cityfunktion. Die Tabelle zeigt die Beteiligung der zehn Umlandgemeinden am Pendelverkehr aus und nach Münster.

Berufspendlerströme zwischen Münster und zehn Umlandgemeinden nach der Volkszählung 1987

Umlandgemeinde	Einwohner		(2)	Personen mit
	Insgesamt	darunter mit Arbeitsort Münster	in % von (1)	Wohnort Münster und Arbeitsort im Umland
	(1)	(2)	(3)	(4)
Ascheberg	12 381	1 410	11,39	95
Havixbeck	9 843	2 079	21,12	115
Nottuln	14 457	2 318	16,03	177
Senden	14 462	2 771	19,16	184
Altenberge	7 658	1 503	19,63	88
Greven	29 512	3 739	12,67	437
Drensteinfurt	11 603	1 680	14,48	112
Everswinkel	7 445	1 328	17,84	92
Sendenhorst	10 809	1 315	12,17	184
Telgte	16 555	3 056	18,46	461

Quellen: Landesamt für Datenverarbeitung und Statistik Nordrhein-Westfalen (1989,1990): Sonderreihe zur Volkszählung 1987 in Nordrhein-Westfalen; Bände 1.1, 2.13, 2.4. Düsseldorf.

Die hier vorgenommene Abgrenzung des Umlandes kann nur eine Näherungslösung sein. Für eine exaktere Abgrenzung des wirklichen Einzugsbereichs der Großstadt müssten Daten über einzelne Wohnplätze innerhalb der Umlandgemeinden verwendet werden. Solche kleinsträumigen Daten liegen aber nicht vor. Die kleinsten Darstellungseinheiten der amtlichen Statistik sind fast ausnahmslos die politischen Gemeinden. Ein gravierendes Problem der historischen Statistik ergibt sich aus den Änderungen der Gemeindegrenzen, die vor allem in früherer Zeit oft zeitlich unkoordiniert und ohne aus heutiger Sicht durchschaubares System erfolgten. Dabei ist nicht immer erkennbar, ob es sich bei einer geänderten Flächenangabe um eine tatsächliche Gebietsstandsänderung oder nur um die Korrektur eines Vermessungsergebnisses handelt. „Ständige vermessungstechnische Änderungen führen in den historischen Veröffentlichungen dazu, dass geringfügig veränderte tabellarische Flächenangaben im zeitlichen Nacheinander fast immer auch für gebietlich unveränderte Verwaltungsbezirke erscheinen; es führt darüber hinaus dazu, dass reale Gebietsveränderungen stets vermessungstechnisch überlagert sind, so dass sich die angegebenen Flächen von umgegliederten (Teil-) Gebieten nicht als mathematisch exakte Differenz der betroffenen Verwaltungsbezirke vor und nach der Veränderung darstellen. ... Die sich hieraus ergebenden – mathematischen – `Ungenauigkeiten `[sind jedoch] nur relativ minimal (Abweichungen weit unter 1 % der veränderten Daten)" (Klaudat 1999, S. 269,305).

Der Stadtkreis Münster hatte zu Beginn des Untersuchungszeitraums eine zentral im Landkreis Münster liegende – aber nicht zum Landkreis gehörende – Fläche von knapp 2 qkm. Das Stadtgebiet ist dann mehrfach mit Teilen des Landkreises erweitert worden. Erstmalig am 1.1.1875 vergrößerte sich Münster um 8,9 qkm, dann am 1.4.1903 um 55,1 qkm und schließlich am 1.10.1956 um 6,85 qkm. Bei der letzten Gebietsstandsänderung am 1.1.1975 wurde der kreisfreien Stadt aus dem aufgelösten Kreis eine Fläche von insgesamt 228,14 qkm zugeschlagen (Klaudat 1996). Die Flächenbilanz des Kreises Münster ist etwas komplizierter. Zu Beginn des Untersuchungszeitraums betrug die Kreisfläche 867 qkm. Dazu kamen am 1.1.1832 40,6 qkm vom Kreis Coesfeld und am 1.1.1964 0,44 qkm vom Kreis Steinfurt. Zusammen ergäbe das eine Kreisfläche von 908,04 qkm, wenn keine Gebietsabtretungen vorgekommen wären. Die unterschiedliche Rundung der Flächenangaben in den historischen Quellen muss bei dieser Rechnung toleriert werden. Von der Fläche des Landkreises Münster gingen am 1.1.1875 8,9 qkm, am 1.04.1903 55,1 qkm und am 1.10.1956 6,85 qkm auf den Stadtkreis Münster über. Außerdem verlor der Kreis Münster am 1.1.1832 48,9 qkm an den Kreis Tecklenburg sowie ein sehr kleines Flächenstück von 0,2 qkm am 1.4.1927 an den Kreis Steinfurt. Die bis Ende 1974 verbliebene Fläche des Kreises Münster wurde bei dessen Auflösung am 1.1.1975 zu 228,14 qkm auf die kreisfreie Stadt Münster, zu 134,43 qkm auf den Kreis Coesfeld, zu 207,65 qkm auf den Kreis Steinfurt und zu 216,79 qkm auf den Kreis Warendorf aufgeteilt (Gesetz zur Neugliederung der Gemeinden und Kreise des Neugliederungsraumes Münster/Hamm vom 9.7.1974; Gesetz- und Verordnungsblatt für das Land Nordrhein-Westfalen S. 416). Die Summe der vom Kreis Münster insgesamt abgegebenen Flächenstücke beträgt 906,96 qkm. Die Diskrepanz zwischen dem Anfangsbestand zuzüglich der Gebietszugänge auf der einen Seite der Bilanz (908,04 qkm) und den totalen Abgängen auf der anderen Seite (906,96 qkm) kann nur durch im Einzelfall nicht mehr nachvollziehbare vermessungstechnische Korrekturen erklärt werden.

Um die kleinräumigen Bevölkerungszahlen trotz der zahlreichen Grenzänderungen über einen langen Zeitraum vergleichbar zu machen, wurden im Landesamt für Datenverarbeitung und Statistik Nordrhein-Westfalen (LDS) die Ergebnisse früherer Volkszählungen mehrfach nachträglich auf den jeweils aktuellen Gebietsstand umgerechnet. Dabei wurde angenommen, dass sich der umgemeindete Gebietsteil in der Gesamtbevölkerung und in der Gliederung nach Geschlechtern in gleicher Weise entwickelt hat wie die abgebende Gemeinde. Die umgerechneten Daten beziehen sich jeweils auf einen von vier Abschnitten des Untersuchungszeitraums. Der erste Abschnitt umfasst die

Volkszählungen der Jahre 1816 bis 1871 mit Daten über die Wohnbevölkerung bzw. 1871 die ortsanwesende Bevölkerung (in den einzelnen Zählungsjahren unterschiedlich einschließlich oder ausschließlich des Militärs) zum Gebietsstand 1.12.1871 (Hüsgen 1966). Der zweite Abschnitt betrifft die Volkszählungen der Jahre 1871 bis 1970 zum Gebietsstand 31.12.1974 mit Daten über die ortsanwesende Bevölkerung von 1871 bis 1910 und die Wohnbevölkerung von 1925 bis 1970 (Hüsgen 1956, 1964 und 1980). Die Volkszählungen der Jahre 1875, 1880, 1890, 1900 und 1910 wurden von der Rückrechnung generell ausgenommen, weil bei ihnen für Gemeinden mit weniger als 2 000 Einwohnern keine Ergebnisse ausgewiesen wurden. Der dritte Abschnitt behandelt die Volkszählungen der Jahre 1939 bis 1987 zum Gebietsstand seit 1.1.1975 mit Daten über die Wohnbevölkerung (1987 genauer definiert als „Bevölkerung am Ort der Hauptwohnung") (LDS 1989). Der vierte Abschnitt enthält Ergebnisse der laufenden Fortschreibung des Bevölkerungsstandes am Ort der Hauptwohnung für die auf das letzte Volkszählungsjahr 1987 folgenden Jahre bis 2008 zum aktuellen Gebietsstand 1.1.1975 (LDS 1989-2008). In den Tabellen sind außer den Bevölkerungsdaten der Stadt Münster und ihres Umlandes auch diejenigen Werte des Parameters der logistischen Funktion und des Ljapunov-Exponenten λ wiedergegeben, die aus den beobachteten Bevölkerungsdaten rekonstruiert werden können. Der für eine bestimmte Bevölkerungszahl (Anteilswert) x angegebene Parameterwert a führt zu einem Funktionswert, der mit der nächstfolgenden Bevölkerungszahl übereinstimmt. Dabei wird die zwischen den beiden Zählungen liegende Zeit unterschiedlich gemessen. Der Bevölkerungsstand ist im Zeitablauf eigentlich eine stetige Variable; das heißt mit jeder einzelnen nach einer beliebig kurzen Zeit eintretenden Änderung einer Komponente der Bevölkerungsbewegung (Anzahl der Geburten, Sterbefälle, Zuzüge und Fortzüge) ändert sich auch die Einwohnerzahl. Die üblichen jährlichen Abstände der Bevölkerungsfortschreibung sind eine willkürliche Festlegung. Um der Stetigkeit der Zeit näher zu kommen, wird hier alternativ unterstellt, dass die im logistischen Modell ablaufenden Iterationen entweder jährlich oder täglich erfolgen. Im ersten Fall wird die zwischen den Volkszählungen liegende Zeit in Jahren, im zweiten Fall in Tagen gemessen. Der Ljapunov-Exponent, der das Ausmaß des Chaosanteils messen soll, wird nur für den Fall der täglichen Iterationen berechnet, weil die Anzahl der jährlichen Iterationen für die Aufdeckung von Chaos meist zu gering ist.

Ljapunov-Exponent $\lambda = \ln a + \lim\limits_{t \to \infty} \dfrac{1}{t} \sum\limits_{i=0}^{t-1} \ln \left| 1 - 2x_i \right|$

siehe Kapitel „Chaostheorie"

58

Zeitraum 1816 bis 1871 (Gebietsstand 1.12.1871)

| Zählungs-tag (ca.) | Bevölkerung (* ohne Militär, sonst mit Militär) | | | | Parameter der logistischen Funktion a | | Ljapunov-Exponent für tägliche Iterationen λ |
| | Anzahl Personen | | Anteil | | | | |
	Stadt Münster	Kreis Münster	Stadt Münster x	Kreis Münster $1-x$	für jährliche Iterationen	für tägliche Iterationen	
1.12.1816	15088*	29049*	0,3418	0,6582	1,5190	1,5190	-0,7319
1.12.1818	15158	29203	0,3417	0,6583	1,5477	1,5413	-0,7792
1.12.1820	16160*	29860*	0,3512	0,6488	1,5396	1,5403	-0,7772
1.12.1821	16287*	30143*	0,3508	0,6492	1,5338	1,5367	-0,7694
1.12.1822	16305*	30377*	0.3493	0,6507	1,5840	1,5800	-0,8673
1.12.1825	18319*	31584*	0,3671	0,6329	1,5610	1,5625	-0,8268
1.12.1828	18568*	33016*	0,3600	0,6400	1,5460	1,5475	-0,7930
1.12.1831	18371*	33548*	0,3538	0,6462	1,5470	1,5470	-0,7919
1.12.1834	18605*	34012*	0,3536	0,6464	1,5753	1,5727	-0,8501
1.12.1837	19763*	34504*	0,3642	0,6358	1,5820	1,5820	-0,8722
1.12.1843	20901*	35909*	0,3679	0,6321	1,6637	1,6598	-1,0779
1.12.1846	24193	36670	0,3975	0,6025	1,5685	1,5740	-0,8538
1.12.1849	21275*	37058*	0.3647	0,6353	1,5873	1,5863	-0,8826
1.12.1852	22450*	38293*	0,3696	0,6304	1,5727	1,5737	-0,8527
1.12.1855	22870*	39864*	0,3646	0,6354	1,5700	1,5703	-0,8447
1.12.1858	23004*	40339*	0,3632	0,6368	1,5533	1,5547	-0,8091
1.12.1861	23336*	42075*	0,3568	0,6432	1,5133	1,5175	-0,7290
1.12.1864	22705*	43885*	0,3410	0,6590	1,5720	1,5670	-0,8368
1.12.1867	25453	44906	0,3618	0,6382	1,5450	1,5458	-0,7893
1.12.1871	24821	45469	0,3531	0,6469	•	•	•

Zeitraum 1871 bis 1970 (Gebietsstand 31.12.1974)

Zählungs-tag	Bevölkerung (* ortsanwesende B.)		Anteil		Parameter der logistischen Funktion a		Ljapunov-Exponent für tägliche Iteratio-nen λ
	Anzahl Personen		Anteil		für jährliche Iteratio-nen	für tägliche Iteratio-nen	
	Stadt Münster	Kreis Münster	Stadt Münster x	Kreis Münster $1-x$			
01.12.1871	36887	33395	0,5248	0,4752	2,3360	2,3360	-1,0916
01.12.1885	47398	35474	0,5719	0,4281	2,6190	2,6170	-0,4833
02.12.1895	62460	38627	0,6179	0,3821	3,6658	3,6749...	+0,3213
01.12.1905	81603	41742	0,6616	0,3384	3,7502	3,7543...	+0,3871
16.06.1925	106609	51677	0,6735	0,3265	3,7212	3,7210...	+0,3926
16.06.1933	122418	58559	0,6764	0,3236	3,7225	3,7225...	+0,3812
17.05.1939	141304	66047	0,6815	0,3185	2,0465	2,0465	-3,0647
29.10.1946	87697*	83792*	0,5114	0,4886	2,3100	2,3085	-1,1777
13.09.1950	118889	90870	0,5668	0,4332	2,8070	2,8500	-0,1635
06.06.1961	182721	98772	0,6491	0,3509	2,6270	2,6240	-0,4715
27.05.1970	198371	122174	0,6189	0,3811	•	•	•

Zeitraum 1939 bis 1987 (Gebietsstand seit 01.01. 1975)

Zählungs-tag	Bevölkerung		Anteil		Parameter der logistischen Funktion a		Ljapunov-Exponent für tägliche Iterationen λ
	Anzahl Personen		Anteil		für jährliche Iteratio-nen	für tägliche Iteratio-nen	
	Stadt Münster	Umland	Stadt Münster x	Umland $1-x$			
17.05.1939	164576	66826	0,7112	0,2888	2,6290	2,6255	-0,4697
13.09.1950	151528	93231	0,6191	0,3809	3,0003	3,9734...	+0,6010
06.06.1961	220704	93599	0,7022	0,2978	3,3584	3,9949...	+0,6582
27.05.1970	251593	106399	0,7028	0,2972	3,3615	3,9963...	+0,6585
25.05.1987	246186	134725	0,6463	0,3537	•	•	•

Da seit 1987 keine Volkszählung mehr durchgeführt wurde, müssen für die Jahre ab 1988 Ergebnisse der laufenden Fortschreibung des Bevölkerungsstandes verwendet werden. Dabei werden nicht einfach die Bestandsangaben der

Einwohnerregister der Gemeinden pauschal übernommen, sondern detailliert die einzelnen Komponenten der Bevölkerungsbewegung aus den Mitteilungen der Standesämter und der Meldebehörden zusammengestellt, und zwar:

➢ Lebendgeborene (am Ort der Hauptwohnung der Mutter)
➢ Gestorbene am Ort der Hauptwohnung
➢ Bezug einer neuen Hauptwohnung in einer anderen Gemeinde in Deutschland und damit Abbuchung am Ort der bisherigen Hauptwohnung
➢ Abmeldung einer Hauptwohnung ins Ausland
➢ Umwandlung einer bisherigen Nebenwohnung in eine Hauptwohnung und damit Abbuchung am Ort der bisherigen Hauptwohnung in Deutschland
➢ Bestandskorrekturen aufgrund nachträglich berichtigter Meldefälle

Diese Bewegungsdaten werden – ausgehend von den Ergebnissen der Volkszählung 1987 – fortlaufend monatlich auf den jeweils zuletzt fortgeschriebenen Bevölkerungsstand aufgesetzt. Der neueste Bevölkerungsstand wird halbjährlich in den Statistischen Berichten „Bevölkerung der Gemeinden Nordrhein-Westfalens am 30. Juni bzw. 31. Dezember" veröffentlicht. Um die Qualität der Bevölkerungsfortschreibung als Sekundärstatistik zu verbessern, wurden mit dem Gesetz zur Änderung des Melderechtsrahmengesetzes vom 25.03.2002 (Bundesgesetzblatt I S.1186) die rechtlichen Rahmenbedingungen für die Nutzung moderner Informations- und Kommunikationstechniken im Meldewesen geschaffen, die bundeseinheitliche Verarbeitung von Änderungen des Wohnungsstatus geregelt und die Abmeldepflicht bei einem Umzug innerhalb Deutschlands aufgehoben.

Zeitraum 1987 bis 2008 (Gebietsstand seit 01.01.1975)

Stichtag der Fortschreibung	Bevölkerung (* Volkszählung)		Anteil		Parameter der logistischen Funktion a		Ljapunov-Exponent für tägliche Iterationen λ
	Anzahl Personen		Anteil		für jährliche Iterationen	für tägliche Iterationen	
	Stadt Münster	Umland	Stadt Münster x	Umland $1-x$	für jährliche Iterationen	für tägliche Iterationen	
25.05.1987	246186*	134725 *	0,6463	0,3537	2,8233	2,8197	-0,1988
31.12.1988	248919	136745	0,6454	0,3546	2,8236	2,8265	-0,1906
31.12.1989	253123	138578	0,6462	0,3538	2,8282	2,8300	-0,1863
31.12.1990	259438	141811	0,6466	0,3534	2,8235	2,8185	-0,2003
31.12.1991	264181	145259	0,6452	0,3548	2,8098	2,8030	-0,2194
31.12.1992	267072	148154	0,6432	0,3568	2,7892	2,7785	-0,2504
31.12.1993	267367	150350	0,6401	0,3599	2,7521	2,7320	-0,3120
31.12.1994	264887	152935	0,6340	0,3660	2,7150	2,7030	-0,3524
31.12.1995	265061	155662	0,6300	0,3700	2,6915	2,6840	-0,3798
31.12.1996	265748	157818	0,6274	0,3726	2,6680	2,6575	-0,4193
31.12.1997	265138	159944	0,6237	0,3763	2,6447	2,6365	-0,4518
31.12.1998	264489	161621	0,6207	0,3793	2,6279	2,6225	-0,4740
31.12.1999	264670	163113	0,6187	0,3813	2,6158	2,6115	-0,4918
31.12.2000	265609	164788	0,6171	0,3829	2,6066	2,6035	-0,5050
31.12.2001	267197	166603	0,6159	0,3841	2,6010	2,5995	-0,5117
31.12.2002	268945	168124	0,6153	0,3847	2,5952	2,5930	-0,5226
31.12.2003	269579	169245	0,6143	0,3857	2,5885	2,5860	-0,5344
31.12.2004	270038	170268	0,6133	0,3867	2,5856	2,5856	-0,5351
31.12.2005	270868	170886	0,6132	0,3868	2,5883	2,5900	-0,5305
31.12.2006	272106	171135	0,6139	0,3861	2,5925	2,5940	-0,5209
31.12.2007	272951	171199	0,6145	0,3855	•	2,5935	-0,5217
30.06.2008	272890	171283	0,6144	0,3856	•	•	•

Der Bevölkerungsanteil der Stadt Münster (x) war im Zeitraum 1816/1871 ohne Trend zwischen 0,34 und 0,37 weitgehend stabil. Der einzige Ausreißer im Jahr 1846 (Anteil 0,40) ist auf die Miterfassung des in den vorherigen und den nachfolgenden Jahren nicht gezählten Militärs zurückzuführen. Im Zeitraum 1871/1970 änderte sich der Anteil der Stadt stark; er stieg von 0,52 bis zum Gipfel im Jahr 1939 auf 0,68 kontinuierlich an und sank dann auf 0,62 im Jahr 1970. Die Ausreißer in den Jahren 1946 (Anteil 0,51) und 1950 (Anteil 0,57) sind Auswirkungen des Krieges. Im Zeitraum 1939/1987 schwankte der Anteil der Stadt zwischen 0,61 und 0,72. Im Zeitraum 1987/2008 nahm der Anteil der Stadt tendenziell leicht von 0,65 bis zum Minimum 0,61 im Jahr 2005 ab; danach stagnierte er, möglicherweise sogar mit einer angedeuteten Erhöhung. Dies könnte eine Stützung der Hypothese sein, dass der „goldene Schnitt" (0,618034...) eine Rolle spielt, wenn sich die räumliche Bevölkerungsverteilung auf einen stabilen Zustand einpendelt (siehe Kapitel „Citybildung").

Der Parameter der logistischen Funktion (a) ist für jährliche und für tägliche Iterationen immer dann ungefähr gleich, wenn er kleiner als 3 ist. Das bedeutet, dass hier ein stabiler Attraktor bereits bei den wenigen jährlichen und nicht erst bei den zahlreichen täglichen Iterationen erreicht wird. Nur wenn der Parameter größer als 3 ist, können erhebliche Abweichungen zwischen jährlichen und täglichen Iterationen auftreten; und zwar sind die Parameterwerte dann bei täglichen Iterationen größer. Die Anzahl der jährlichen Iterationen reicht hier nicht aus, um das volle Ausmaß des Chaos aufzudecken. Im Zeitraum 1816/1871 liegen die Parameterwerte a (für tägliche Iterationen) ohne Trend zwischen 1,51 und 1,59 mit dem erwähnten militärbedingten Ausreißer 1843/1846 (Wert 1,66). Im Zeitraum 1871/1970 ergeben sich Parameterwerte zwischen 2,04 und 3,76 mit dem Gipfel im Jahr 1905; in den Zählungsjahren 1895 bis 1933 sind die Werte größer als 3. Im Zeitraum 1939/1987 sind mit einer einzigen Ausnahme alle Parameterwerte größer als 3 mit dem Maximum im Jahr 1970. Im Zeitraum 1987/2008 liegen die Parameterwerte zwischen 2,83 und 2,58 und folgen einem leicht abnehmenden, aber nicht stetigen Trend.

Der Ljapunov-Exponent (λ) zeigt mit einem negativen Wert Stabilität (als Fixpunkt oder als Zyklus), mit einem positiven Wert Instabilität (Chaos) und im Übergangsbereich mit einem Wert in der Nähe von null Quasi-Periodizität (scheinbares Chaos) an. Im Zeitraum 1816/1871 sind alle Exponenten negativ, und zwar mit so großen Beträgen, dass die räumliche Bevölkerungsverteilung (x-Werte) problemlos vorhersagbar ist. Im Zeitraum 1871/1970 sind die Exponenten für die Zählungsjahre 1895 bis 1933 positiv; die Entwicklung der x-Werte ist damit hier zu einem wesentlichen Teil chaotisch und nicht vorhersagbar. Im Zeitraum 1939/1987 sind fast alle Exponenten positiv mit so großen Beträgen, dass eine sinnvolle Vorhersage wegen des extremen Chaos vollständig verhindert wird. Im Zeitraum 1987/2008 sind wieder alle Exponenten negativ; die Beträge sind zwar geringer als im Zeitraum 1816/1871, die Vorhersagbarkeit der Bevölkerungsverteilung wird dadurch aber kaum beeinträchtigt. Die Zeiträume mit Chaos anzeigenden Werten des Ljapunov-Exponenten (1871/1970 und 1939/1987) überdecken die beiden Weltkriege und sind offensichtlich von deren Auswirkungen auf die Bevölkerung geprägt.

Der durch die logistische Funktion dargestellte iterative Prozess kommt zum Stillstand, wenn $x_{t+1} = x_t$ erreicht ist. Aus dieser Stabilitätsbedingung ergibt sich:

$$x_{t+1} = x_t = x \Rightarrow x = ax(1-x) = ax - ax^2$$

$$ax^2 + (1-a)x + 0 = 0$$

Lösungen der quadratischen Gleichung:

$$x_{(1);(2)} = -\frac{1-a}{2a} \pm \frac{\sqrt{(1-a)^2 - 4a \cdot 0}}{2a} = -\frac{1-a}{2a} \pm \frac{1-a}{2a}$$

$$x_{(1)} = 0 \qquad x_{(2)} = -2\left(\frac{1-a}{2a}\right) = \frac{-2+2a}{2a} = 1 - \frac{1}{a}$$

Beispiele (jeweils tägliche Iterationen):

Jahr 1867 $a = 1,5458 \Rightarrow x_{(2)} = 0,3531 = x$ für 1871

Jahr 1864 $a = 1,5670 \Rightarrow x_{(2)} = 0,3618 = x$ für 1867

Jahr 1820 $a = 1,5403 \Rightarrow x_{(2)} = 0,3508 = x$ für 1821

Jahr 2007 $a = 2,5935 \Rightarrow x_{(2)} = 0,6144 = x$ für 2008

Jahr 1987 $a = 2,8197 \Rightarrow x_{(2)} = 0,6454 = x$ für 1988

Jahr 1885 $a = 2,6170 \Rightarrow x_{(2)} = 0,6179 = x$ für 1895

Die Stabilität $\left(x_{(2)} = x\right)$ wird hier nur erreicht bei täglichen Iterationen mit $a < 3$, dagegen nicht in allen anderen Fällen (jährliche Iterationen und/oder $a > 3$).

    Die Anzahl der Einwohner der einzelnen kreisfreien Städte und Kreise wird auf der Basis des zum 01.01.2005 fortgeschriebenen Bevölkerungsstandes bis zum Jahr 2025 – für das Land Nordrhein-Westfalen insgesamt sogar bis zum Jahr 2050 – vorausberechnet. Dabei handelt es sich nicht um eine Prophezeiung, sondern um eine Modellrechnung unter bestimmten – zum Teil sehr speziellen – Annahmen. „Die dargestellten Entwicklungen hängen in ihrer genauen Quantifizierung maßgeblich von den zugrundeliegenden Annahmen ab. Ein exaktes Eintreten der gesetzten Annahmen kann grundsätzlich nicht unterstellt werden" (LDS 2006, S.10). Die Annahmen beruhen zwar auf Analysen der Komponenten (Geburten, Sterbefälle, Wanderungen) der tatsächlichen Bevölkerungsentwicklung in der Vergangenheit (hier der Jahre 2000 bis 2004), ihre Festsetzung erfolgt jedoch „in Abstimmung mit dem `Arbeitskreis Prognosen`der Landesregierung Nordrhein-Westfalen" (S.5), also zumindest teilweise nach politischen Vorgaben. Die wichtigsten Annahmen der aktuellen Bevölkerungsvorausberechnung sind :

➢ Fertilität: Die durchschnittlichen altersspezifischen Geburtenziffern des Zeitraums 2002 bis 2004 bleiben für jede kreisfreie Stadt und jeden Kreis unter Berücksichtigung der großen regionalen Unterschiede über den ganzen Berechnungszeitraum konstant.

➢ Säuglingssterblichkeit: Das Niveau des Zeitraums 2000 bis 2004 bleibt konstant.

➢ Lebenserwartung: Bis zum Jahr 2050 tritt eine Steigerung für ein neugeborenes Mädchen um ca. 4,8 Jahre und für einen neugeborenen Jungen um ca. 5,8 Jahre ein.

➢ Landesbinnenwanderung: Basis sind die Wanderungsverflechtungen jedes Kreises und jeder kreisfreien Stadt mit den 53 anderen Kreisen/kreisfreien Städten des Landes Nordrhein-Westfalen im Referenzzeitraum 2000 bis 2004. Die alters- und geschlechtsspezifischen Wanderungsquoten werden über den Berechnungszeitraum als konstant angenommen. Außerdem werden in Universitätsstädten nicht näher spezifizierte „Anpassungen" der Wanderungsquoten vorgenommen, die sich auf die Einführung der Zweitwohnsitzsteuer beziehen.

➢ Wanderungen über die Grenzen Nordrhein-Westfalens: Als Wanderungssalden werden Zuwanderungsgewinne in Höhe von 23 000 Personen im Jahr 2005, 18 000 Personen im Jahr 2006, 13 000 Personen in den Jahren 2007 bis 2010 und 28 000 Personen in den Jahren ab 2011 erwartet. Als Begründung wird nur pauschal auf den erwarteten Rückgang der Zuzüge von Spätaussiedlern (Jahre 2005 bis 2007) und auf die Erhöhung des Wanderungsgewinns ab 2011 infolge der Beendigung der Übergangsregelung zur Arbeitnehmerfreizügigkeit für die Länder der Osterweiterung der Europäischen Union sowie auf die Integration weiterer EU-Beitrittsländer hingewiesen.

Die unter diesen Annahmen vorausberechneten Einwohnerzahlen der Stadt Münster (LDS 2006) betragen (jeweils in 1 000 Personen) 272,0 (Jahr 2010), 274,6 (Jahr 2015), 276,4 (Jahr 2020) und 276,6 (Jahr 2025). Entsprechende Einwohnerzahlen für das Umland liegen nicht vor, da für kreisangehörige Gemeinden keine Vorausberechnungsergebnisse veröffentlicht werden. Die Bevölkerungsvorausberechnung wurde früher – entsprechend der Gepflogenheit in den „World Population Prospects" der Vereinten Nationen – in den drei Varianten „hohes Szenario", „mittleres Szenario" und „niedriges Szenario" durchgeführt. In den neuesten amtlichen Veröffentlichungen in Deutschland wird auf derartige Parallelrechnungen verzichtet. Der Grund ist nicht statistisch-methodischer, sondern politischer Art. Die Bevölkerungsstatistik hat erhebliche kommunalpolitische Bedeutung (Gerß 2008). Um zu verhindern, dass sich die Entscheidungsträger der Kommunalpolitik aus mehreren angebotenen Varianten das für sie günstigste Szenario aussuchen, wurde bestimmt, dass nur noch eine Version zur Verfügung steht. Damit entfällt die Möglichkeit, einen Eindruck von der – bei jeder Prognose unvermeidbaren – Ungenauigkeit der Vorausberechnung zu erhalten.

Die Fehleranfälligkeit der derzeitigen deutschen Bevölkerungsvorausberechnung hat zwei voneinander unabhängige Ursachenkomplexe. Erstens ist die Berechnung an mehr oder weniger willkürlich gesetzte Annahmen gebunden. Zweitens ist die Basis der Vorausberechnung keine inventarische Bestandsaufnahme, sondern selbst ein in der Regel fehlerhaftes Fortschreibungsergebnis. Die Tabelle zeigt die Unterschiede zwischen den Ergebnissen der Volkszählung am 25.05.1987 (LDS 1989) und der zeitlich nächstliegenden Bevölkerungsfortschreibung (auf der Basis der Volkszählung 1970) zum 30.06.1987 (LDS 1988) für die Stadt Münster und ihre Umlandgemeinden.

Gemeinde	Einwohner		Fortschreibungsfehler	
	nach Volkszählung 25.05.1987 (1)	nach Fortschreibung 30.06.1987 (Basis 1970) (2)	absolut (2)-(1)	In Prozenten des Volkszählungsergebnisses $100 \dfrac{(2)-(1)}{(1)}$
Münster	246 186	266 387	+20 201	+8,2056
Ascheberg	12 381	12 423	+ 42	+0,3392
Havixbeck	9 843	9 971	+ 128	+1,3004
Nottuln	14 457	15 082	+ 625	+4,3232
Senden	14 462	15 541	+ 1 079	+7,4609
Altenberge	7 658	7 628	- 30	- 0,3917
Greven	29 512	28 819	- 693	- 2,3482
Drensteinfurt	11 603	11 395	- 208	-1,7926
Everswinkel	7 445	7 555	+ 110	+1,4775
Sendenhorst	10 809	10 624	- 185	-1,7115
Telgte	16 555	16 612	+ 57	+0,3443

Die Stadt Münster hatte an der Bevölkerung von Münster und Umlandgemeinden insgesamt nach der Volkszählung 1987 einen Anteil von 0,6463 und an der auf dieser Basis zum 31.12.2005 fortgeschriebenen Bevölkerung einen Anteil von 0,6132 (x_0). Wenn man den sich daraus ergebenden Parameterwert der logistischen Funktion an den Anteil von Münster nach der Fortschreibung zum 30.06.1987 auf der Basis der Volkszählung 1970 – dieser Anteil beträgt 0,6626 – anlegt, erhält man einen zum 31.12.2005 fortgeschriebenen Anteil von 0,6363 (y_0). Der Fortschreibungsfehler des Anteils von Münster zur Zeit der letzten Volkszählung beträgt somit $E = |0,6463 - 0,6626| = 0,0163$. Bis 2005 – dem Basisjahr der Bevölkerungsvorausberechnung – vergrößert sich der Fortschreibungsfehler auf $E_0 = |0,6132 - 0,6363| = 0,0231$. Für den Zeitraum von der Volkszählung 1987 (Anteil 0,6463) bis zur darauf basierenden aktuellsten Fortschreibung zum 30.06.2008 (Anteil 0,6144) ergibt sich ein Parameterwert von $a = 2,5935$ bei täglichen Iterationen. Aus den damit gegebenen Werten x_0, y_0 und a kann der Ljapunov-Exponent λ für beliebige Abschnitte des Prognosezeitraums berechnet werden.

Gegeben: $\qquad\qquad\qquad x_0 \qquad\qquad\qquad y_0 \qquad a$

Logistische Funktion: $\qquad x_1 = ax_0(1-x_0) \qquad y_1 = ay_0(1-y_0)$

$\qquad\qquad\qquad\qquad x_2 = ax_1(1-x_1) \qquad y_2 = ay_1(1-y_1)$

$\qquad\qquad\qquad\qquad$ etc. $\qquad\qquad\qquad$ etc.

Fortschreibungsfehler: $E_0 = |x_0 - y_0| \quad E_1 = |x_1 - y_1| \qquad E_2 = |x_2 - y_2|$

$\qquad\qquad\qquad\qquad$ etc.

Fehlerquotienten:

$$\frac{E_1}{E_0} = \left| \frac{ax_0(1-x_0) - ay_0(1-y_0)}{x_0 - y_0} \right| = a \left| \frac{x_0(1-x_0) - y_0(1-y_0)}{x_0 - y_0} \right|$$

$$\frac{E_2}{E_1} = \left| \frac{ax_1(1-x_1) - ay_1(1-y_1)}{x_1 - y_1} \right| = a \left| \frac{x_1(1-x_1) - y_1(1-y_1)}{x_1 - y_1} \right|$$

$$= a \left| \frac{x_1(1-x_1) - y_1(1-y_1)}{ax_0(1-x_0) - ay_0(1-y_0)} \right| = \frac{a}{a} \left| \frac{x_1(1-x_1) - y_1(1-y_1)}{x_0(1-x_0) - y_0(1-y_0)} \right|$$

$$= \left| \frac{x_1(1-x_1) - y_1(1-y_1)}{x_0(1-x_0) - y_0(1-y_0)} \right| \qquad \text{etc.}$$

$$\frac{E_{t+1}}{E_t} = \left| \frac{x_{t+1}(1-x_{t+1}) - y_{t+1}(1-y_{t+1})}{x_t(1-x_t) - y_t(1-y_t)} \right| \qquad \text{für } t = 1, 2, \ldots$$

Ljapunov-Exponent (siehe Kapitel „Chaostheorie"):

$$\lambda = \frac{1}{t} \sum_{i=1}^{t} \ln \left| \frac{E_i}{E_{i-1}} \right|$$

Alle nach dieser Formel aus den Vorgaben $x_0 = 0,6132$, $y_0 = 0,6363$ und $a = 2,5935$ berechneten Werte des Ljapunov-Exponenten sind negativ und haben mit wachsender Anzahl der Iterationen leicht kontinuierlich zunehmende Beträge:

t	1	5	10	15	20	25	30
λ	-0,4353	-0,5119	-0,5173	-0,5187	-0,5195	-0,5199	-0,5202

t	35	40	45	50	55	60	63
λ	-0,5204	-0,5206	-0,5207	-0,5208	-0,5212	-0,5227	-0,5233

Der Fehlerquotient ist nur definiert, solange der Fortschreibungsfehler nicht null wird. Dieser Fall tritt hier bereits bei $t = 64$ mit $x_t = y_t = 0,6144$ auf. An dieser Stelle haben die für x und y separat berechneten Ljapunov-Exponenten die Werte $\lambda_x = -0,5217 \approx \lambda_y = -0,5216$ Der nicht mehr berechenbare Ljapunov-Exponent λ_E für den Unterschied zwischen x und y ist in dem Sinn zu interpretieren, dass sich bei einer größeren Anzahl von Iterationen keine Anfangswertsensibilität (Chaos) mehr auswirkt. Die sich aus den zukünftigen Bevölkerungsdaten ergebenden Schätzwerte der Anteile der Stadt Münster und ihres Umlandes sind demnach mit 0,6144 bzw. 0,3856 stabil und nicht chaosgefährdet.

Literatur

Arnol`d,Vladimir I 1963: Smal denominators II – Proof of a theorem of A.N. Kolmogorov on the preservation of conditionally – periodic motions under a small perturbation of the Hamiltonian. Russian Mathematical Surveys 18, S.5 ff.

Arthur, W.Brian (1990) Positive feedbacks in the economy. Scientific American Vol. 262 No.2, S.92-99.

Baumol, William J./Benhabib, Jess (1989): Chaos – Significance, mechanism, and economic applications. The Journal of Economic Perspectives – A Journal of the American Economic Association, Vol. 3 No.1, S.77-105.

Berry, Brian J.L./Kim, Heja (1996): Long waves 1790-1990 – Intermittency, chaos, and control. In: L.Douglas Kiel und Euel Elliott (Hrsg.), Chaos Theory in the Social Sciences – Foundations and Applications, S. 215-236. Ann Arbor (Michigan).

Beukemann, Wilhelm (1911): Methode und Umfang der deutschen Volkszählungen. In: Friedrich Zahn (Hrsg.), Die Statistik in Deutschland nach ihrem heutigen Stand Band I, S. 197-235. München Berlin.

Box, George/Jenkins, George (1976): Time Series Analysis. San Francisco.

Bräuer, Kurt (2002): Chaos, Attraktoren und Fraktale – Mathematische und physikalische Grundlagen nichtlinearer Phänomene und Anwendungen in Physik, Biologie und Medizin. Berlin.

Brown, Thad A. (1996): Measuring chaos using the Lyapunov exponent. In: L. Douglas Kiel und Euel Elliott (Hrsg.), Chaos Theory in the Social Sciences – Foundations and Applications, S. 53-66. Ann Arbor (Michigan).

Cantor, Georg (1883): Grundlagen einer allgemeinen Mannigfaltigkeitslehre. Leipzig.

Chesnais, Jean-Claude (1986) : La transition démographique. Paris.

Choldin, Harvey M. (1978): Urban density and pathology. Annual Review of Sociology 4, S. 91-113.

Christaller, Walter (1933): Die zentralen Orte in Süddeutschland. Jena.

Chua, Leon Ong (1991): Editorial. International Journal of Bifurcation and Chaos in Applied Sciences and Engineering, Vol.1 No.1, S.1-2.

Dangelmayr, Gerhard/Hettel, Jörg (1997): Chaos – Determiniertheit und Zufall. In : Holger Krapp und Thomas Wägenbaur (Hrsg.), Komplexität und Selbstorganisation – „Chaos" in den Natur- und Kulturwissenschaften, S.19-42. München.

Dendrinos, Dimitrios S. mit Mullally,Henry (1985): Urban Evolution – Studies in the Mathematical Ecology of Cities. Oxford.

Dendrinos, Dimitrios S./Sonis,Michael (1990): Chaos and Socio-Spatial Dynamics. New York.

Dendrinos, Dimitrios S. (1992): The Dynamics of Cities – Ecological Determinism, Dualism and Chaos. London und New York.

Dendrinos, Dimitrios S. (1996): Cities as spatial chaotic attractors. In: L.Douglas Kiel und Euel Elliott (Hrsg.), Chaos Theory in the Social Sciences – Foundations and Applications, S. 237-269. Ann Arbor (Michigan).

Deutsche Bibelgesellschaft (1983): Die Bibel in heutigem Deutsch mit Erklärungen und Bildern. Stuttgart.

Eberl, Werner (1996): Grundlagen und Methoden der nichtlinearen Dynamik. München.

Engel, Ernst (1861): Die Methoden der Volkszählung mit besonderer Berücksichtigung der im preussischen Staat angewandten. Zeitschrift des Königlich Preussischen Statistischen Bureaus, Erster Jahrgang, S.149-170.

Engelmann, Margot(1972) Gegenwarts- und Zukunftsaufgaben der amtlichen Statistik. Herausgegeben vom Statistischen Bundesamt anlässlich des 100-jährigen Bestehens der zentralen amtlichen Statistik. Stuttgart Mainz.

Faßler, Manfred(1997): Selbstorganisation und Identität. In: Holger Krapp und Thomas Wägenbaur (Hrsg.), Komplexität und Selbstorganisation – „Chaos" in den Natur- und Kulturwissenschaften, S.177-199. München.

Feigenbaum, Mitchell J. (1978): Quantitative universality for a class of nonlinear transformations. Journal of Statistical Physics 19, S.25-52.

Feigenbaum, Mitchell J. (1983): Universal behavior in nonlinear systems. Physica D 7, S.16-39.

Fischer, Claude (1982): To Dwell Among Friends – Personal Networks in Town and City. Chicago.

Fourier, Jean-Baptiste Joseph, Baron de (1822): Théorie analytique de la chaleur. Paris.

Fürst , Gerhard (1972) : Wandlungen im Programm und in den Aufgaben der amtlichen Statistik in den letzten 100 Jahren. In: Bevölkerung und Wirtschaft 1872-1972, herausgegeben vom Statistischen Bundesamt anlässlich des 100-jährigen Bestehens der zentralen amtlichen Statistik. Stuttgart Mainz.

Gans, Herbert (1962): The Urban Villagers. New York.

Gerß,Wolfgang (2004): Nutzung von Daten der historischen Statistik in Lehrforschungsprojekten. Duisburger Beiträge zur soziologischen Forschung No.3/2004. Duisburg.

Gerß, Wolfgang /Gerß, Joachim (2005): Untersuchungen zu demografischen Gleichgewichtsverteilungen nach dem Zipfschen Gesetz. Duisburger Beiträge zur soziologischen Forschung No.4/2005. Duisburg.

Gerß,Wolfgang, (2007): Indikatoren der Wirtschaftsleistung, Umweltbelastung und sozialen Spannungen als Komponenten der gesellschaftlichen Wohlfahrt in einem Markoff-Zeitverlaufsmodell. Duisburger Beiträge zur soziologischen Forschung No. 3/2007. Duisburg.

Gerß, Wolfgang (2008a): Das Ende der DDR als konsequente mathematische Katastrophe. Duisburger Beiträge zur soziologischen Forschung No. 1/2008.Duisburg.

Gerß, Wolfgang (2008b): Freiraumschutz auf steinigem Weg. Natur in NRW Nr. 4/2008, S.71-75.

Goodwin, Richard M. (1990): Chaotic Economic Dynamics. Oxford.

Grandmont, Jean-Michel (1985): On endogenous competitive business cycles. Econometrica 53, S.995-1045.

Gude, Sigmar (1971): Der Bedeutungswandel der Stadt als politische Einheit. In: Hermann Korte (Hrsg.), Zur Politisierung der Stadtplanung, S. 85-125. Gütersloh.

Haken , Hermann (1995): Erfolgsgeheimnisse der Natur – Synergetik – Die Lehre vom Zusammenwirken. Reinbek bei Hamburg.

Haken , Hermann (2004): Die Selbstorganisation komplexer Systeme – Ergebnisse aus der Werkstatt der Chaostheorie. Wien.

Harrison, J. Michael (1985): Brownian Motion and Stochastic Flow Systems. New York.

Häußermann, Hartmut (2001): Städte, Gemeinden und Urbanisierung. In: Hans Joas (Hrsg.), Lehrbuch der Soziologie, S. 505-532. Frankfurt/Main.

Herrmann, Dietmar (1994): Algorithmen für Chaos und Fraktale. Bonn/Paris/Reading (Mass.).

Huckfeldt, Robert (1990): Structure, indeterminacy and chaos – A case for sociological law. Journal of Theoretical Politics 2 No.4, S.413-433.

Hüsgen, Karl-Heinz (1956): Die Entwicklung der kreisfreien Städte, Landkreise und Gemeinden des Landes Nordrhein-Westfalen von 1871 bis1950. Beiträge zur Statistik des Landes Nordrhein-Westfalen Heft 57. Düsseldorf.

Hüsgen, Karl-Heinz (1964): Gemeindestatistik des Landes Nordrhein-Westfalen – Bevölkerungsentwicklung 1871 bis 1961. Beiträge zur Statistik des Landes Nordrhein-Westfalen Sonderreihe Volkszählung 1961 Heft 3c. Düsseldorf.

Hüsgen, Karl-Heinz (1966): Gemeindestatistik des Landes Nordrhein-Westfalen – Bevölkerungs-entwicklung 1816 bis 1871. Beiträge zur Statistik des Landes Nordrhein- Westfalen Sonder-reihe Volkszählung 1961 Heft 3d. Düsseldorf.

Hüsgen, Karl-Heinz1 (1980): Kommunale Neugliederung in Nordrhein-Westfalen 1961 bis 1976 – Entwicklung von Fläche und Bevölkerung in den Gemeinden. Beiträge zur Statistik des Landes Nordrhein-Westfalen Heft 430. Düsseldorf.

Kiel, L. Douglas/ Elliott, Euel (1996): Chaos Theory in the Social Sciences – Foundations and Applications – Introduction. Ann Arbor (Michigan).

Klaudat, Harald (1996): Historische Entwicklung der kreisfreien Städte und Kreise in Nordrhein-Westfalen. Herausgegeben vom Landesamt für Datenverarbeitung und Statistik Nordrhein-Westfalen. Düsseldorf.

Klaudat, Harald (1999): Bevölkerung und Erwerbstätigkeit 1850-1970 – Eine historische Statistik für die kreisfreien Städte und Kreise und deren Vorgänger im Gebiet von Nordrhein-Westfalen. Herausgegeben vom Landesamt für Datenverarbeitung und Statistik Nordrhein-Westfalen. Düsseldorf.

Knibbe, Heinrich (1940): Großstädtische Agglomerationen. In: Friedrich Burgdörfer (Hrsg.), Die Statistik in Deutschland nach ihrem heutigen Stand Band I, S.214-220. Berlin.

Kolmogorov, Andrej Nikolajewitsch (1954): On conservation of conditionally-periodic motions for a small change in Hamilton`s function (russisch). Doklady Akademii Nauk SSSR 98, S.525ff.

Kolmogorov, Andrej Nikolajewitsch (1959): Über die Entropie zur Zeit Eins als metrische Invarian-te von Automorphismen (russisch). Doklady Akademii Nauk SSSR 124, S.754ff.

Kraus, Theodor (1959): Grundzüge der Wirtschaftsgeografie. In: Karl Hax und Theodor Wessels (Hrsg.), Handbuch der Wirtschaftswissenschaften Band II, S.1445-1542. Köln und Opladen.

Laplace, Pierre Simon, Marquis de (1814) : Essai philosophique sur les probabilités. Paris.

LDS (Landesamt für Datenverarbeitung und Statistik Nordrhein-Westfalen) (1988): Die Bevölke-rung der Gemeinden Nordrhein-Westfalens am 30.Juni 1987 – Vorläufige Ergebnisse, Basis Volkszählung 1970. Düsseldorf.

LDS (Landesamt für Datenverarbeitung und Statistik Nordrhein-Westfalen) (1989): Bevölkerung, Privathaushalte und Erwerbstätige. Sonderreihe zur Volkszählung 1987 in Nordrhein-Westfalen Band 1.1. Düsseldorf.

LDS (Landesamt für Datenverarbeitung und Statistik Nordrhein-Westfalen) (1989-2008): Die Gemeinden Nordrhein-Westfalens. Informationen aus der amtlichen Statistik (jährlich). Düsseldorf.

LDS (Landesamt für Datenverarbeitung und Statistik Nordrhein-Westfalen) (2006): Vorausberech-nung der Bevölkerung in den kreisfreien Städten und Kreisen Nordrhein-Westfalens 2005-2025/2050. Düsseldorf.

LeGoff , Jacques(1998): Die Liebe zur Stadt – Eine Erkundung vom Mittelalter bis zur Jahrtau-sendwende. Frankfurt/Main.

Li, Tien Yien/Yorke, James A. (1975): Period three implies chaos. American Mathematical Monthly 82, S.985-992.

Lind, Erwin (1940): Die Volkszählungen. In: Friedrich Burgdörfer (Hrsg.), Die Statistik in Deutsch-land nach ihrem heutigen Stand Band I, S.167-184. Berlin.

Ljapunov, Alexandr Michajlowitsch(1949): Problème général de la stabilité du mouvement. Prince-ton N.J.

Loistl, Otto/Betz, Iro(1996) : Chaostheorie – Zur Theorie nichtlinearer dynamischer Systeme. Dritte Auflage. München.

Lorenz, Edward N. (1963): Deterrministic nonperiodic flow. Journal of the Atmospheric Sciences 20, S.130-141.

Lösch , August(1940): Die räumliche Ordnung der Wirtschaft. Jena.

Lotka , Alfred James (1925): Elements of Physical Biology. Baltimore Md.

MacArthur, Robert H. (1972): Geographical Ecology – Patterns in the Distribution of Species. New York.

Mahnke, Reinhard/Schmelzer, Jürn/Röpke, Gerd (1992): Nichtlineare Phänomene und Selbstorganisation. Stuttgart.

Malthus , Thomas Robert(1798): An essay on the principles of population as it affects the future improvement of society. London.

Mandelbrot, Benoit B. (1967): How long is the coast of Britain? Statistical self-similarity and fractional dimension. Science Vol. 156 No. 3775, S.636-638.

Mandelbrot, Benoit B. (1983): The Fractal Geometry of Nature. San Francisco.

Manneville, Paul/Pomeau Yves (1979): Intermittency and the Lorenz model. Physics Letters 75 A No.1/2, S. 1-2.

Marx, Karl Heinrich (1867): Das Kapital – Kritik der politischen Ökonomie Band I. Hamburg.

Maxwell, James Clerk (1876): Matter and Motion. London.

May, Robert M. (1976): Simple mathematical models with very complicated dynamics. Nature 261, S. 459-467.

Moser, Jürgen (1967): Convergent series expansions of quasi-periodic motions. Mathematische Annalen 169, S.163 ff.

Müller , Hansjörg (1996): Anwendungsmöglichkeiten chaostheoretischer Verfahren bei der Analyse ökonomischer Prozesse. Frankfurt am Main.

Müller-Benedict, Volker (2000): Selbstorganisation in sozialen Systemen – Erkennung, Modelle und Beispiele nichtlinearer Dynamik. Opladen.

Münz, Rainer/Ulrich, Ralf (2001): Bevölkerung. In: Hans Joas (Hrsg.), Lehrbuch der Soziologie, S. 477-503. Frankfurt/Main.

Park, Robert E./Burgess, Errnest W./MacKenzie, Roderick D. (1925): The City – Suggestion for Investigation of Human Behavior in the Urban Environment. Chicago.

Pearl,Raymond (1924): Studies in Human Biology. Baltimore Md.

Peitgen, Heinz-Otto/ Jürgens, Hartmut/Saupe, Dietmar (1992): Bausteine des Chaos – Fraktale. Berlin/Heidelberg/New York.

Peitgen, Heinz-Otto/ Jürgens, Hartmut/Saupe, Dietmar (1994): Chaos – Bausteine der Ordnung. Berlin/Heidelberg/New York.

Plaschko, Peter/Brod, Klaus (1995): Nichtlineare Dynamik, Bifurkation und Chaotische Systeme. Braunschweig/Wiesbaden.

Pohjola, Matti T. (1981): Stable, cyclic and chaotic growth – The dynamics of a discrete-time version of Goodwin`s growth cycle model. Zeitschrift für Nationalökonomie – Journal of Economics Vol. 41, S. 27-38.

Poincaré, Jules Henri (1892) : Les méthodes nouvelles de la mécanique céleste. Paris.

Pol, Balthasar, van der/Mark, J., van der (1927): Frequency demultiplication. Nature – A Weekly Illustrated Journal of Science Vol. 120, S. 363-364.

Quételet, Lampert Adolphe Jacques (1869) : Physique sociale ou essai sur le développement des facultés de l`homme. Brüssel. (Neu herausgegeben von Eric Vilquin 1997).

Reichl, Hans (1929): Die Agglomeration der deutschen Großstädte (1910 bis 1925). Allgemeines Statistisches Archiv 18, S.37-81.

Ruelle, David/Takens, Floris (1971): On the nature of turbulence. Communications in Mathematical Physics 2, S. 167-192.

Saperstein, Alvin M. /Mayer-Kress, Gottfried (1988): A nonlinear dynamical model of the impact of SDI on the arms race. The Journal of Conflict Resolution – Journal of the Peace Science Society (International), Vol. 32 No.4, S. 636-670. [SDI = "Strategic Defense Initiative"]

Sassen, Saskia (1991): The Global City – New York, London, Tokyo. Princeton N.J.

Sassen, Saskia (1994): Cities in a World Economy. Thousand Oaks Calif.

Scheel, Hans, von (1869): Zur Technik der Volkszählungen. Jahrbücher für Nationalökonomie und Statistik Zwölfter Band, S. 156-172.

Schmidt, Karsten/Stahlecker,Peter (1989): Gibt es Chaos im industriellen Sektor der Bundesrepublik Deutschland? Jahrbuch für Sozialwisenschaft 40, S.332-341.

Schnieber, Herbert (1940): Statistik der Aus- und Einwanderung und der Binnenwanderung. In: Friedrich Burgdörfer (Hrsg.), Die Statistik in Deutschland nach ihrem heutigen Stand Band I, S. 220-230. Berlin.

Schott , Sigmund (1912): Die großstädtischen Agglomerationen des Deutschen Reiches von 1871 bis 1910. Schriften des Verbandes deutscher Städtestatistiker Heft 1. Breslau.

Schott , Sigmund (1929): Großsiedlungen (Großstädtische Agglomerationen). Statistisches Jahrbuch deutscher Städte 24, S. 66-96.

Shannon, Claude Elwood (1964): The Mathematical Theory of Communication. Urbana (Illinois).

Simmel, Georg (1903): Die Großstädte und das Geistesleben. In: Georg Simmel (Hrsg), Das Individuum und die Freiheit, S. 192-204. Berlin 1984.

Simon, Julian Lincoln (1990): Population Matters – People, Ressources, Environment, and Immigration. New Brunswick N.J.

Sinaj, Jakov G. (1970): Theory of Dynamical Systems, Band 1 Ergodic Theory. Aarhus.

Stahlecker, Peter/Schmidt, Karsten (1991): Chaos und sensitive Abhängigkeit in ökonomischen Prozessen. Zeitschrift für Wirtschafts- und Sozialwissenschaften 111, S. 187-206.

Statistische Ämter des Bundes und der Länder (2004): Ergebnisse des Zensustests. Wirtschaft und Statistik 8/2004, S. 813-833.

Statistisches Bundesamt (1983): Volks- und Berufszählung. Nicht allgemein veröffentlichter Bericht anlässlich der Verfassungsklage gegen das Volkszählungsgesetz 1983.

Thom , René (1972): Stabilité structurelle et morphogénèse – Essai d'une théorie générale des modèles. Reading Mass.

Thünen, Johann Heinrich, von (1842): Der isolierte Staat in Beziehung auf Landwirtschaft und Nationalökonomie. Neudruck 1966, Stuttgart.

Tönnies, Ferdinand (1887): Gemeinschaft und Gesellschaft – Grundbegriffe der reinen Soziologie. Darmstadt.

Verhulst, Pierre-François (1838): Notice sur la loi que la population poursuit dans son accroissement. Correspondence Mathématique et Physique Vol.10, S. 113-121.

Verhulst, Pierre-François (1845): Recherches mathématiques sur la loi d'accroissement de la population. Mémoires de l'Académie Royale des Sciences et Belles Lettres de Bruxelles, Band 18. Brüssel.

Volterra, Vito (1927) : Variazioni e fluttoazioni del numero d'individui in specie animali conviventi. Venezia. [Übersetzung: Variations and fluctuations in the numbers of coexisting animal species. In: Francesco M. Scudo und James R.Ziegler (Hrsg.), The Golden Age of Theoretical Ecology 1923-1940, Lecture Notes in Biomathematics Vol. 22, S.65-236, Berlin Heidelberg 1978].

Weber, Alfred (1909): Reine Theorie des Standorts. Tübingen.

Weber, Max (1922): Wirtschaft und Gesellschaft – Grundriss der verstehenden Soziologie. Tübingen 1972.

Wehr , Marco (1997): Das Chaos mit dem Chaos. In: Holger Krapp und Thomas Wägenbaur (Hrsg.), Komplexität und Selbstorganisation – „Chaos" in den Natur- und Kulturwissenschaften, S.243-258. München.

Weidlich, Wolfgang/Haag, Günter (1983): Concepts and Models of a Quantitative Sociology – The Dynamics of Interacting Populations. Berlin u.a.

Wilson, Alan G. (1970): Entropy in Urban and Regional Modelling. London.

Wirth, Louis (1938): Urbanität als Lebensform. In: Ulfert Herlyn (Hrsg.), Stadt- und Sozialstruktur, S. 42-66. München 1974.

Woeckener, Bernd (1997): Nichtlinearität und Chaos in der Ökonomie. In: Holger Krapp und Thomas Wägenbaur (Hrsg.), Komplexität und Selbstorganisation – „Chaos" in den Natur- und Kulturwissenschaften, S. 149-166. München.

Wolf, Alan/Swift, Jack B./Swinney, Harry L./Vastano, John (1985): Determining Lyapunov exponents from a time series. Physica Nonlinear Phenomena Vol. 16 D No.3, S.285-317.

Worg, Roman (1993): Deterministisches Chaos – Wege in die nichtlineare Dynamik. Mannheim.

Würzburger, Eugen (1896): Zur Frage der Genauigkeit der Volkszählungen. Jahrbücher für Nationalökonomie und Statistik Dritte Folge Elfter Band, S.614.

Young, Truxson Richard (1991): Chaos and social change – Metaphysics of the postmodern. The Social Science Journal Vol. 28 Issue 3, S.289-305.

Zahn, Friedrich (1900): Die praktische Bedeutung der deutschen Volkszählung. Jahrbücher für Nationalökonomie und Statistik III. Folge 20. Band, S.577-592.

Zapf, Katrin (1969): Rückständige Viertel – Eine soziologische Analyse der städtebaulichen Sanierung in der Bundesrepublik. Frankfurt/Main.

Zeeman, Eric Christoher (1976): Catastrophe theory. Scientific American 234 (April 1976), S.65-83.

Zehetner, Gerhard (2003): Anwendungen der Chaostheorie in der Betriebswirtschaftslehre. Wien.

Zipf, George Kingsley (1949): Human Behavior and the Principle of Least Efforts – An Introduction to Human Ecology. Cambridge/Mass.

Historische systematische Bevölkerungsstatistik

Wolfgang Gerß

In mehreren Seminaren des Instituts für Soziologie der Gerhard-Mercator-Universität Duisburg bzw. der Universität Duisburg-Essen und des Sozialwissenschaftlichen Instituts der Heinrich-Heine-Universität Düsseldorf zum Generalthema „Leben in Deutschland im Spiegel der historischen Statistik" wurden unter der Leitung des Verfassers die vor allem im Archiv des Landesamtes für Datenverarbeitung und Statistik Nordrhein-Westfalen in Düsseldorf lagernden umfangreichen Sammlungen historischer Daten, die bis in die erste Hälfte des 19. Jahrhunderts zurückreichen, gesichtet, geordnet, beschrieben und anschaulich präsentiert, um sie für sozialwissenschaftliche Analysen bequemer verfügbar zu machen (Gerß 2004). Die folgenden Ausführungen beruhen auf einer Auswahl von Studienarbeiten, die in diesem Rahmen von den jeweils genannten Studierenden angefertigt wurden. Als historisch gilt hier der Zeitraum der Existenz des Deutschen Reiches, also 1871 bis 1945. Von einem System der Statistik im Sinne aufeinander abgestimmter Erhebungen kann man erst seit Gründung der zentralen deutschen Statistik und ihrer Institution sprechen (Zahn 1911, Burgdörfer 1940). Die umfassende systematische Statistik war stets amtlich; das heißt ihre Träger waren auf Reichsebene bis 1919 das Kaiserliche Statistische Amt und danach das Statistische Reichsamt und auf der Ebene der Einzelstaaten die statistischen Landesämter, in Preußen das (Königliche) Preußische Statistische Bureau bzw. das (Königliche) Preußische Statistische Landesamt.

Zur Bevölkerungsstatistik gehören heute die Volkszählungen, die laufende Fortschreibung und ggf. Vorausberechnung des Bevölkerungsstandes, die Statistiken der natürlichen Bevölkerungsbewegung (Geburten, Sterbefälle, Eheschließungen, Ehescheidungen), die Statistik der Wanderungen und der Mikrozensus. Dies ist – abgesehen vom Mikrozensus, den es damals noch nicht gab – auch das Programm der historischen Bevölkerungsstatistik. Dabei war die erst im Anfangsstadium existierende Statistik der Wanderungen kaum brauchbar. Zur historischen Bevölkerungsstatistik werden hier auch die mit den Volkszählungen inhaltlich und in neuerer Zeit auch organisatorisch eng verbundenen Berufszählungen gerechnet, die heute außerhalb der Bevölkerungsstatistik mit der Statistik der sozialversicherungspflichtig beschäftigten Arbeitnehmer und verschiedenen Arbeitsmarktstatistiken – insbesondere der Statistik der Arbeitslosen und der offenen Stellen – zur Erwerbstätigkeitsstatistik zusammengefasst werden. Personenbezogene statistische Daten gibt es auch über die Rechtspflege, das Bildungswesen und das Gesundheitswesen; diese zählten aber weder früher noch heute zur Bevölkerungsstatistik. Die historische Bevölkerungsstatistik schließt lediglich beiläufig im Zusammenhang mit den Sterbefällen einige Ergebnisse der Todesursachenstatistik ein.

Die Volkszählungen in der Kaiserzeit
(nach Nadine S. Junghenn, Universität Düsseldorf)

Nach der Gründung des Deutschen Reichs fand die erste Volkszählung – gewissermaßen als Eröffnungsbilanz – am 1. Dezember 1871 statt. Weitere Volkszählungen folgten – ebenfalls jeweils Anfang Dezember – im Jahr 1875 und dann regelmäßig in fünfjährigen Abständen bis 1910. Wegen des Kriegsausbruchs fiel die eigentlich 1915 fällige Zählung aus. In der Endphase des Kaiserreiches wurden noch im Zusammenhang mit der Lebensmittelbewirtschaftung Zählungen durchgeführt, die aber nicht die Qualitätsstandards einer Volkszählung erfüllten und auch nicht statistisch ausgewertet wurden. Nach Kriegsende gab es erst 1925 wieder eine echte Volkszählung. Im Folgenden wird beispielhaft für die Kaiserzeit die Volkszählung am 1. Dezember 1880 beschrieben. Den ausgewählten Ergebnissen werden als Bezugsgrößen Daten der Volkszählung 1925 gegenübergestellt.

Der Volkszählung 1880 lag kein Gesetz zugrunde – wie es bei den Zählungen nach dem Ersten Weltkrieg stets der Fall war – ,sondern lediglich ein Beschluss des Bundesrates vom 29.Mai 1880, der durch eine Konferenz der Vorstände der statistischen Zentralstellen der deutschen Staaten eingeleitet wurde. Der Bundesrat erließ allgemeine Bestimmungen, um die Art der Erhebung und der Zählpapiere sowie die zufriedenstellende Darstellung der Ergebnisse festzusetzen. Der Zählungsstichtag 1. Dezember wurde bewusst zur „Sicherheit der Zählung" gewählt. Damit war gemeint, dass die Zählung an diesem Tag vollständig durchgeführt werden konnte. Diese Hoffnung ergab sich daraus, dass die Menschen im Winter eher an ihren Heimatort gebunden waren als im Sommer. Die Durchführung der Erhebung oblag den Gemeindebehörden mithilfe von ehrenamtlichen Zählern. In den Anweisungen wurde ausdrücklich erwähnt, dass die Zählung den Charakter der Freiwilligkeit hatte und Strafvorschriften für verweigerte Auskünfte nicht vorgesehen waren. Trotzdem wurde darauf gedrungen, die Auskünfte zu bekommen. Den einzelnen Ländern blieb die Verantwortung selbst überlassen, in wieweit sie den vom Reich aufgestellten Fragenkatalog erweiterten. Dieser war bewusst nur als Mindestmaß konzipiert. Die Länder hatten auch freie Hand, ob sie Zählkarten oder Haushaltungslisten für die Befragung vorzogen. Die Zähler waren angehalten, gewissenhaft alle Listen auszufüllen und zu kontrollieren. Jeder Zähler hatte einen Zählbezirk, der meistens aus einem Ort bestand. Über die Aufteilung von größeren Städten in Zählbezirke gab es keine allgemeinen Anweisungen. Der Zähler hatte fünf Tage – vom 25. bis zum 30. November – Zeit, um die Listen den befragten Personen auszuhändigen. Wenn in einem Haushalt zum Zeitpunkt der Austeilung niemand anzutreffen war, sollten die Listen an einen Nachbarn abgegeben werden. Der Zähler musste sich mit den Besitzern von Herbergen oder Anstalten in Verbindung setzen, um rechtzeitig einen reibungslosen Ablauf der Zählung zu gewährleisten. Bis zum 5. Dezember musste der Zähler seine Kontrollliste mitsamt allen geordneten Zählungslisten der jeweils zuständigen Behörde übergeben.

Der Bevölkerungsbegriff der Volkszählungen der Kaiserzeit war die „ortsanwesende Bevölkerung", die am Tag der Erhebung von den Zählern in ihrem Bezirk angetroffen wurde, unabhängig davon, ob diese Personen in dieser Gemeinde wohnten. Die Volkszählungen nach dem Ersten Weltkrieg erfassten dagegen als „Wohnbevölkerung" grundsätzlich diejenigen Personen, die am Tag der Erhebung in der Gemeinde ihren ständigen Wohnsitz hatten. Das Konzept der ortsanwesenden Bevölkerung wurde wegen der einfacheren Definition und der leichteren Erfassbarkeit vorgezogen, obwohl der Wohnbevölkerung die bessere demografische Aussagefähigkeit zugesprochen wurde. Die Problematik der Definition der Wohnbevölkerung zeigt sich darin, dass auch Personen ohne festen ständigen Wohnsitz – wie Zirkusartisten, Wandertheaterpersonal, Handwerker auf der Wanderschaft, Studenten, Schiffsmannschaften, vorübergehend beschäftigtes Hotelpersonal, Saisonarbeiter, Anstaltsinsassen, Krankenhauspatienten, Soldaten und Wanderarbeiter – zur Wohnbevölkerung gerechnet wurden. Dass die Zahlen der Wohnbevölkerung und der ortsanwesenden Bevölkerung häufig nicht übereinstimmten, lag zum Teil an der sommerlichen Flucht insbesondere vieler finanziell besser gestellter Stadtbewohner zur Erholung auf das Land. Um diesen Saisoneffekt zu vermeiden, fanden die Volkszählungen der Kaiserzeit stets im ersten Wintermonat statt, wobei trotzdem nicht ganz ausgeschlossen werden konnte, dass nicht nur die Wohnbevölkerung in der jeweiligen Gemeinde anwesend war. Das Ausmaß des Unterschieds zwischen ortsanwesender und Wohnbevölkerung wurde erst in der Volkszählung 1925 quantifiziert, als nach beiden Begriffen ausgezählt wurde. Es zeigte sich, dass der Unterschied gering, aber doch kennzeichnend war. In den eher städtischen Gebieten (Gemeinden mit mehr als 2000 Einwohnern) war die ortsanwesende Bevölkerung im Sommer kleiner als die Wohnbevölkerung; das heißt ein Teil der Bevölkerung verließ vorübergehend die Stadt. Auf dem Land (Gemeinden mit höchstens 2000 Einwohnern) war die ortsanwesende Bevölkerung im Sommer größer als die Wohnbevölkerung; dies traf insbesondere für die männliche Bevölkerung zu, was auf landwirtschaftliche Saisonarbeiter schließen lässt. Insgesamt blieb die ausgewiesene Wohnbevölkerung im Deutschen Reich hinter der ortsanwesenden Bevölkerung zurück. Offensichtlich gab es bei der Wohnbevölkerung Erfassungslücken.

Zur Zeit der Volkszählung 1880 kamen im Deutschen Reich auf jede gestorbene Person durchschnittlich 1,50 Lebendgeborene; zur Zeit der Volkszählung 1925 betrug dieser Quotient 1,74. Der Rückgang der Sterblichkeitsrate ist durch die bessere Hygiene und Krankenversorgung zu erklären. Die Anzahl der Lebendgeburten je Frau im gebärfähigen Alter betrug 1880   0,31, 1925 nur noch 0,14. Die Folge war das wesentlich stärkere Bevölkerungswachstum im 19.Jahrhundert. Die Volkszählung 1880 ergab, dass 41,4 % der Bevölkerung des Deutschen Reichs in „Städten" (hier näherungsweise abgegrenzt als Gemeinden mit mehr als 2 000 Einwohnern) lebten. Bis zur Volkszählung 1925 stieg dieser Anteil auf 64,4%. Die preußische Rheinprovinz wich in dieser Hinsicht erheblich vom Reichsdurchschnitt ab. Dort waren im Jahr 1880 bereits 62,7% der Bevölkerung städtisch, im Jahr 1925 82,0%.

Die Volkszählung in der Zeit der Weimarer Republik
(nach Annika Probst, Universität Düsseldorf)

Die erste Volkszählung nach Ende des Ersten Weltkrieges wurde zum Stichtag 16. Juni 1925 durchgeführt. Erstmalig wurden die früher getrennten drei totalen Großzählungen der amtlichen Statistik (Volks- ,Berufs-, Betriebszählung) zusammengelegt. Stärker als in der Kaiserzeit war die Gesamtleitung in dem 1919 aus dem Kaiserlichen Statistischen Amt hervorgegangenen Statistischen Reichsamt konzentriert. Wie früher wurde bei der Datenerhebung mit Fragebögen gearbeitet, die von den Bürgern selbstständig auszufüllen waren („Haushaltungslisten"). Die rechtliche Grundlage war das „Gesetz über die Volks-, Berufs- und Betriebszählung 1925" vom 13.März 1925, das Anweisungen insbesondere über die Auskunftspflicht und den Auskunftsschutz sowie über die Auswahl der Zähler und die Verteilung der Kosten gab. Die ausführlicheren Anordnungen wurden durch die vom Reichswirtschaftsminister erlassene Durchführungsverordnung getroffen. Der Zählungsstichtag 16.Juni wich von dem in der Kaiserzeit üblichen 1.Dezember ab. Der Dezembertermin war genommen worden, weil zu dieser Jahreszeit die größte „Sesshaftigkeit" der Bevölkerung zu erwarten war. Da die Volkszählung 1925 zusammen mit der Berufs- und Betriebszählung durchgeführt wurde, konnte sie nur in den arbeitsreichen Sommermonaten stattfinden. Die Durchführung der Erhebung in den Gemeinden lag in der Verantwortung des Gemeindevorstands bzw. des städtestatistischen Amtes, soweit ein solches existierte. Größere Gemeinden wurden in Zählbezirke mit durchschnittlich 50 Haushalten aufgeteilt, für die jeweils ein Zähler zuständig war. Im gesamten Reich waren ca. 300 000 Zähler im Einsatz, die ehrenamtlich arbeiteten. Ihre Aufgabe umfasste die Verteilung und Wiedereinsammlung der Erhebungspapiere. Sie hatten darauf zu achten, dass sämtliche Haushalte und Betriebe die Fragebögen erhielten und die abgelieferten ausgefüllten Papiere vollständige und plausible Angaben enthielten. Zum Schluss stellte der Zähler eine Kontrollliste auf und übergab das gesamte Material der Gemeindeverwaltung. Diese erstellte aufgrund der Kontrolllisten den Gemeindebogen und meldete die so ermittelten Zahlen der ortsanwesenden Bevölkerung der statistischen Zentralstelle (Statistisches Landesamt) des jeweiligen Landes. So war es möglich, das vorläufige Reichsergebnis der Volkszählung schon wenige Wochen nach dem Zählungsstichtag der Öffentlichkeit zu präsentieren. Doch damit war die Arbeit der Gemeinden noch nicht beendet. Sie waren verpflichtet, die einzelnen Fragebögen zu überprüfen, bevor sie sie zur Aufbereitung an die Statistischen Landesämter weiterleiten durften. Deren erster Arbeitsgang bestand aus der nochmaligen Prüfung des Materials; unvollständige Fragebögen wurden zur Ergänzung zurückgeschickt, und den Unstimmigkeiten und Widersprüchen wurde nachgegangen. Die Daten wurden dann mit speziellen Signaturen versehen und auf handliche Zählkarten übertragen, die eine schnelle Sortierung und Auszählung nach den erfassten Merkmalen ermöglichten. In Preußen und Sachsen wurden dazu bereits Lochkartenmaschinen eingesetzt. Bei der Erstellung des statistischen Endergebnisses wurde der Berufszählung der Vorzug gegeben. Die endgültigen und vollständigen Ergebnisse der Volkszählung konnten daher erst wesentlich später veröffentlicht werden.

Die wichtigsten Erhebungsmerkmale des Volkszählungsteils der Volks-, Berufs- und Betriebszählung 1925 sind das Geschlecht, das Lebensalter, der Familienstand, die Religionszugehörigkeit, die Staatsangehörigkeit, die Muttersprache und der Wohnsitz bei Ausbruch des Krieges. Die endgültigen ausführlichen Ergebnisse der Volkszählung 1925 wurden erst im Jahr 1930 vom Statistischen Reichsamt als Band 401 der Reihe „Statistik des Deutschen Reichs" veröffentlicht. Die lange Zeitspanne zwischen dem Erhebungsstichtag und der Veröffentlichung schränkte die Verwendbarkeit der Ergebnisse zweifellos ein, konnte aber auch bei den späteren Volkszählungen nicht vermieden werden. Die Erhebungsmerkmale wurden – wie in der amtlichen Statistik allgemein üblich – so weit wie möglich durch vorgegebene Kategorien definiert, um Missverständnisse zu vermeiden und die Ausfüllung der Fragebögen zu erleichtern. Das Lebensalter war exakt mit Geburtstag, -monat und -jahr anzugeben. Die Frage nach der Religion befasste sich – anders als in der Kaiserzeit – zum ersten Mal ausdrücklich und ausschließlich mit der rechtlichen Zugehörigkeit zu einer Religionsgesellschaft oder einer Weltanschauungsgemeinschaft. Dies wurde mit Artikel 136 Absatz 3 der Reichsverfassung von 1919 begründet. Dort war festgelegt, dass niemand verpflichtet ist, seine religiöse Überzeugung zu offenbaren; Behörden haben nur so weit das Recht, nach der Religionszugehörigkeit zu fragen, wie davon Rechte oder Pflichten abhängen oder eine gesetzlich angeordnete statistische Erhebung es erfordert. Allerdings ließen die vom Statistischen Reichsamt zur Volkszählung gegebenen Erläuterungen keinen Zweifel zu, dass auch die Auskunftserteilung über die Religion gesetzlich vorgeschrieben und keineswegs freiwillig war: „Durch die Frage nach der Religion soll nicht die innere Überzeugung, sondern die äußere (rechtliche) Zugehörigkeit zu einer Religionsgesellschaft oder Weltanschauungsgemeinschaft ermittelt werden. Nach §2 des Gesetzes vom 13.März 1925 in Verbindung mit Artikel 136 Absatz 3 der Reichsverfassung ist jedermann zur Beantwortung dieser Frage verpflichtet. Die Religionsgesellschaft ist genau zu bezeichnen. Unbestimmte Angaben, wie Christ, Freikirchler und Sekten sind unzulässig. Personen, die keiner ausgesprochenen Religionsgesellschaft, aber einer Vereinigung zur gemeinsamen Pflege einer Weltanschauung angehören, haben diese Vereinigung anzugeben, wie z.B. freireligiös, freikerkisch, monistisch, theosophisch usw." (Statistik des Deutschen Reichs Band 401, S. 15). Im Vorfeld der Volkszählung wurde vom Statistischen Reichsamt in Zusammenarbeit mit verschiedenen Kirchen und Vereinigungen eine Liste mit 750 Bezeichnungen von Religions- und Weltanschauungsgemeinschaften zusammengestellt und im Verlauf der Erhebung noch um 200 weitere Benennungen ergänzt. Diese Vielfalt wurde bei der Aufbereitung der Daten zu immerhin noch 19 Kategorien zusammengefasst.

Die Frage nach der Staatsangehörigkeit erwies sich als problematisch. Die politischen Veränderungen infolge des Ersten Weltkrieges hatten zur Neuordnung der europäischen Staaten geführt. Bei der Volkszählung wurde zwischen Reichsangehörigen (einem deutschen Einzelstaat angehörenden Personen), Reichsausländern, Staatenlosen und Personen mit nicht zu ermittelnder Staatsangehörigkeit unterschieden. Jede dieser vier Gruppen wurde nach Personen mit deutscher Muttersprache und Personen mit nichtdeutscher Muttersprache unterteilt. Die Staatsangehörigkeit war abhängig vom Familienoberhaupt; alle weiteren Familienangehörigen besaßen automatisch die gleiche. Dementsprechend wurden anderslautende Angaben der Befragten in den statistischen Ämtern korrigiert. Aufgrund uneinheitlicher Bestimmungen und Unklarheiten hinsichtlich der nach Kriegsende geschlossenen völkerrechtlichen Verträge gab es Fälle der Doppelstaatsbürgerschaft. Hier wurden Merkmale wie Muttersprache und Ursprungsland herangezogen, um die Hauptstaatsbürgerschaft zu bestimmen. Reichsausländer waren diejenigen, die ihre Zugehörigkeit zu einem anerkannten ausländischen Staat nachweisen konnten. Wegen der kriegsbedingten radikalen

Gebietsveränderungen gab es verhältnismäßig viele Personen ohne Staatsangehörigkeit. Betroffen waren vor allem Alt-Österreicher, russische Emigranten sowie Frauen, die bei der Eheschließung ihre Staatsangehörigkeit verloren hatten. In vielen Fällen blieb die Frage nach der Staatsangehörigkeit trotz Rückfragen unbeantwortet.

Die Frage nach der Muttersprache wurde um die Frage ergänzt, ob die Person deutsch versteht, auch wenn sie eine andere Muttersprache hat. Das Statistische Reichsamt erläuterte dazu: „Für sämtliche Mitglieder der Haushaltung [ist] die Muttersprache anzugeben. In der Regel besitzt jeder Mensch nur eine Muttersprache, in welcher er denkt und derer er sich in seiner Familie und im häuslichen Verkehr am liebsten bedient, weil sie ihm am geläufigsten ist. Personen, deren Vater und Mutter eine verschiedene Muttersprache haben, können in manchen Fällen zwei Muttersprachen zugezählt werden (Doppelsprachige). Kinder, welche noch nicht sprechen, und auch Stumme sind der Muttersprache der Eltern zuzuzählen. Dialekte (Mundarten) gelten nicht als Muttersprache" (Statistik des Deutschen Reichs Band 401, S.15). Zu den Personen mit deutscher Muttersprache konnten auch Reichsausländer gehören. Als nichtdeutsche Muttersprachen wurden in der Veröffentlichung 19 einzelne Sprachen (darunter auch Minderheitensprachen wie Masurisch, Kaschubisch und Wendisch) gesondert ausgewiesen. Andere Sprachen wurden zu einer Kategorie zusammengefasst.

Der Wohnsitz bei Ausbruch des Krieges wurde bei allen Personen, die vor dem 1.August 1914 geboren worden waren, detailliert erfragt. Anzugeben waren die Gemeinde, der Landesteil (Kreis, Amtsbezirk usw.; bei abgetretenen ehemals preußischen Gemeinden außerdem die frühere preußische Provinz) und das Land (Staat), zu dem die Gemeinde am Stichtag der Volkszählung gehörte. Dazu wurde erläutert: „Als letzter Wohnsitz vor dem Kriege gilt im allgemeinen der Ort, an dem die gezählte Person vor Kriegsausbruch ihre ständige Wohnung besaß, bei Militärpersonen und Personen, die im Jahre 1914 ihrer Dienstpflicht in Heer oder Marine genügten, der Garnisonort, bei Schülern der Schulort, sofern sie dort wohnten, usw. Für Personen, die im Jahre 1914 keinen ständigen Wohnsitz besaßen, gilt als Wohnort der Aufenthaltsort in den letzten Wochen vor Kriegsausbruch" (Statistik des Deutschen Reichs Band 401, S.15). Die Volkszählung erbrachte nur eine Aussage über den Ausgangs- und den Endpunkt einer Wanderung. Der eigentliche Wanderungsverlauf wurde nicht erfasst.

Die Berufszählungen in der Kaiserzeit
(nach Kadriye Çolak, Universität Düsseldorf)

Organisatorisch und zeitlich unabhängig von den Volkszählungen, aber mit gleichen Erhebungsmethoden wurde in der Kaiserzeit die Bevölkerung nach berufsstatistischen Merkmalen erfasst. Diese Merkmale wurden auch mit den volkszählungstypischen Merkmalen kombiniert, so dass die Berufszählungen als ergänzte Quasi-Volkszählungen interpretiert werden können. Die erste Berufszählung fand am 5.Juni 1882, die zweite am 14.Juni 1895 und die dritte und letzte der Kaiserzeit am 12.Juni 1907 statt.

Die Berufszählung 1882 wurde durch das Reichsgesetz zur Erhebung einer Berufsstatistik vom 13.Februar 1882 angeordnet. Als Zweck der Erhebung wurde angegeben, genaue Kenntnis über die gesamte Erwerbstätigkeit der Bevölkerung und deren Zusammensetzung aus Erwerbstätigen und ihren Angehörigen, Selbstständigen und ihren Gehilfen und Unternehmen und ihren Arbeitern sowie über die Ausdehnung und andere charakteristische Eigenschaften der landwirtschaftlichen und gewerblichen Betriebe zu erlangen. Die Daten sollten sowohl der Gesetzgebung und öffentlichen Verwaltung als auch der Wissenschaft dienen. Die Durchführung der Erhebung lag in der Verantwortung des Kaiserlichen Statistischen Amtes, der Landesregierungen und der Gemeindebehörden. Als Zähler wurden „geeignete Kräfte aus der Mitte der Bevölkerung" eingesetzt, und zwar „Männer, welchen die Ausübung ihres Berufs eine eingehende Kenntnis der persönlichen und gewerblichen Verhältnisse ihrer Gemeinden verschafft". Die Zähler suchten die einzelnen Wohnungen, Gewerbebetriebe, landwirtschaftlichen Betriebe, Gasthöfe und Anstalten auf und erfassten alle am Stichtag 5.Juni jeweils dort anwesenden Personen. Die Angaben der Befragten wurden auf Fragebögen festgehalten. Neben den eigentlichen Erhebungsformularen gab es erläuternde Drucksachen mit allgemeinen Vorschriften zur Erhebung und Bearbeitung, spezielle Anweisungen zur Ausfüllung der Formulare und zur Durchführung des Zählgeschäfts und Vorschriften für die Zusammenstellung der Erhebungsresultate in anzufertigenden Übersichten nach einer vorgegebenen Klassifikation der Berufsarten. Die Klassifikation beruhte auf Ergebnissen der Volkszählung von 1880 und der Gewerbezählung von 1875. Als Erhebungsformulare dienten ein Zählbogen und eine Gewerbekarte. Der Zählbogen wurde in zwei Varianten verwendet. Mit der Variante I wurden der Beruf (ggf. Haupt- und Nebenberuf) und andere individuelle Merkmale der einzelnen Personen (Verwandtschaft oder sonstige Stellung zum Haushaltsvorstand, Geschlecht, Lebensalter, Familienstand, Religionsbekenntnis) erfasst, bei Invaliden auch der frühere Beruf und bei Witwen der Beruf des letztverstorbenen Ehemannes. Die Variante II war für die Erfassung der landwirtschaftlichen

Betriebe bestimmt. Die Gewerbekarte enthielt zusätzliche Fragen an die Inhaber von „Gewerbebetrieben mit Mitinhabern, Gehilfen oder Motoren". Die Inhaber der „Gewerbebetriebe ohne Mitinhaber, Gehilfen oder Motoren" wurden nur durch den gewöhnlichen Zählbogen erfasst. Eine mögliche Fehlerquelle der Berufszählung liegt darin, dass die Zählung in einem Sommermonat durchgeführt wurde, wenn die Bevölkerung viel öfter ihren Aufenthaltsort ändert als zu anderen Jahreszeiten, so dass einige Personen leicht der Erfassung entgehen konnten. Von der individuellen Erfassung ausgeschlossen blieben auch die nicht für Lohn arbeitenden oder dienenden Kinder unter 14 Jahren; diese wurden nur summarisch nach Geschlechtern ausgewiesen. Eine geringfügige Ungenauigkeit besteht darin, dass das Alter nicht nach dem Geburtsdatum, sondern nach den Altersjahren bestimmt wurde, wodurch das Durchschnittsalter der Bevölkerung etwas erhöht erscheint.

Obwohl im Dezember 1895 eine Volkszählung durchzuführen war, wurde auf die eigenständige Berufszählung am 14.Juni1895 nicht verzichtet. Die Berufszählung wurde durch Reichsgesetz vom 8.April 1895 angeordnet. Ehrenamtliche Zähler verteilten die Fragebögen von Haus zu Haus, halfen ggf. bei der Ausfüllung und sammelten sie wieder ein. Erfasst wurden in den einzelnen Wohnhäusern, Gewerbebetrieben, landwirtschaftlichen Betrieben, Gasthöfen, Spitälern, Anstalten, Militärgebäuden und Herbergen alle am Vormittag des 14.Juni anwesenden Personen, die in den Räumlichkeiten übernachtet hatten. Vorgeschrieben war, dass die Fragen sich – abgesehen vom Personen- und Familienstand und der Religion – nur auf die Berufstätigkeit und sonstige regelmäßige Erwerbstätigkeit, jedoch nicht auf die Vermögens- und Einkommensverhältnisse beziehen durften. Um die ordnungsgemäße Zählung nicht zu gefährden, wurden die Gemeinden angewiesen, darauf zu achten, dass in der Zeit vom 12. bis zum 15.Juni 1895 keine störenden Veranstaltungen wie öffentliche Versammlungen und Feste sowie Jahr-, Kram- und Viehmärkte stattfanden. In der nachträglichen amtlichen Dokumentation der Zählung wurden die bekannt gewordenen Fehlerquellen ausführlich diskutiert. Die wichtigsten Fehler waren:

➢ Die Anzahl der zur Verfügung gestellten Erhebungspapiere reichte nicht aus.
➢ Ein Regierungspräsident bezweifelte die Fähigkeit der Gemeindevorsteher, ihren Aufgaben zu genügen.
➢ Die Fragen wurden vor allem für die Landbevölkerung und deren Auffassungsgabe als zu kompliziert und umfangreich eingestuft.
➢ Die Erläuterungen zu den Fragebögen erschienen zu umfangreich, was besonders beim Gewerbebogen zu Schwierigkeiten und Missverständnissen führte.

> Bemängelt wurde, dass es kein Muster für die Ausfüllung gab; daher wurde bei Arbeitern oft der Berufszweig nicht angegeben.

> Die Verwendung von Wiederholungsstrichen (,,) anstelle von wörtlichen Textwiederholungen war eine Fehlerquelle bei der Aufbereitung der Erhebung.

> Die Haushaltungsliste war zu unübersichtlich.

> Die Beantwortung der Fragen nach dem Haupt- und dem Nebenerwerb war problematisch.

> Wegen unklarer Erläuterungen wurden die Fragen nach dem Berufszweig und der Berufsstellung oft nur unzureichend beantwortet; so haben sich Arbeiter und Kaufleute nur als solche ohne jede weitere Angabe bezeichnet.

> Unter „Schüler" wurden nur diejenigen verstanden, die eine höhere als die Elementarschule besuchten.

> Bei aktiven Militärpersonen wurde irrtümlich der Beruf in der Zivilstellung angegeben.

> Stark lückenhaft oder fehlerbehaftet waren die Angaben zu selbstständigen Gewerbetreibenden, Hausindustriellen, Heimarbeitern, dem Ort der Berufsausübung, der Beschäftigung von Mitarbeitern und dem Einsatz von Maschinen und anderen Hilfsmitteln.

> Missverständlich war die Unterscheidung von Arbeitern, Dienstboten, Gesellen, sonstigen Arbeitnehmern und Heimwerkern.

> Falsche Angaben waren bei den Fragen nach der Dauer der Arbeitslosigkeit und der vorübergehenden Arbeitsunfähigkeit zu vermuten.

> Nach Überprüfung wurde für Berlin festgestellt, dass die angegebene Arbeitslosigkeit in mehreren tausend Fällen tatsächlich nicht vorlag.

> In der Landwirtschaftskarte wurde aus Furcht vor Forderungen der Finanzbehörden nach Steuernachzahlungen die Größe der bewirtschafteten Fläche zu gering angegeben; wenn diese Angabe ganz fehlte, musste sie durch den Zähler behelfsmäßig geschätzt werden.

> Es gab Probleme mit der Angabe von traditionellen lokalen Flächenmaßen, die in die reichsweit gültigen metrischen Maße umgerechnet werden mussten.

> Der Gewerbebogen wurde generell als zu verwickelt und sowohl für die Zähler als auch insbesondere die ländliche Bevölkerung schwer verständlich kritisiert.

> Oft war fraglich, ob überhaupt ein Gewerbebogen auszufüllen war.

Das Preußische Statistische Bureau kam zu dem Fazit: „Die ordnungsgemäße Befolgung der erlassenen Vorschriften und das Interesse für die Erhebung vieler Gemeindebehörden ließ sehr zu wünschen übrig" (Preußische Statistik Band

142). Aus heutiger Sicht ist bemerkenswert, mit welcher Offenheit die amtliche Statistik der Kaiserzeit zu ihrem eigenen Projekt selbstkritisch Stellung nahm. Die durch Reichsgesetz vom 25.März 1907 angeordnete Berufszählung vom 12.Juni 1907 sollte neben den üblichen administrativen und wissenschaftlichen Zwecken Auskunft darüber geben, welche Personen reichsgesetzliche Zahlungen aus der Invalidenversicherung und der Witwen- und Waisenversicherung beziehen durften. Ausdrücklich wurde zugesichert, dass die Angaben nicht zu Zwecken der Besteuerung, sondern nur zu statistischen Zusammenstellungen verwendet wurden. Der Zählungsstichtag 12.Juni wurde damit begründet, dass im Frühsommer das wirtschaftliche Leben sich im allgemeinen in einer alle Berufszweige umfassenden lebhaften Betätigung vollzieht. Aufgrund der Erfahrungen aus den früheren Berufszählungen, dass zu größeren räumlichen Bevölkerungsverschiebungen führende Veranstaltungen während der Zählung vermieden werden müssen, wurden öffentliche Versammlungen, Feste, Jahr-, Kram- und Viehmärkte, Truppenmärsche, Gerichtssitzungen u.a. in dieser Zeit ausdrücklich verboten. Zur Klarstellung wurde bestimmt, dass in der Berufsstatistik die auf hoher See befindlichen Fischer und Schiffsmannschaften sowie die ins Ausland entsandten deutschen Reisenden und Montagearbeiter nicht erfasst wurden; zur Betriebsstatistik zählte dagegen das gesamte Personal unabhängig davon, ob es sich am Zählungstag im Ausland aufhielt oder nicht. Um Mängel der früheren Zählungen zu vermeiden, wurden besonders ausführliche Vorschriften zur Erhebungsorganisation erlassen. Die Gemeinden setzten zur Ausführung der ihnen obliegenden Zählungsaufgaben einen besonderen Zählungsausschuss (in großen Gemeinden auch mehrere Ausschüsse) ein. Die Ausschüsse achteten darauf, dass von den Zählern alle in der Nacht vom 11. auf den 12.Juni in der Wohnung des Haushaltsvorstands und den zugehörigen Räumlichkeiten anwesenden Personen einschließlich der ortsanwesenden Reisenden oder aus beruflichen Gründen anwesenden Ausländer sowie nachrichtlich auch die aus dem Haushalt vorübergehend abwesenden Personen erfasst wurden. Außer den zu Wohnzwecken dienenden Gebäuden waren auch alle Schulgebäude, Theater, Museen, Schiffe, Wohnwagen, Baracken, Zelte, Krankenhäuser, Spitäler, Anstalten, Gasthäuser, Kasernen, Badeeinrichtungen usw. aufzusuchen. Die Beschaffung und sorgfältige Auswahl der Zähler war Sache der Gemeinden. Zu diesem Amt waren nur solche Personen zu berufen, die die zum Verständnis der Aufgaben erforderlichen allgemeinen Kenntnisse besaßen und zugleich in ihrer Persönlichkeit eine Gewähr für die gewissenhafte Ausführung des ihnen übertragenen Geschäfts boten. Der Einsatz freiwilliger Zähler gestaltete sich an verschiedenen Orten schwieriger als früher. Zum Teil musste auf besoldete Zähler zurückgegriffen werden. Die Zählerschaft entstammte in erster Linie den Lehrern und den mittleren Beamten. Auch Studenten, Seminaristen und Schüler der oberen Gymnasialklassen wurden als Zähler herangezogen, „zum Teil auch Damen". Zur Schulung der Zähler fanden besondere Zählerversammlungen statt, in denen Vorträge von Fachleuten über die Zählarbeit und die dabei vorkommenden Zweifelsfragen gehalten wurden. Außerdem gab es aufklärende Artikel in Zeitungen und Behandlung der Berufszählung im Unterricht der oberen Schulklassen.

Die Berufszählung in der Zeit der Weimarer Republik
(nach Bettina Peters, Universität Düsseldorf)

Nach dem Ersten Weltkrieg wurde die zeitliche und organisatorische Trennung der Berufszählungen und der Volkszählungen aufgehoben. Am 16. Juni 1925 fand erstmalig eine gemeinsame Volks-, Berufs- und Betriebszählung statt. In den Veröffentlichungen fällt auf, dass die Angaben zu Fehlerquellen für die Berufszählungen der Kaiserzeit sehr ausführlich waren, während für die späteren Erhebungen kaum Angaben darüber zu finden sind. Dafür wurden die erfassten Merkmale in der Weimarer Zeit und später viel detaillierter definiert als früher. Die Volks-/ Berufs-/ Betriebszählung 1925 sollte ein möglichst genaues, eingehend gegliedertes Bild vom beruflichen und sozialen Aufbau des Volkes, von der zahlenmäßigen Bedeutung der einzelnen Wirtschaftszweige im Rahmen der Gesamtwirtschaft und von den gegenüber früheren Zählungen eingetretenen Wandlungen in der wirtschaftlichen und sozialen Struktur des Volkes geben. Mit dieser Beschreibung des Erhebungszweckes wurde betont, dass die drei Zählungsteile ein untrennbares Ganzes bildeten. In diesem Sinn wurde die Zuordnung der Personen zu Berufen (personelle Klassifikation) mit der Zuordnung der Betriebe zu Wirtschaftszweigen (institutionelle Klassifikation) zusammengeführt. Erstmalig wurde die Bevölkerung zunächst nach der Betriebszugehörigkeit in 166 Wirtschaftszweige, 27 Wirtschaftsgruppen und 7 Wirtschaftsabteilungen gegliedert und dann – innerhalb dieser betrieblichen Obergruppierung – nach Berufen unterteilt. Die vorgeschriebenen erwerbsstatistischen Definitionen waren sehr umfangreich und vielfältig. Beispiele sind:

> ➢ Die Tätigkeit der Hausfrau im eigenen Haushalt zählt in keinem Fall als Erwerbstätigkeit (Hiermit sollte die außerhäusliche Berufstätigkeit der Frau unverfälscht zum Ausdruck gebracht werden.).
> ➢ Als hauptberuflich Erwerbstätige gelten auch die noch in der beruflichen Ausbildung stehenden Personen (ohne Schüler und Studierende).
> ➢ Vorübergehend Arbeitslose und Kranke werden dem zuletzt ausgeübten Beruf zugerechnet.

- ➢ Wesensverwandte Berufe werden als jeweils ein einziger Beruf angesehen (Beispiel Bäcker/Konditor).
- ➢ Erbpächter gelten nicht wie bisher als Pächter, sondern als Selbstständige.
- ➢ Geschäftsführer, Direktoren, leitende Beamte und Betriebsleiter werden als Selbstständige gezählt, weil auf ihre Tätigkeit das Merkmal der wirtschaftlich selbstständigen Leitung zutrifft.
- ➢ Mithelfende Familienangehörige gelten als besondere Gruppe und nicht mehr als Arbeiter.
- ➢ Hausangestellte werden einer eigenen Wirtschaftsabteilung zugeordnet.
- ➢ Maßgeblich für die Einordnung in einen Beruf ist die am Tag der Zählung ausgeübte Tätigkeit und nicht ein früher erlernter Beruf.
- ➢ Gelernte Arbeiter (mit Lehre und Gesellenprüfung) werden mit Arbeitern, die ihre Fähigkeiten ohne Lehre durch langjährige Praxis erworben haben, unter einem Begriff zusammengefasst.
- ➢ Im Haushalt ihres Arbeitgebers lebende Hausangestellte werden nicht mehr wie früher der Kategorie „Dienende" und dem Hauptberuf des Arbeitgebers zugeordnet, sondern als volle Erwerbstätige angesehen.

Die enge Verzahnung des Berufszählungsteils mit dem herkömmlichen Volkszählungsteil zeigt sich in der erstmaligen Gliederung der Haushaltungen und Familien nach dem Beruf und der sozialen Stellung des Haushaltungs- bzw. Familienvorstands. Man wollte Einblicke in die Familienentfaltung innerhalb der einzelnen Wirtschaftszweige, Berufe und sozialen Schichten erlangen. Ebenso hoffte man, Aufschlüsse über die Erwerbstätigkeit der Familienangehörigen sowie über das Ausmaß der verschiedenen Familienbelastung durch Unterhaltsgewährung an Kinder und sonstige nicht erwerbstätige Familienangehörige geben zu können. Ein Hauptzweck der Erhebung war zu zeigen, wie viele Mitverdiener in einer Familie waren bzw. in wie starkem Maß das Familieneinkommen (Einkommen der Verbrauchsgemeinschaft) von mehreren Personen erwirtschaftet wurde. Darüber hinaus sollte herausgefunden werden, in welchem Umfang die Familien damals noch Produktions- und nicht nur Konsumptionsgemeinschaften waren. Daher wurden aus der Gesamtzahl der Familienmitglieder die hauptberuflich erwerbstätigen Angehörigen des Familienvorstands – darunter die in einem vom Familienvorstand geleiteten Betrieb tätigen – besonders hervorgehoben.

Aufgrund der Ergebnisse der Berufszählung 1925 wurde – in dieser Form erstmalig – auch die voraussichtliche Entwicklung der Zahl der Erwerbstätigen und der Arbeitnehmer im Deutschen Reich bis 1940 dargestellt. Der Fokus lag auf der Frage, welche Entwicklung bei der Zahl der Erwerbstätigen nach dem Altersaufbau der Bevölkerung zu erwarten war. Dabei interessierte besonders der Aspekt des Nachwuchses an Erwerbstätigen. Außerdem wurden die verschiedenen voraussichtlichen Entwicklungen der erwerbstätigen und der nicht erwerbstätigen Bevölkerung dargestellt, ferner die Entwicklung männlicher und weiblicher Erwerbstätiger und die Ursachen für deren Unterschied. Interessant war auch die Untersuchung der Frage, inwieweit sich eine Verlängerung der Schulzeit auf die Anzahl der in das Erwerbsleben eintretenden Jugendlichen auswirken würde. Der Einfluss der zu erwartenden Arbeitnehmerzahl auf die gesetzlichen Krankenkassen wurde untersucht. Für Männer wurde erstmalig eine Erwerbstätigkeitstafel konstruiert.

Die Berufszählungen in der Zeit des Nationalsozialismus
(nach Monika Juliane Bähr, Universität Düsseldorf)

Die letzten Berufszählungen vor dem Zweiten Weltkrieg – jeweils kombiniert mit einer Volks- und Betriebszählung – fanden am 16.Juni 1933 und am 17.Mai 1939 statt. Während in den Veröffentlichungen zu den früheren Zählungen die Erhebungskriterien und Erhebungsmerkmale sowie die Durchführung der Erhebung ausführlich beschrieben werden – in der Kaiserzeit mit einem Schwerpunkt auf den Fehlerquellen, in der Weimarer Zeit mit einem Schwerpunkt auf den Definitionen –, finden sich in den Veröffentlichungen ab 1933 nur noch verhältnismäßig knapp gehaltene Ausführungen zu den Erhebungskriterien und -zwecken. Die Zählung von 1933 sollte eigentlich den vor dem Ersten Weltkrieg üblichen fünfjährigen Turnus der Volkszählungen wieder aufnehmen, das heißt nach der Zählung von 1925 im Jahr 1930 stattfinden. Die Abweichung vom Fünfjahresturnus ergab sich aufgrund finanzieller Schwierigkeiten. So bot die Zählung von 1933 ein Bild vom Zustand der deutschen Volkswirtschaft im Tiefpunkt der wirtschaftlichen Depression. Die Erhebungspapiere wurden in einigen Punkten gegenüber früher geändert. Die Haushaltungsliste diente gleichzeitig als Erhebungspapier der Volkszählung und der Berufszählung sowie zur Gewinnung einiger Angaben der landwirtschaftlichen und der gewerblichen Betriebszählung. Der spezielle Fragebogen der landwirtschaftlichen Betriebszählung war die Land- und Forstwirtschaftskarte, die im Vergleich zur Erhebung von 1925 durch Kurzfassung der Fragen und Vermeidung von Anmerkungen und Erläuterungen verkleinert wurde. Auch die Gewerbekarte für die Betriebszählung wurde vereinfacht. Erstmalig wurde die Grundstückskarte verwendet, die von jedem Grundbesitzer auszufüllen war. In einer Kontrollliste hatte jeder Zähler einen Rechenschaftsbericht abzugeben. Die Gemeinde hatte in einem Gemeindebogen einen Überblick über die Hauptergebnisse für ihr Gebiet zu liefern. Die Berufszählung 1933 verwendete erwerbsstatistische Begriffe, die im wesentlichen bis in die Gegenwart gebräuchlich sind. Zu den Erwerbspersonen gehörten die Erwerbstätigen und die Erwerbslosen. Als Erwerbstätige wurde alle Personen eingestuft, die am Stichtag der Zählung als Selbstständige, Beamte, Angestellte, Arbeiter, Hausangestellte oder mithelfende Familienangehörige beschäftigt waren. Als Erwerbslose galten alle arbeitsfähigen Personen, die vor der Zählung hauptberuflich als Arbeitnehmer tätig waren und infolge des Mangels an Arbeitsgelegenheiten am Stichtag der Zählung keine Beschäftigung hatten. Zu der Gruppe der berufslosen Selbstständigen gehörten Rentenempfänger, Pensionäre und von eigenem Vermögen oder Unterstützungszuwendungen lebende Personen. Die Zuordnung der Erwerbspersonen zu Wirtschaftszweigen erfolgte nach dem wirtschaftlichen Schwerpunkt des Betriebes, in dem der Erwerbstätige am Stichtag der Zählung und der Erwerbslose zuletzt tätig war. Der Berufszählung 1933 wurde von der nationalsozialistischen Regierung eine besondere Bedeutung als Eröffnungsbilanz des „Dritten Reiches" zugeschrieben, mit deren Hilfe umfassende Maßnahmen zum Wiederaufbau des Reiches eingeleitet werden und insbesondere Unterlagen für den Finanzausgleich und die Lasten- und Steuerverteilung gewonnen werden sollten. Die nationalsozialistische Prägung zeigte sich in den Sonderauszählungen der Ausländer und vor allem der Glaubensjuden. Die gesonderte statistische Erfassung der Juden diente dem Zweck, „die Stellung des Judentums zu seinem deutschen Wirtsvolk grundsätzlich umzugestalten". Auch die Beamten und Soldaten wurden gesondert ausgezählt und nicht wie 1925 mit den Angestellten zusammengefasst. Die Systematik der Berufe wurde für die Berufszählung 1933 wesentlich erweitert. Neu aufgenommen wurden Tätigkeiten, die zahlenmäßig von Bedeutung und eindeutig und fest umgrenzt sind (z.B. Drogisten), sowie Berufe, die bestimmte durch den eigentlichen Produktionszweck gekennzeichnete Verrichtungen auszuführen haben, ohne zugleich gelernte Arbeiter zu sein (z.B. Zeitungsausträger).

Die nächste Berufszählung war nach fünfjährigem Abstand vorgesehen, wurde dann aber um ein Jahr verschoben, um die an das Reich angeschlossenen ostmärkischen Gaue (Österreich) in die Zählung einbeziehen zu können. Als Zähler wurden nur Beamte (insbesondere Lehrer) und Behördenangestellte eingesetzt. Bei der Wehrmacht, dem Reichsarbeitsdienst und der Waffen-SS wurde die Zählung durch die zuständigen Dienststellen selbst durchgeführt und im Statistischen Reichsamt zentral bearbeitet. Die Erhebungspapiere wiesen einige die nationalsozialistische Zeit kennzeichnende Änderungen auf. So fielen besondere Fragen über die Arbeitslosigkeit – die es kaum noch gab – weg. Neu aufgenommen wurde die Frage nach der „Volkszugehörigkeit". Eine neue „Ergänzungskarte über Abstammung und Vorbildung" diente der Zählung der Juden und jüdischen Mischlinge und sollte die Unterlagen für eine Nacherhebung über die Personen mit abgeschlossenem Hochschul- oder Fachschulstudium erbringen, die jedoch wegen des Kriegsausbruchs unterblieben ist. Diese Ergänzungskarte war in einem gesonderten Umschlag abzugeben, der nur von dazu bestimmten Personen in den statistischen Ämtern geöffnet werden durfte. In die veröffentlichten Tabellen der Berufszählung 1939 nicht einbezogen wurden die der Dienstpflicht genügenden Soldaten, „Arbeitsmänner" und „Arbeitsmaiden". Sie wurden nach ihrer Lebensstellung und ihrem Beruf vor Eintritt in die Wehrmacht oder den Reichsarbeitsdienst ausgezählt. Die Erwerbspersonen und die selbstständigen Berufslosen wurden genauer definiert. Zu den Erwerbspersonen gehörten alle Personen, die am Zähltag einen Beruf ausübten, sowie die wenigen Arbeitslosen. Außerdem wurden die Offiziere, Unteroffiziere und lang dienenden Mannschaften der Wehrmacht, die Führer und Männer der bewaffneten Einheiten der SS und SA und die Arbeitsführer und -führerinnen des Arbeitsdienstes hinzugerechnet. Als Erwerbstätigkeit galt auch die Mithilfe in einem landwirtschaftlichen oder gewerblichen Betrieb, der von einem Familienmitglied geleitet wurde, nicht jedoch die Mithilfe eines weiblichen Familienmitglieds im Haushalt. Ehrenamtliche Tätigkeiten waren ausgeschlossen. Eine Erwerbstätigkeit galt als hauptberuflich, wenn darauf die zur Zeit innegehabte Lebensstellung beruhte und von ihr im allgemeinen der gesamte Erwerb oder dessen größter Teil herrührte. Jede zusätzliche Tätigkeit wurde als Nebentätigkeit gewertet. Selbstständige Berufslose waren Personen, die keinen Hauptberuf ausübten, aber aufgrund von Rechtstiteln meist aus früherer Zeit Einkommen bezogen (z. B. Rentenempfänger). Dazu wurden aber auch die Insassen von Versorgungs- und Altersheimen und von Irren-, Siechen- und Strafanstalten sowie die Zöglinge von Besserungs- und Bewahrungsanstalten gerechnet. Die außerhalb der Familien lebenden Schüler und Studenten gehörten ebenfalls dazu.

Die laufende Bevölkerungsfortschreibung in der frühen Kaiserzeit
(nach Constanze Laufer, Universität Düsseldorf)

Die Volkszählung als totale Aufnahme und Befragung der ortsanwesenden Bevölkerung an einem bestimmten Stichtag wurde in der Kaiserzeit alle fünf Jahre durchgeführt. Die Angaben erschienen jedoch für eine jederzeit aktuelle Information über den Zustand der Bevölkerung als nicht befriedigend. Die Verkürzung der Volkszählungsintervalle auf ein Jahr war aber aus finanziellen und organisatorischen Gründen nicht möglich. Zur Registrierung der Bevölkerungsentwicklung zwischen den Volkszählungsjahren wurde daher die laufende Bevölkerungsfortschreibung eingeführt. Dabei wurde zum Ausgangsbestand (letzte

Volkszählung) der jährliche Zugang (Geburten, Zuwanderungen, Eheschließungen) addiert und der jährliche Abgang (Sterbefälle, Abwanderungen, Ehescheidungen) subtrahiert. Die laufende Bevölkerungsfortschreibung ist jedoch nicht gänzlich unproblematisch. Bei einer korrekten Buchführung müssten die Ergebnisse der Fortschreibung mit denen einer neuen Volkszählung übereinstimmen. Dies trifft in der Realität nahezu nie zu. In den meisten Fällen besteht eine mehr oder weniger große Diskrepanz zwischen den Ergebnissen der Fortschreibung und der Volkszählung, und zwar in der Regel in der Weise, dass die Fortschreibung höhere Zahlen aufweist als die Volkszählung. Dieser Fehler liegt darin begründet, dass beim Wohnsitzwechsel eine Abmeldung unterlassen wird, so dass man gleichzeitig an zwei Orten gemeldet ist, oder dass An- und Abmeldungen verzögert vorgenommen werden. Aus diesem Grund werden die Daten der laufenden Bevölkerungsfortschreibung nach den Daten der jeweils neuen Volkszählung korrigiert.

Die Bevölkerungsfortschreibung beschränkte sich in der frühen Kaiserzeit auf die Geburten, Sterbefälle und Eheschließungen. Die Ehescheidungen waren noch kein Gegenstand der Statistik. Hierbei mag eine Rolle spielen, dass Ehescheidungen, die meistens als mit einem gesellschaftlichen Makel behaftet angesehen wurden, nur sehr selten vorkamen. Die Zu- und Abwanderungen wurden zwar erfasst, aber nicht wie die anderen Komponenten der Fortschreibung als integrierter Teil der Bevölkerungsstatistik, sondern lediglich in der Form der Registrierung der absoluten Zahlen ohne Beziehung zu den Fortschreibungstabellen ausgewiesen. Die Datenerhebungsmethoden der Bevölkerungsfortschreibung wurden in Preußen im Jahr 1874 von Grund auf geändert. Vorher wurden die Aufzeichnungen der Pfarrer als Datenquelle verwendet. Dies lag damals nahe, weil es keine nichtkirchliche Ehe gab und auch Taufen und Beerdigungen stets beim lokal zuständigen Pfarrer angemeldet und von ihm vollzogen wurden. Man ging davon aus, dass sämtliche Eheschließungen, Geburten und Sterbefälle an einem Ort dem dort ansässigen Pfarrer bekannt sein müssten. Die Aufzeichnung dieser Ereignisse durch den Pfarrer selbst erschien am einfachsten und zuverlässigsten. Diese Methode hatte jedoch erhebliche Mängel. Jeder Pfarrer praktizierte eine individuelle Form der Führung seines Kirchenbuches. Die Qualität der Angaben unterschied sich stark hinsichtlich der Detaillierung und Genauigkeit. Oft fühlten sich die Pfarrer mit der Aufgabe der Datenerfassung neben ihrem Kirchenalltag überfordert. Vor allem das fehlende Verständnis für die Zweckmäßigkeit der Aufzeichnungen führte zu mangelnder Sorgfalt. Die in den verschiedenen preußischen Landesteilen ermittelten Daten waren wegen der unvollständigen Erfassung einzelner vor allem ländlicher Regionen nicht vergleichbar. Da die Zuständigkeitsbereiche oft nicht eindeutig festgesetzt worden waren, ergaben sich Datenlücken oder Doppelerfassungen. Das Problem der

Datenqualitätsdefizite wurde durchaus erkannt. Das Preussische Statistische Landesamt befand, die von ihm selbst zusammengestellten und veröffentlichten Daten „lassen zu wünschen übrig" (Preussische Statistik Band 29, S. X). Im Detail wurde beklagt, dass es über die Geburten nur wenige und über die Eltern der Geborenen fast gar keine Information gäbe. Über die Eheschließungen und Sterbefälle wurde ein „dürftiger Stand des Wissens" bekundet. Der darüber hinausgehende Wunsch nach aufgeschlüsselten Angaben zu Beruf, Stand und sozialer Stellung lag außerhalb jeder Realisierungsmöglichkeit.

Bereits ab 1766 waren in Preußen Versuche zur Verbesserung der Qualität der statistischen Daten unternommen worden. Durch genaue Anweisungen an die Pfarrer zur Führung der Kirchenbücher erhoffte man sich, zuverlässige und vergleichbare Daten zu erhalten. Der Vorschriftenkatalog wurde immer wieder verändert. Schließlich wurden vom geistlichen Departement an die einzelnen Pfarrbezirke vorgefertigte Schemata in Form von Tabellen mit „Ausfüll-Anweisungen" versandt. Um nicht nur die Einheitlichkeit zu garantieren, sondern auch die Sorgfalt der Pfarrer zu erhöhen, wurden diese durch das allgemeine Landrecht ausdrücklich zur Auskunftserteilung verpflichtet. Trotzdem blieb eine Vielzahl von Mängeln bestehen, zumal bis 1861 die Zuständigkeit für den Empfang der von den Pfarrern aufgezeichneten Daten von den Konsistorien der Provinzen und dem Oberkonsistorium bis zu den Regierungen der Provinzen selbst und den Kriegs- und Domänenkammern ständig wechselte. Die schwierig durchschaubaren Zuständigkeiten ermöglichten, dass die Schemata in verschiedenen Stationen des Berichtsweges – sogar von den Pfarrern selbst – willkürlich verändert werden konnten, so dass von Einheitlichkeit der Datenermittlung keine Rede sein konnte. In der selbstkritischen Betrachtung des Preussischen Statistischen Landesamtes wurden die damaligen Daten in Bezug auf den Gesamtstaat als „relativ vollständig", bei tieferer regionaler Gliederung bis zu den Landkreisen dagegen als sehr mangelhaft beurteilt. Man konnte annehmen, dass die mit nach Vorzeichen und Betrag unterschiedlich fehlerbehafteten Meldungen der einzelnen Pfarrbezirke sich bei der Addition zu größeren Gebietseinheiten hinsichtlich ihrer Fehler tendenziell kompensierten. Das Statistische Landesamt resümierte mit zeitgenössischem Pathos: „Die zunehmende Beachtung der Bevölkerungsstatistik ist noch keineswegs an ihrem Endpunkte angekommen. Es war und ist nötig, die Grenzpfähle des über die Bewegung der Bevölkerung zu Erforschenden allmählich weiter zu stecken, denn Das, was man hierüber weiß, ist noch wenig im Verhältnis zu Dem, was man nicht weiß und was noch zu wissen nötig ist" (Preussische Statistik Band 29, S. IV). Die gewünschte Verbesserung und Vereinheitlichung der Datenerhebung und Auswertung bzw. Verwaltung der Daten erforderte die Gleichförmigkeit der Registerführung nicht nur innerhalb Preußens, sondern auch zwischen allen Ländern des Deutschen Reiches.

Die Errichtung von staatlichen preußischen Standesämtern führte im Jahr 1874 zu einer Verbesserung der Registerführung und damit auch der Qualität der statistischen Datensammlung. Die Aufzeichnung lag nun in beamteter Hand und nicht mehr bei den Pfarrern. Im März 1874 wurde die Pflicht zur Meldung und Beurkundung des Personenstands und der Eheschließungen beim zuständigen Standesamt eingeführt. Mit Hilfe dieser Zivilstandsregister wurde versucht, ein einheitliches statistisches Meldesystem aufzubauen. Im Oktober 1874 wurde die Registerführung an die Standesbeamten übertragen. Der Aufbau der Standesämter erstreckte sich über einige Jahre. Im Jahr 1883 gab es in Preußen 11 161 Standesämter. Diese ermöglichten eine sehr detaillierte Erfassung der Bevölkerung. Manche Ämter waren nur für ca. 100 Einwohner zuständig und hatten jährlich nur sechs oder sieben Geburten zu registrieren. Bei Bedarf halfen weniger ausgelastete Beamte in stark frequentierten Ämtern aus, was besonders zu geburtenstarken Zeiten oder im Frühjahr bei vielen Eheschließungen vorkam. Im Februar 1875 wurde ein Reichsgesetz verabschiedet, das die Meldepflicht von Geburten und Sterbefällen auf Seeschiffen anordnete. Dieses Verfahren war sehr aufwendig. Die Angabe über die Geburt oder den Tod auf See musste im Tagebuch des Schiffes beurkundet und in Abschrift an die Seemannsämter geschickt werden. Von dort erhielten die Standesämter eine Kopie, die zur Kontrolle beim Einlaufen des Schiffes in den Heimathafen vom dort ansässigen Standesamt noch einmal mit dem Tagebuch verglichen wurde. Wegen der Mängel der Bevölkerungsfortschreibung vor 1874 kam es in den darauf folgenden Jahren zu Nachtragungen, die bis zum Jahr 1806 zurückreichten. So wurden zum Beispiel im Jahr 1882 insgesamt 788 Geburten und 314 Sterbefälle nachträglich im Königlichen Preussischen Statistischen Bureau verzeichnet. Diese Zahlen erscheinen für ganz Preußen eher gering; sie zeigen, mit welcher Akribie man auf die Vollständigkeit der Statistik Wert legte. Hier drängt sich die Frage auf, wie man auf die fehlenden Eintragungen aufmerksam wurde. Die Antwort liegt für die männliche Bevölkerung in der Militärpflicht. Die Existenz nicht gemeldeter Söhne wurde spätestens dann herausgefunden, wenn diese das 20. Lebensjahr und damit das Wehrpflichtalter erreichten. In diesem Lebensjahr wurden alle Männer einer Untersuchung auf Militärtauglichkeit unterzogen und für militärische Zwecke registriert. Dabei erfolgte auch die Korrektur der fehlenden standesamtlichen Meldung über die Geburt. Trotz dieser Korrekturen blieben Defizite in den Methoden der Registerführung bestehen. Die Nachtragungen konnten nicht jeden Einwohner erfassen. Frauen wurden nicht der militärischen Untersuchung unterzogen und blieben daher unvollständiger registriert als Männer. Es ist auch zu bezweifeln, dass sämtliche Männer an der militärischen Untersuchung teilnahmen, da sie möglicherweise schon vorher starben oder einfach vergessen wurden. Zwar kam es nach Einführung der Standesämter und der gesetzlichen Meldepflichten zu immer weniger Nachtragungen in der Statistik, es gab jedoch weiterhin methodische Probleme und unerfüllte Datenbedürfnisse. So beklagten die amtlichen Statistiker besonders das Fehlen von nach kleineren Gebietseinheiten gegliederten Tabellen über den Stand, Beruf und Erwerbszweig sowie die soziale Stellung der Eltern der Geborenen, der Eheschließenden und der Gestorbenen (Preussische Statistik Band 74, S. IV).

Die laufende Ermittlung der einzelnen Komponenten der Bevölkerungsbewegung hat neben ihrer Funktion als Grundlage der Fortschreibung des Bevölkerungsstandes eine sehr wichtige eigene demografische Bedeutung. Zum traditionellen Repertoire der laufenden Bevölkerungsstatistik gehören Daten über die Geburtenzahl in Relation zur Gesamtbevölkerung sowie in der Gliederung nach Geschlechtern und nach Monaten. Weitere erfasste Tatbestände sind unter anderem die unehelichen Geburten, die Totgeborenen und die Mehrlingsgeburten. Als Beispiele zur demografischen Situation im frühen Kaiserreich seien einige Ergebnisse der laufenden Geburtenstatistik des Jahres 1882 für die Städte Düsseldorf und Duisburg angegeben. Die Geburtenzahl betrug in Düsseldorf 4,26% und in Duisburg 5,07% der Einwohnerzahl. Die damalige Geburtenrate übertraf die heutige (z.B. im Jahr 2001 Düsseldorf 0,90% und Duisburg 0,89%) um ein Vielfaches. Damals wie heute wurden mehr Jungen als Mädchen geboren, wobei dieser Unterschied in Düsseldorf (7,88%) und in Duisburg (8,48%) auffälligerweise deutlicher ausgeprägt war als in Preußen insgesamt (5,10%). Die Anzahl der Lebendgeburten war 1882 weitgehend gleichmäßig auf die Monate des Jahres verteilt; heute gibt es dagegen deutliche Maxima im Juli/August und im Dezember sowie ein Minimum im Januar. Der Grund dürfte in der heute praktizierten – damals noch ungebräuchlichen – Familienplanung liegen. In Düsseldorf waren 1882 4,94%, in Duisburg 2,95% und in Preußen insgesamt 10,85% der Lebendgeborenen unehelich. Der heutige Anteil der unehelichen Geburten ist mehr als doppelt so hoch (22,14% in Deutschland 1999). „Während in der frühen Kaiserzeit die Geburt eines Kindes ohne Trauschein der Eltern als großer gesellschaftlicher Makel gesehen wurde und diese Kinder als `asoziale`Fehltritte, spricht heute dem Gebären eines Kindes ohne ämtlichen Vater`gesellschaftlich nichts entgegen. Um 1882 einen schlechten Ruf der Familie zu vermeiden, kam es kaum zur Geburt unehelicher Kinder. War trotzdem ein `Missgeschick`vorgefallen, versuchte man uneheliche Geburten entweder durch heimliche Abtreibung oder überstürzte Heirat abzuwenden" (Constanze Laufer). !882 betrug der Anteil der Totgeborenen an der Gesamtzahl der Geborenen in Düsseldorf 4,41% und in Duisburg 4,26%, im Jahr 2001 infolge der besseren medizinischen Versorgung in beiden Städten nur noch 0,45%. Dagegen war der Anteil der Mehrlingsgeburten an den Geborenen in der Kaiserzeit (1882 in Preußen 1,23%) geringer als heute ((1999 in Deutschland 1,55%). Bemerkenswert ist auch, dass der Anteil der Drillinge an den Mehrlingsgeburten von damals 1,12% auf heute 4,06% zugenommen hat.

Die laufende Statistik der Eheschließungen enthält vor allem die Merkmale Heiratsmonat, Heiratsalter, früherer Familienstand und Religionsbekenntnis. Die Fälle von Heirat unter Blutsverwandten wurden gesondert ausgewiesen, kamen aber nur sehr selten vor. Im Jahr 1882 schlossen etwa 2% der Einwohner von Düsseldorf und Duisburg die Ehe, 2001 nur knapp 1%. In der Kaiserzeit berechtigte erst der Trauschein Mann und Frau ohne gesellschaftliche Missbilligung gemeinsam aufzutreten, ein Hotel zu besuchen oder ohne elterliche Beobachtung zusammen zu sein. Eine allein erziehende Mutter wurde kaum akzeptiert. Bei einer Schwangerschaft war die Heirat dringend notwendig, um gesellschaftliche Ächtung zu vermeiden. Die Ehe galt als „Versorgungsinstitut" der Frau, die kaum finanziell unabhängig war. Als Heiratsmonate waren der Mai und der Oktober sehr beliebt, während dazwischen ein regelrechtes „Sommerloch" der Eheschließungen zu verzeichnen war. Das Heiratsalter der Männer war meistens deutlich höher als das der Frauen. Beide Partner – vor allem die Frauen – heirateten durchschnittlich fünf bis zehn Jahre früher als heute. Von den Eheschließenden des Jahres 1882 waren nur sehr wenige (0,2%) vorher geschieden; heute beträgt dieser Anteil in Deutschland etwa 25%. Der Grund für diesen Unterschied liegt offensichtlich in dem gesellschaftlichen Makel, den eine Scheidung damals hatte. Im Jahr 1882 waren in Düsseldorf 8% und in Duisburg 16% der Eheschließenden vorher verwitwet; heute ist dieser Anteil wesentlich geringer. Als Grund ist hier neben der Gesundheitsfürsorge die damalige größere Häufigkeit von Arbeitsunfällen anzuführen, die vor allem im Bergbau und in der Stahlindustrie in Duisburg eine große Zahl von verwitweten Frauen auch jüngeren Alters zur Folge hatten. Die männlichen Eheschließenden heirateten unabhängig von ihrem früheren Familienstand vorzugsweise – in der historischen Bevölkerungsstatistik so bezeichnete – ledige „Jungfrauen"; heute hat über die Hälfte der neuen Ehefrauen eheschließender verwitweter oder geschiedener Männer bereits eine Scheidung hinter sich. Anders als heute gehörte in der Kaiserzeit das Religionsbekenntnis zu den wichtigsten Erhebungsmerkmalen der gesamten Bevölkerungsstatistik. Eheschließungen von Partnern unterschiedlicher Konfession kamen nur in sehr wenigen Ausnahmefällen vor.

Die Sterbefälle wurden in der Kaiserzeit laufend nach Sterbemonaten sowie Geschlecht, Alter (mit besonderer Betrachtung der Kindersterblichkeit), Ehedauer, Familienstand und Religionszugehörigkeit der Gestorbenen gegliedert. Im Jahr 1882 starben in Düsseldorf 2,7% und in Duisburg 3,0% der Einwohner; die entsprechenden Zahlen für das Jahr 2001 lagen bei 1,1% bzw.

1,2%. Die Sterbefälle waren 1882 nahezu gleichmäßig – ohne das heutige kleine Maximum im Dezember – über die Monate verteilt. In beiden Städten starben relativ zum Bevölkerungsstand 1882 mehr Männer und 2001 mehr Frauen. Die Gliederung nach dem Lebensalter der Gestorbenen hat sich auffallend stark geändert. Die weitaus am häufigsten vom Tod Betroffenen waren 1882 kleine Kinder; danach waren die Sterbefälle auf alle Altersjahrgänge fast gleichmäßig verteilt. Jedes Lebensalter war gleichermaßen vom Tod bedroht. Junge Mütter starben oft noch im Kindbett. Auch die Männer waren nicht davor gefeit, schon in jungen Jahren zum Beispiel durch häufige Arbeitsunfälle ihr Leben zu lassen. Die Sterbefälle des Jahres 2001 konzentrierten sich dagegen auf die höheren Altersjahrgänge, insbesondere auf das Rentenalter. Das durchschnittliche Sterbealter betrug 1882 in Düsseldorf 31 und in Duisburg 28 Jahre, 2001 in beiden Städten 74 bis 75 Jahre. Besonders krass war die Veränderung der Kindersterblichkeit. In beiden Städten waren 1882 50% bis 52% der Gestorbenen höchstens 16 Jahre alt (darunter weitaus die meisten höchstens 1 Jahr), 2001 nur noch 0,8%. Die heute unerträglich hoch erscheinende Kindersterblichkeit wurde 1882 eher als bereits erreichter Erfolg angesehen. So hatte sich zum Beispiel die Einführung der Pflichtimpfung gegen Pocken 1874 positiv ausgewirkt. Die durchschnittliche Dauer der durch den Tod gelösten Ehen war in Duisburg 1882 kürzer als in Düsseldorf, was durch die häufigeren Arbeitsunfälle der aufkommenden Schwerindustrie im Ruhrgebiet erklärt werden kann. Die Gliederung nach dem Familienstand weist für 1882   65% der Gestorbenen als ledig aus (heute nur ca. 10 %). Dies korrespondiert mit der hohen Sterblichkeit noch nicht heiratsfähiger Kinder. Die Gliederung der Gestorbenen nach der Religionszugehörigkeit entspricht der Verteilung der Einwohner auf die Konfessionen.

Die Ergebnisse der laufenden Bevölkerungsfortschreibung wurden in der Kaiserzeit sehr detailliert veröffentlicht. Es ist nicht immer möglich, exakte aktuelle Vergleichsdaten zu den historischen Angaben zu finden. Die Anforderungen an die Bevölkerungsstatistik haben sich geändert. Während beispielsweise die Eheschließungen und die Sterbefälle 1882 für die einzelnen Städte nach allen Merkmalskombinationen Religionsbekenntnis/Familienstand aufgegliedert wurden, ist diese Differenzierung heute nicht mehr relevant. Generell zeichnen sich die historischen Veröffentlichungen durch Angaben für einzelne Gemeinden aus, wobei auch die Wiedergabe von (anonymen) Individualdaten von Personen nicht ausgeschlossen war. Der heute praktizierte Datenschutz war damals noch kein Thema.

Die laufende Bevölkerungsfortschreibung in der späten Kaiserzeit
(nach Philipp Reimann, Universität Düsseldorf)

Im Verlauf der Kaiserzeit wurden die Schwächen der zunächst im Deutschen Reich angewendeten Methode der Fortschreibung des Bevölkerungsstandes immer offenkundiger. Die erfassten Daten durchliefen bis zu ihrer statistischen Aufbereitung fünf Instanzen, die sich alle in ihrer Professionalität und Verfahrensweise unterschieden. „Die Zentralstelle für die Landesstatistik war bei [diesem] Verfahren nicht in der Lage, die Vollständigkeit, Zuverlässigkeit und den inneren Wert der ihr zugegangenen Übersichten zu beurteilen. Die Nachprüfung der Tabellen konnte sich vielmehr nur auf ihre rechnerische Richtigkeit erstrecken, während sich die erfahrungsgemäß häufigen Fälle beim Übertragen der Zahlen aus einer Tabelle in die andere oder sonstige Versehen überhaupt nicht oder doch nur in ganz besonderen Fällen wahrnehmen ließen" (Preußische Statistik Band 188). Aufgrund der Nachteile des früheren Verfahrens trat am 9.März 1874 das preußische Gesetz zur Beurkundung des Personenstands und der Eheschließung in Kraft, das die notwendige Reform der Statistik ermöglichte. Nach diesem Gesetz wurde ganz Preußen mit einem Netz von Standesämtern überzogen, die die mittels Zählkarten erfassten Daten der Geburten, Eheschließungen und Sterbefälle direkt an das Königliche Statistische Bureau bzw. das Statistische Landesamt sandten. Diese Verfahrensweise hat sich in der späteren Kaiserzeit als dauerhaft effizient erwiesen und wird in ihren Grundzügen bis in die Gegenwart angewendet. Ihre Vorteile liegen vor allem in der Standardisierung der Erhebungspapiere, der direkten Kommunikation zwischen Standesamt und Statistischem Amt, der Beschränkung auf nur zwei beteiligte Institutionen und der Möglichkeit der jederzeitigen Nutzung der Zählkarten als Datenquelle zu administrativen und wissenschaftlichen Zwecken.

Das Meldeverfahren wurde detailliert durch eine mehrere Seiten umfassende und alle erdenklichen Eventualitäten berücksichtigende „Anleitung zur Anfertigung der dem Königlichen Statistischen Bureau zu Berlin seitens der Königlichen Standesbeamten zu liefernden Zählkarten über Geburten, Eheschließungen und Sterbefälle" geregelt. Für jeden einzelnen in das Geburts-, Heirats- oder Sterberegister eingetragenen Fall war vom Standesbeamten eine eigene Zählkarte auszufüllen. Auch für nachträglich aus früheren Jahren – aufgrund gerichtlicher Verfügung oder im Rahmen amtlicher Mitteilungen – erfolgte Registereintragungen musste stets eine Zählkarte erstellt und mit einem Vermerk über die Veranlassung der Beurkundung versehen werden. Eine gelöschte oder korrigierte Registereintragung wurde ebenfalls durch eine Zählkarte mit entsprechendem Vermerk dem Statistischen Bureau mitgeteilt. Zur besseren Unterscheidung wurden die Zählkarten für Lebendgeburten aus weißem, für

Eheschließungen aus hellblauem und für Sterbefälle aus gelbem Papier angefertigt. Auf jeder Zählkarte waren der Jahrgang des betreffenden Registers, die Bezeichnung des Standesamtsbezirks, der Landkreis und ggf. die Gemeinde anzugeben, in der sich die Geburt bzw. der Sterbefall ereignet hatte. Die ausgefüllten Zählkarten waren spätestens am Ende des ersten Monats im neuen Vierteljahr in einem Briefumschlag an das Statistische Bureau in Berlin zu senden. Ausdrücklich empfohlen wurde das Einsenden der Zählkarten erst nach dem 10. des ersten Monats des neuen Quartals, da so der nachträgliche Versand der Zählkarten derjenigen Registereintragungen, die noch dem abgelaufenen Vierteljahr angehörten, aber erst am Anfang des neuen Vierteljahres beurkundet wurden, vermieden wurde. Diese Empfehlung galt insbesondere für das Quartal Oktober bis Dezember, da viele Fälle erst nach den Feiertagen im Januar beurkundet wurden. In der Regel reichte ein einziger Briefumschlag – in den bis zu 100 Zählkarten passten – aus, um alle Zählkarten eines Vierteljahres einzureichen. Mehr als 200 Zählkarten waren als Paket zu versenden. Sollten in einem Standesamtsbezirk im ganzen Vierteljahr keine Geburten, Eheschließungen oder Sterbefälle beurkundet worden sein, war der Kopf der betreffenden Zählkarte auszufüllen und die Zählkarte als Fehlanzeige – versehen mit einem quergeschriebenen „nichts" – an das Statistische Bureau zu senden. Sämtliche Zusendungen an das Königliche Statistische Bureau erfolgten ohne besonderes Anschreiben unfrankiert als „portopflichtige Dienstfracht" und waren mit dem Amtssiegel bzw. Stempel oder mit einer amtlichen Siegelmarke verschlossen.

Im Königlichen Statistischen Bureau wurden die Zählkarten zunächst geprüft. Um die Vollständigkeit eines Jahrgangs feststellen zu können, musste die Zählkarte der letzten Beurkundung des betreffenden Registers mit dem Vermerk „letzte Registernummer" versehen sein. Fehler und Mängel bei der Ausfüllung der Zählkarten musste der Standesbeamte auf Ersuchen des Statistischen Bureaus so gut und schnell wie möglich korrigieren. Dabei mussten ggf. Personen vorgeladen, Urkunden beschafft oder sogar Reisen unternommen werden. Die Kosten dafür wurden nicht erstattet. Für die richtige Ausfüllung von je 100 Zählkarten erhielt der Standesbeamte eine Schreibgebühr von 3 Mark. Die zu erstattenden Beträge wurden alljährlich im Juni für den Zeitraum vom 1.April des vergangenen Jahres bis zum 31.März des aktuellen Jahres vom Königlichen Statistischen Bureau festgestellt und von den Königlichen Hauptkassen ausgezahlt. Für Fehlanzeigen und für Zählkarten mit dem Vermerk „gelöscht" wurde keine Schreibgebühr gewährt. Die Zählkartenformulare und die Briefumschläge wurden den Standesämtern durch das Statistische Bureau im Lauf des Monats November für das kommende Jahr unentgeltlich zugestellt. Sofern es keine ausdrückliche Anweisung gab, konnten die übriggebliebenen

Zählkarten aus dem vergangenen Jahr für das nächste Jahr weiter verwendet werden.

Der kaum zu übertreffende Perfektionismus dieser und anderer Arbeitsanleitungen zu statistischen Datensammlungen ist kennzeichnend für die preußische Bürokratie. Er gewährleistet ein hohes Maß an Zuverlässigkeit und Vollständigkeit (solange sich die Bearbeiter an die Vorschriften halten), hat aber auch Anlass zu manchen Karikaturen gegeben.

Die laufende Bevölkerungsfortschreibung zwischen den Weltkriegen
(nach Ingo Stader, Universität Düsseldorf)

Die Erfassung der Komponenten der natürlichen Bevölkerungsbewegung war in der Kaiserzeit ausgebaut worden und erreichte im Deutschen Reich zwischen den Weltkriegen einen Stand, der nach Umfang und Detaillierung die heutige Statistik übertraf. Dies sei beispielhaft am veröffentlichten Merkmalskatalog der laufenden Statistiken der Geburten, Sterbefälle, Eheschließungen und Ehescheidungen des Jahres 1928 demonstriert (Statistik des Deutschen Reichs Band 393, Preußische Statistik Band 298).

Geburten:

> ➤ Geschlecht, Abkunft und Lebensfähigkeit der Geborenen (männlich, weiblich; ehelich, unehelich; lebend geboren, tot geboren; Geburtsmonat)
> ➤ Familienstand der Mutter (ledig, verheiratet, verwitwet, geschieden, unbekannt bei Findlingen)
> ➤ Muttersprache der Eltern (deutsch/deutsch, deutsch/polnisch, deutsch/sonstige, polnisch/polnisch, polnisch/sonstige, sonstige/sonstige)
> ➤ Mehrlingsgeburten (Zwillinge 2 Knaben, 1Knabe/1 Mädchen, 2 Mädchen; Drillinge: 3 Knaben, 2 Knaben/1Mädchen,1Knabe/zwei Mädchen, 3 Mädchen; sonstige Mehrlingsgeburten)
> ➤ Religionsbekenntnis der Eltern (evangelisch, römisch-katholisch, anders christlich, jüdisch, sonstige oder keine Religion; sowie alle Kombinationen dieser Kategorien)
> ➤ Geburtenfolge der ehelichen Kinder nach dem Geschlecht (geboren als erstes, zweites usw. bis achtes, neuntes oder späteres Kind)
> ➤ Geburtenfolge der ehelichen Kinder nach der Muttersprache der Mutter (deutsch, polnisch, masurisch, andere Sprache; sowie bei Mehrsprachigkeit alle Kombinationen dieser Kategorien)

- ➢ Geburtenfolge der ehelichen Kinder nach dem Religionsbekenntnis des Vaters (evangelisch, römisch-katholisch, anders christlich, jüdisch, sonstige Religion, Religion unbestimmt oder nicht angegeben)
- ➢ Geburtenfolge der ehelichen Kinder nach dem Beruf des Vaters (Land- und Forstwirtschaft, Industrie und Handwerk, Handel und Verkehr, Beamte und Angehörige der freien Berufe, Gesundheitswesen einschließlich Wohlfahrtspflege, häusliche Dienste, ohne Beruf oder ohne Berufsangabe)
- ➢ Beruf und Berufsstellung der Eltern (des Vaters der ehelichen, der Muter der unehelichen Kinder) (z. B. Gärtner, Bergarbeiter, ...; Selbstständige sowie Betriebs- und Geschäftsleiter, Aufsichts- und Büropersonal, Gesellen und Hilfspersonen)

Sterbefälle:

- ➢ Geschlecht und Altersklasse der Gestorbenen (männlich, weiblich; null bis 1 Jahr sowie zusammengefasste Altersjahre wie z. B. 5 bis 15 Jahre, ..., über 70 Jahre; Sterbemonat)
- ➢ Dauer der Ehe und Anzahl der daraus entsprossenen Kinder (zur Zeit ihres Todes bis zu 5 Jahren, ..., über 50 Jahre verheiratete Personen; null,1, 2, ... , 8 oder mehr Kinder)
- ➢ Familienstand (ledig, verheiratet, verwitwet, geschieden)
- ➢ Religionsbekenntnis (evangelisch, römisch-katholisch, anders christlich, jüdisch, sonstige Religion, Religion unbestimmt oder nicht angegeben)
- ➢ Muttersprache (deutsch, deutsch und polnisch, deutsch und sonstige, polnisch, polnisch und sonstige, sonstige)
- ➢ Alter nach Tagen, Monaten und Jahren (tot geboren, 1 Tag, 2 Tage, ..., 1 Monat, 2 Monate,..., 1Jahr, 2 Jahre, ...)
- ➢ Alter nach Geburtsjahren (1928, 1927, 1926, ..., 1820; Alter unbekannt)
- ➢ Beruf und Berufsstellung (z. B. Gärtner, Töpfer, Glasbläser, ...; Selbstständige sowie Betriebs- und Geschäftsleiter, Aufsichts- und Büropersonal, Gesellen und Hilfspersonen)
- ➢ Todesursache (am häufigsten Krankheiten der Kreislauforgane, Altersschwäche, Krebs, Lungenentzündung, Tuberkulose, Krankheiten der Verdauungsorgane, angeborene Lebensschwäche und Bildungsfehler, Gehirnschlag)

Eheschließungen:
> Zeit der Eheschließung (Monat)
> Bisheriger Familienstand des Mannes/der Frau (ledig, verwitwet, geschieden; sowie alle Kombinationen dieser Kategorien)
> Blutsverwandtschaft (Geschwisterkinder, Neffe und Tante, Oheim und Nichte)
> Religionsbekenntnis des Mannes/der Frau (evangelisch, römisch-katholisch, anders christlich, jüdisch, sonstige Religion, Religion unbestimmt oder nicht angegeben; sowie aller Kombinationen dieser Kategorien)
> Alter des Mannes/der Frau (unter 20, über 20 bis 30, über 30 bis 40, ..., über 60 Jahre; sowie alle Kombinationen dieser Altersklassen)
> Beruf und Erwerbszweig des Mannes/der Frau (z. B. Landwirtschaft, Handelsgewerbe, ...; sowie alle Kombinationen dieser Kategorien)
> Berufsstellung des Mannes/der Frau (z. B. Selbstständige, höhere Beamte, Geschäftsleiter, ... ; sowie alle Kombinationen dieser Kategorien)
> Muttersprache des Mannes/der Frau (deutsch, polnisch, sonstige; sowie alle Kombinationen dieser Kategorien)

Ehescheidungen:
> Ehescheidungsgrund (Ehebruch, Lebensnachstellung, „bösliche Verlassung", Verletzung der ehelichen Pflichten, ehrloses und unsittliches Verhalten, Geisteskrankheit)
> Kläger und Widerkläger (jeweils Mann oder Frau)
> Staatsangehörigkeit des Mannes (Deutscher oder Reichsausländer)
> Kinderzahl der geschiedenen Ehen (null, 1, 2, ..., mehr als 5)
> Religionsbekenntnis des Mannes/ der Frau (evangelisch, römisch-katholisch, anders christlich, jüdisch, andersgläubig oder unbekannt; sowie alle Kombinationen dieser Kategorien)
> Dauer der Ehe (bis 1 Jahr, über 1 bis 2 Jahre sowie zusammengefasste Jahre wie z. B. 5 bis 10 Jahre, ..., über 40 Jahre)
> Alter des Mannes/der Frau zur Zeit der Eheschließung (bis 20 Jahre, über 20 bis 25 Jahre, ..., über 50 Jahre, unbekannt bzw. ohne Angabe; sowie alle Kombinationen dieser Altersklassen)
> Beruf und Berufsstellung des Mannes (Land- und Forstwirtschaft, Industrie und Handwerk, Handel und Verkehr, häusliche Dienste und Lohnarbeit, Selbstständige, Militärpersonen und Beamte, ohne Beruf oder Berufsangabe)
> Alter des Mannes/ der Frau zur Zeit der Ehescheidung (bis 20 Jahre, über 20 bis 25 Jahre, ..., über 50 Jahre, unbekannt bzw. ohne Angabe; sowie alle Kombinationen dieser Altersklassen)

➢ Altersunterschied der Geschiedenen (bis 5 Jahre, über 5 bis 10 Jahre, ..., über 25 Jahre; jeweils für die Fälle Mann älter/jünger als Frau)
➢ Armenrecht und Vertretung im Prozess (beklagter Teil war im Prozess vertreten/ nicht vertreten; Armenrecht wurde dem Mann/der Frau/beiden/keinem bewilligt)
➢ Schuld an der Ehescheidung (jeweils Mann oder Frau)

Die einzelnen erfassten Merkmale wurden in den veröffentlichten Tabellen vielfältig miteinander kombiniert, zum Beispiel das Geschlecht mit dem Familienstand und dem Religionsbekenntnis u.a. In gebietlicher Gliederung wurden die Daten allgemein bis hinunter zu den einzelnen Regierungsbezirken sowie innerhalb jedes Regierungsbezirks für die Gesamtheiten aller Gemeindeeinheiten, der Städte und der Landgemeinden einschließlich Gutsbezirke ausgewiesen.

Die Bevölkerungsstatistik in der Zeit des Nationalsozialismus
(nach Ulrich Paffrath, Universität Düsseldorf)

Die Machtübernahme durch die Nationalsozialisten im Jahr 1933 führte zu einer starken Politisierung der amtlichen Statistik. Friedrich Zahn, damaliger Präsident der Deutschen Statistischen Gesellschaft, bezeichnete die Statistiker als „wissenschaftliche Soldaten", die die Aufgabe hatten, Daten in den Bereichen Familie, Sippe, Rasse, Vererbung des Volkstums (Volkszugehörigkeit) zu erheben, die als direkte Handlungsgrundlage für politische Maßnahmen dienen sollten (Aly und Roth 1984). Die amtliche Statistik war somit eng mit der Ebene der politischen Entscheidungen verknüpft, was damals durchaus als Aufwertung ihres Ansehens nicht nur in der Öffentlichkeit, sondern auch in einem Teil der Wissenschaft und bei den Statistikern selbst empfunden wurde. Die Bevölkerungsstatistik unterschied auf der Basis der nationalsozialistischen rassischen Grundsätze zwischen den Begriffen Volk und Bevölkerung, die vor 1933 synonym verwendet wurden (wie in den Bezeichnungen „Volkszählung" und „Bevölkerungsfortschreibung"). Ein Volk bzw. Volkskörper war ein organisches Gebilde, das aus Familien besteht, die bluts- und rassenmäßig sowie nach Sprache, Sitte und Kultur zusammen gehören. Die nationalsozialistische Führung forderte eine an diesem Volksbegriff orientierte Bevölkerungsstatistik, die die Trennung von Volk und Bevölkerung zahlenmäßig belegen sollte. Das bedeutete, dass Personen, die nach der Definition von Rasse nicht zum Volkskörper gehörten, gesondert statistisch zu erfassen waren. Bereits bei der Volkszählung vom 16.Juni 1933 wurde eine am nationalsozialistischen Volksbegriff orientierte Familienstatistik verwirklicht. Dazu wurden Geburtenkarten verteilt, in denen nach dem Geburtsjahr der Mutter und des Kindes sowie nach dem Jahr der Eheschließung gefragt wurde. Zweck dieser Erhebung war die regelmäßige Erfassung der „Gebärleistungen" jedes einzelnen Heiratsjahrgangs. Die danach errechneten Fruchtbarkeitsziffern gaben einen Überblick über die Entwicklung des Volkskörpers. Eine Hauptaufgabe der Bevölkerungsstatistik war die Rassenstatistik, mit der insbesondere die jüdische Bevölkerung lokalisiert werden sollte.

Eine große Rolle bei den Volkszählungen der nationalsozialistischen Zeit spielte der Einsatz der maschinellen Datenverarbeitung. Zur zahlenmäßigen Erfassung des Volkskörpers wurde eine Zählmaschine verwendet, die von dem Ingenieur Hermann Hollerith bereits für die amerikanische Volkszählung des Jahres 1890 entwickelt worden war und mit deren Hilfe die Auszählung und Sortierung von Lochkarten um ein Vielfaches beschleunigt werden konnte. Die Hollerithmaschine konnte auf elektromagnetischem Weg die auf den Lochkarten verschlüsselten Informationen entziffern, indem elektrische Kontaktbürsten die Karten abtasteten und jede Lochung auf den Karten auf einem Zähler registriert wurde. Auf diese Weise konnten sehr große Datenmengen sehr schnell verarbeitet werden. Auf der Basis von Hollerith-Lizenzen wurde die „Deutsche Hollerith-Maschinen-Gesellschaft" (Dehomag) gegründet, die das Lochkartensystem weiterentwickelte, so dass auf jeder Lochkarte noch mehr Informationen untergebracht werden konnten. Diese neuen 60-spaltigen Lochkarten wurden erstmalig bei der Volkszählung 1933 verwendet; nur durch sie waren die umfangreichen Sonderauszählungen der Juden und der Ausländer möglich. Die Dehomag arbeitete sehr eng mit verschiedenen staatlichen Stellen einschließlich der Wehrmacht und SS zusammen. Ihr Hauptkunde war jedoch das Statistische Reichsamt, auf dessen Anregung die berühmte Tabelliermaschine D11 entwickelt wurde, die bei der Volkszählung 1939 eingesetzt wurde. Die Zählung und Auswertung statistisch erhobener Daten konnte durch die D11 in bis dahin nicht bekanntem Maß beschleunigt werden.

Die Aufwertung der amtlichen Statistik in der nationalsozialistischen Zeit zeigt sich auch am Personalzuwachs des Statistischen Reichsamtes. In der Zeit von 1933 bis 1939 wurden zusätzlich zum früheren Personalbestand ca. 5000 Mitarbeiter eingestellt. Insbesondere die Volkszählung 1939 stellte für die amtliche Statistik wegen ihres das herkömmliche Maß weit überschreitenden Aufwands eine enorme Herausforderung dar. Die Ergebnisse dieser Volkszählung – wie die der früheren Zählungen – dienten zunächst dazu, die Melderegister auf den aktuellen Stand zu bringen. Die Rubrik „Abstammung" auf den Registerkarten deckte jedoch den weiteren Zweck auf, nämlich die Erfassung aller Juden. Das Statistische Reichsamt fertigte Namenslisten aller Juden und Ausländer an. Diesen Listen lag die sog. Ergänzungskarte zugrunde, auf der die Abstammung – „Ist oder war einer der vier Großeltern Jude?" – sowie die Vor- und Ausbildung ermittelt wurde. Diese Daten waren über den statistischen Zweck hinaus sowohl für den Sicherheitsdienst (SS) als auch für die Wehrmacht bestimmt. Der Sicherheitsdienst konnte so mit Hilfe des Statistischen Reichsamtes die Reichskartei der Juden fast lückenlos ausbauen, und die Wehrmacht stellte ein nach Berufen gegliedertes Personenregister auf, um den „Menscheneinsatz" im Krieg zu optimieren. Die nationalsozialistische Rassenstatistik mit der Erfassung und dem nicht nur statistischen, sondern auch individuellen Nachweis „volksfremder" Elemente zeigt, wie die amtliche Statistik einerseits missbraucht werden und andererseits einen enormen Einfluss ausüben kann. Die Erfahrung der nationalsozialistischen Zeit macht auch verständlich, dass der Schutz von Individualdaten in der Statistik der Bundesrepublik Deutschland sowohl im historischen als auch im internationalen Vergleich einen überaus hohen Rang hat.

Literatur

Aly,Götz/Roth, Karl-Heinz(1984): Die restlose Erfassung – Volkszählen, Identifizieren, Aussondern im Nationalsozialismus. Berlin.

Burgdörfer, Friedrich (Hrsg.) (1940): Die Statistik in Deutschland nach ihrem heutigen Stand, Bände I und II. Berlin.

Gerß, Wolfgang (2004): Nutzung von Daten der historischen Statistik in Lehrforschungsprojekten. Duisburger Beiträge zur sozialwissenschaftlichen Forschung No.3 / 2004. Duisburg.

Kaiserliches Statistisches Amt:
- Die Volkszählung im Deutschen Reich am 1. Dezember 1880. Statistik des Deutschen Reichs Erste Reihe Band LVII.
- Berufsstatistik nach der allgemeinen Berufszählung vom 5.Juni 1882. Statistik des Deutschen Reichs Neue Folge Bände 2 bis 5.
- Berufs- und Gewerbezählung vom 14.Juni 1895. Statistik des Deutschen Reichs Neue Folge Bände 102 bis 111.
- Berufs- und Betriebszählung vom 12.Juni 1907. Statistik des Deutschen Reichs Neue Folge Bände 202 bis 211.

Kaiserliches Statistisches Amt:
Bewegung der Bevölkerung im Jahre 1907 (1908, 1909, 1910, 1911, 1912, 1913). Statistik des Deutschen Reichs Band 223 (227, 236, 246, 256, 266, 275).

Königliches Statistisches Bureau in Berlin:
- Die Geburten, Trauungen und Sterbefälle im Preussischen Staate während der Jahre 1868, 1869, 1870, 1871 und 1872. Preussische Statistik Band XXIX.
- Die Bewegung der Bevölkerung im preussischen Staate während der Jahre 1873 und 1874. Preussische Statistik Band XXXVI.
- Die Bewegung der Bevölkerung im preussischen Staate während des Jahres 1875. Preussische Statistik Band XLII.
- Die Bewegung der Bevölkerung im preussischen Staate während des Jahres 1876. Preussische Statistik Band XLV.
- Die Bewegung der Bevölkerung, mit Einschluss der Wanderungen, im preussischen Staate während des Jahres 1882. Preussische Statistik Band LXXIV.

- Die definitiven Ergebnisse der Volkszählung vom 1. December 1880 im preussischen Staate. Preussische Statistik Band LXVI.
- Die Ergebnisse der Berufszählung vom 5.Juni 1882 im im preussischen Staate. Preussische Statistik Band LXXVI.
- Hauptergebnisse der Berufszählung vom 14.Juni 1895 für den preußischen Staat im Ganzen und die Ortsgrößenklassen im Besonderen. Preußische Statistik Band 142.

Königlich Preußisches Statistisches Landesamt in Berlin:
Die Geburten, Eheschließungen und Sterbefälle im preußischen Staate während des Jahres 1910 (1911, 1912, 1913, 1914, 1915, 1916, 1917, 1918).
Preußische Statistik Band 229 (233, 238, 245, 249, 254, 255, 258, 262).

Preußisches Statistisches Landesamt:
Die Geburten, Eheschließungen, Sterbefälle und Ehescheidungen im Freistaat Preußen während des Jahres 1928. Preußische Statistik Band 298.

Statistisches Reichsamt:
- Bewegung der Bevölkerung in den Jahren 1914 bis 1919. Statistik des Deutschen Reichs Band 276.
- Die Bewegung der Bevölkerung in den Jahren 1928 und 1929 – Die Ursachen der Sterbefälle in den Jahren 1927 und 1928. Statistik des Deutschen Reichs Band 393.

Statistisches Reichsamt:
- Volks-, Berufs- und Betriebszählung vom 16.Juni 1925. Statistik des Deutschen Reichs Bände 401 (Volkszählungsteil) und 402 bis 408 (Berufszählungsteil).
- Volks-, Berufs- und Betriebszählung vom 16.Juni 1933. Statistik des Deutschen Reichs Bände 451 bis 452 (Volkszählungsteil) und 453 bis 458 (Berufszählungsteil).
- Volks-, Berufs- und Betriebszählung vom 17.Mai 1939. Statistik des Deutschen Reichs Bände 552 bis 554 (Volkszählungsteil) und 555 bis 557 (Berufszählungsteil).
- Erhebungs- und Bearbeitungsplan der Volks-, Berufs- und Betriebszählung 1933. Statistik des Deutschen Reichs Band 467.

Zahn, Friedrich(Hrsg.) (1911): Die Statistik in Deutschland nach ihrem heutigen Stand, Bände I und II .München Berlin.

Anmerkung: Die Namensschreibweise „Preussen" bzw. „Preußen" und die Behördenbezeichnung „Bureau" bzw. „Landesamt" hat sich im Lauf der Zeit geändert.

Volkszählung als Registerzensus

Stefan Müller

(Auszug aus der im Institut für Soziologie der Universität Duisburg-Essen angefertigten Diplomarbeit des Verfassers mit dem Thema „Der Weg von der traditionellen Volkszählung zum Registerzensus")

Mit dem Registerzensus [der im Jahr 2011 statt der herkömmlichen Volkszählung geplant ist] wird in Deutschland statistisches Neuland betreten. Seit Bestehen der Bundesrepublik Deutschland wurden die benötigten Daten über die Bevölkerung durch primärstatistische Vollerhebungen erhoben. Die Nutzung von Registern wird durch die verbesserte elektronische Datenverarbeitung möglich. Erschwerend wirkt sich jedoch aus, dass es kein Personenmerkmal gibt, welches eindeutig einer Person zuzuordnen ist. Es gibt beispielsweise keine Personenkennnummer, die in allen verwendeten Registern vorhanden ist und mit der eine einzelne Person identifiziert werden kann, um ihr entsprechende Merkmale aus den Registern zuordnen zu können. Trotzdem stellt der Registerzensus eine Herausforderung für die amtliche Statistik dar, die sie annehmen sollte. Mit Hilfe eines registergestützten Zensus könnten die erforderlichen Daten ohne große Belastung der Bevölkerung erhoben werden. Auf der anderen Seite sind die Melderegister fehlerhaft und benötigen eine Korrektur. Weiterhin ist zu klären, wie die Daten aus den verschiedenen Registern eindeutig einer einzelnen Person zugeordnet werden können.

Die geplante Durchführung des Registerzensus

Im Jahr 2001 begannen die ersten Testerhebungen für die Vorbereitung eines Registerzensus. Das bisherige Verfahren der Volkszählung soll durch eine Auszählung verschiedener Register der Verwaltung ersetzt werden (Grohmann 2000). Für die Deckung des aktuellen Datenbedarfs wurden das Bundes- und das Ländermodell entwickelt. Diese werden im Weiteren näher beschrieben, um die einzelnen Probleme bei der Datenerhebung und Auswertung näher darstellen zu können. Das Bundesmodell sieht vor allem die Erhebung der von der Bundesregierung benötigten Daten vor. Von den Bundesländern und den Kommunen wurde das Ländermodell ausgearbeitet, mit dem auch der Datenbedarf der Länder und der Städte gedeckt wird (Siedt 1999, S.38). Ein Registerzensus kann das bisherige Verfahren der Volkszählungen nur dann ersetzen, wenn die benötigten Daten für die Wirtschafts- und Sozialplanung in den Registern enthalten sind. Bei der Betrachtung der methodischen Grundlage der Modelle ist weiterhin wichtig, dass die erhobenen Daten die für eine Analyse notwendige Qualität besitzen. Vor allem die Kommunen benötigen Zensusdaten, die tief gegliedert sind und Rückschlüsse unterhalb der Gemeindeebene zulassen. Dies ist vor allem deshalb wichtig, weil sonst Veränderungen auf der regionalen Ebene nicht erkannt werden können (Eppmann et al. 1998, S.391). Nicht alle Daten, die in den Registern enthalten sind, sind bis in die Gemeindeteile regionalisierbar.

Die meisten der benötigten Zensusdaten sind ohne Erhebung auf Gemeinde- oder Regierungsbezirksebene vorhanden. Mit Hilfe einer Registerauswertung sind die Daten über die Bevölkerungsstruktur erhältlich. Lediglich die Auswertungen weiterer Register, wie beispielsweise der Beschäftigtendatei der Bundesanstalt für Arbeit, lassen Rückschlüsse auf die sozialen Verhältnisse in der Bundesrepublik zu. Nicht in den Registern enthaltene Daten werden mit dem Mikrozensus erhoben, bei dem 1% der Bevölkerung befragt wird. Die erhobenen Informationen sind nur auf Regierungsbezirksebene vorhanden. Mit Hilfe des Registerzensus soll das System der amtlichen Statistik im Ganzen verändert werden. Die benötigten Zensusdaten sollen in Zukunft ausschließlich aus den Registern gewonnen werden. Stichproben liefern zusätzliche Informationen, die nicht in den Registern enthalten sind. Eppmann et al. (1998, S.395) beschreiben die Aspekte, die ein neuer Zensus erfüllen soll, wie folgt:

„Es ist also ein Konzept [für die Durchführung eines Registerzensus] zu erarbeiten, das

> ➢ langfristig die Bereitstellung aller notwendigen Informationen im Sinne der Grundfunktion eines Zensus ermöglicht
> ➢ die dazu notwendigen Schritte der Realisierung (Aufbaustufen) vollständig und hinreichend detailliert ausweist
> ➢ unter Berücksichtigung der qualitativen Anforderungen den Zeitbedarf der Realisierung aufzeigt
> ➢ die kurz- und mittelfristige Deckung des Informationsbedarfs (Überbrückung der Informationslücken) bis zur Erreichung des Endkonzeptes sicherstellt
> ➢ die zu schaffenden rechtlichen und organisatorischen Voraussetzungen aufzeigt."

Der Registerzensus soll demnach nicht nur den kurzfristigen Bedarf an Daten decken, sondern vielmehr die benötigten Daten auf lange Sicht beschaffen. Die Umstellung von der bisher durchgeführten Volkszählung zu einem registergestützten Zensus ist mit einer Veränderung des Erhebungsverfahrens verbunden. Als erster Arbeitsschritt werden die für den Zensus erforderlichen Daten von den Meldeämtern an die statistischen Landesämter geliefert. Dort werden die

Registerdaten auf Vollständigkeit geprüft und an das Statistische Bundesamt weitergeleitet. Die Daten der einzelnen Landesämter werden zu einer bundeseinheitlichen Datei zusammengeführt, um eventuell mehrfach gemeldete Personen zu erkennen. Diese Mehrfachfälle werden zur Klärung an die statistischen Landesämter zurückgegeben. Nachdem jede gemeldete Person einer bestimmten Wohnung zugeordnet werden konnte, werden die vereinheitlichten Daten von den statistischen Landesämtern an das Statistische Bundesamt geliefert (Statistisches Bundesamt 1998, S.12). Für die Verwendung der Daten des Registerzensus ist die Überprüfung der Qualität der Melderegister von besonderer Bedeutung. Generell lässt sich sagen, dass die Durchführung des Registerzensus grundsätzlich einige Schwierigkeiten aufweist. So gibt es kein Register, in dem alle zensusrelevanten Daten enthalten sind. Weiterhin gibt es keine „Bereichsregister", in denen sämtliche Daten enthalten sind. Beispielsweise sind die Selbstständigen nicht in der Datei der Bundesanstalt für Arbeit enthalten. Auch das Melderegister ist auf die Bearbeitung von individuellen Angaben ausgelegt. Außerdem kann die Führung der Melderegister durch die dezentrale Organisation fehlerhaft sein (Eppmann et al. 1998, S.393; Forster 2001, S.19).

Das Bundesmodell

Das „Bundesmodell" ist eine Form des Registerzensus, mit der vor allem der Datenbedarf der Bundesregierung gedeckt werden soll. Die Kosten eines solchen Zensus werden auf ungefähr 18 Millionen Euro geschätzt. Darin sind die benötigten Testerhebungen schon enthalten (Siedt 1999, S.48). Die Arbeitsgruppe „Gemeinschaftsweiter Zensus 2001" nennt dabei folgende Datenquellen, die bei der Erhebung von Bedeutung sind (Statistisches Bundesamt 1998, S.16):

➢ Nutzung der Daten der Melderegister
➢ Nutzung vorhandener erwerbsstatistischer Dateien
➢ Nutzung des Mikrozensus für ergänzende Fragestellungen, die sich auf Stichprobenbasis beantworten lassen

Siedt (1999, S.38) nennt folgende Aufgaben, die mit dem Bundesmodell erfüllt werden sollen:

1. Ermittlung der amtlichen Einwohnerzahl für Bund, Länder und Gemeinden
2. Neue Basis für die Bevölkerungsfortschreibung und damit auch neue Basis für Hochrechnungen von Stichprobenergebnissen
3. Schaffung einer Auswahlgrundlage für Stichprobenerhebungen

Der Registerzensus nach Art des Bundesmodells soll damit das bisherige Verfahren der Zählung mit Hilfe eines umfangreichen Erhebungsapparates ersetzen und die gleiche Qualität der Daten gewährleisten. Um dieses Ziel zu erreichen, wird das Bundesmodell in ein bevölkerungsstatistisches, ein erwerbsstatistisches und ein ergänzendes Modul aufgeteilt. Das bevölkerungsstatistische Modul beinhaltet alle in den Melderegistern enthaltenen Merkmale. In ihm sind folglich vor allem die demografischen Variablen enthalten. Die Arbeitsgruppe „Gemeinschaftsweiter Zensus 2001" beschreibt die in den Melderegistern enthaltenen Merkmale folgendermaßen: „Aus den Melderegistern werden neben den regionalen Variablen (Gemeinde, Straße, Hausnummer) folgende Erhebungsmerkmale abgerufen: Alter, Geschlecht, Familienstand, Staatsangehörigkeit, Geburtsort, -land, alleinige Wohnung bzw. Haupt- und Nebenwohnung und – sofern dem Anliegen der Kirchen Rechnung getragen wird – Religionszugehörigkeit" (Statistisches Bundesamt 1998, S.17). Die Hilfsmerkmale dienen der Erschließung der Erhebungsmerkmale, die nicht direkt aus den Melderegistern entnommen werden können. Die Hilfsmerkmale werden aber vor allem für die eindeutige Identifizierung der Merkmalsträger erhoben. Weiterhin werden sie für die Überprüfung der Über- oder Untererfassung der Wohnbevölkerung benötigt (Statistisches Bundesamt 1998, S.21). Zu den Hilfsmerkmalen des Bundesmodells gehören unter anderem der „Familienname, Geburtsname, Vorname, derzeitige Anschrift, Tag der Geburt, Geburtsort (Gemeinde), Geburtsort (Standesamt), Geburtsort (Nummer des Geburtseintrags), Wohnungsstatuswechsel (Datum), Zuzug von (Anschrift Zuzugsgemeinde)" (Statistisches Bundesamt 1998, Anhang Übersicht 3). Die aufgeführten Hilfsmerkmale müssen nach dem Bundesstatistikgesetz (§10 Abs.1) zum frühest möglichen Zeitpunkt gelöscht werden. Der erwerbsstatistische Teil enthält die Daten über die abhängig Beschäftigten; mit eingeschlossen sind in diesem Zusammenhang auch die Arbeitslosen, Beamten, Richter und Soldaten. Mit dem Ergänzungsmodul, dem Mikrozensus, mit dem 1% der Bevölkerung befragt wird, werden Daten erhoben, die im bevölkerungsstatistischen und im erwerbsstatistischen Modul nicht enthalten sind. In diesem Zusammenhang werden auch Daten über Selbstständige und mithelfende Familienangehörige erhoben, die mit in das erwerbsstatistische Modul einfließen (Siedt 1999, S.40). Die Daten für den Registerzensus sind demnach in verschiedenen Registern enthalten. Die Verknüpfung der Einzeldaten ist nicht vorgesehen (Statistisches Bundesamt 1998, S.17).

Das Bundesmodell kann in drei Teile aufgeteilt werden:

1. Der demografische Teil:
   An einem bestimmten Stichtag wird die Wohnbevölkerung in der Bundesrepublik Deutschland erfasst.

2. Der haushaltsstatistische Teil:
   Mit Hilfe des Mikrozensus werden zusätzliche Daten zu den Bereichen Erwerbstätigkeit, Wohnen, Bildung und Haushalte erhoben.
3. Der erwerbsstatistische Teil:
   Hierbei handelt es sich um die Auszählung der Beschäftigtendatei der Bundesanstalt für Arbeit (BfA). Es wird davon ausgegangen, dass 70% der Bevölkerung in einem arbeitsfähigen Alter sind. Dabei sind knapp 92% aller Erwerbstätigen durch die BfA registriert. Bei der BfA sind weiterhin auch die Informationen über die Arbeitslosen gespeichert. Weitere Informationen über Richter, Beamte und Soldaten stehen in einer sogenannten „Personalstandsdatei" zur Verfügung. Vom Verteidigungsministerium und vom Bundesamt für den Zivildienst werden Datensätze über Wehrdienst- und Zivildienstleistende bereitgestellt. Angaben über Selbstständige und mithelfende Familienangehörige werden aus Bereichsstatistiken, wie beispielsweise der Landwirtschaftszählung oder der Berichterstattung zum Bauhauptgewerbe, entnommen.

Die erforderlichen Zensusdaten können mit dem Bundesmodell nur dann valide erhoben werden, wenn die vorhandenen Register die Daten über die Wohnbevölkerung vollständig und fehlerfrei enthalten.

Die Erhebung der Zensusdaten wird im Weiteren am Beispiel des Melderegisters verdeutlicht. Zunächst werden Kopien der für den Registerzensus relevanten Daten erstellt. Die kommunalen Daten der Melderegister werden zu einer bundesweiten Datei zusammengefügt und maschinell auf mehrfach vorkommende Personen überprüft. Dabei wird kontrolliert, ob für eine bestimmte Person mehrere Datensätze auf Bundesebene vorliegen. Diese werden gekennzeichnet und von den statistischen Landesämtern überprüft (Statistisches Bundesamt 1998, S.12f.). Weiterhin kann es vorkommen, dass die gespeicherten Daten einer Person unvollständig sind. Dies ist der Fall, wenn beispielsweise der Tag der Geburt oder der Geburtsort in der Datei nicht enthalten ist. Die fehlerhaften oder mehrfach auftretenden Datensätze werden ebenfalls zur Überprüfung an die statistischen Landesämter weitergegeben. Nicht aufgedeckt werden können dagegen Personen, die ohne Abmeldung in das Ausland gezogen sind. Unvollständig gelöscht werden unter Umständen auch verstorbene Personen mit zwei Hauptsitzen, die nur bei einem aus dem Register gestrichen werden. Dies hat zur Folge, dass Personendatensätze als „Karteileichen" in den Melderegistern verbleiben (Siedt 1999, S.44). In diesem Zusammenhang ist zu erwähnen, dass die Arbeitsgruppe „Gemeinschaftsweiter Zensus 2001" die Möglichkeit von mehrfachen Datensätzen für eine alleinige Wohnung ausschließt. Das Statistische Bundesamt geht von ungefähr 800 000 Fällen aus, bei denen aufgrund der vorhandenen Daten nicht genau festgestellt werden kann, an welchem Ort sie leben. In diesen Sonderfällen soll eine Klärung mittels der statistischen Landesämter durch eine telefonische oder schriftliche Kontaktierung herbeigeführt werden (Statistisches Bundesamt 1998, S.20).

Die Struktur des Bundesmodells kann wie folgt zusammenfassend beschrieben werden. Die Melderegister bilden die Grundlage für die Erhebung der demografischen Daten. Diese dienen der Feststellung der amtlichen Einwohnerzahl, welche die Grundlagen für die Bevölkerungsfortschreibung, die Festlegung von Wahlkreisbezirken und den Hochrechnungsrahmen bildet. Weiterhin stellen diese demografischen Daten die Basis für die Auswahl des Mikrozensus dar. Die Beschäftigten- und Arbeitslosendatei der Bundesanstalt für Arbeit, die Personalstatistik über die Personen im Beamtenverhältnis wie auch Richter und Berufssoldaten und spezifische Bereichsstatistiken (beispielsweise die Landwirtschaftszählung) bilden die Datengrundlage für die erwerbsstatistische Datei des Bundesmodells. Der Mikrozensus liefert in diesem Zensusmodell Informationen über die Erwerbstätigkeit von Selbstständigen, die nicht in der beschriebenen Dateiauswahl des erwerbsstatistischen Moduls enthalten sind. Weiterhin dient der Mikrozensus der Erhebung von Merkmalen, die weder in den demografischen Grunddaten noch im erwerbsstatistischen Teil enthalten sind. In diesem Zusammenhang können beispielsweise Daten über die Wohnverhältnisse oder das Bildungsniveau der Bevölkerung genannt werden. Das Bundesmodell liefert Daten, die zum größten Teil nur bis zur Gemeinde oder nur bis zum Regierungsbezirk gegliedert sind. Die demografischen Daten aus den Melderegistern sind dagegen auch für einzelne Gemeindeteile vorhanden. Dabei ist eine Analyse bis auf die Blockseite möglich. Diese umfasst einen Straßenabschnitt zwischen zwei Straßeneinmündungen (Statistisches Bundesamt 1998, S.21).

Zusammenfassend lässt sich sagen, dass das Bundesmodell vor allem den Datenbedarf der Bundesregierung deckt. Regionale Informationen über die Wohnverhältnisse oder über das Bildungsniveau sind dagegen nicht für die Gemeinde oder für Gemeindeteile vorhanden, sondern liegen nach diesem Modell nur für den Regierungsbezirk vor. So kann das Bundesmodell kein vollständiges Bild der Erwerbstätigkeit liefern; weiterhin sind nach diesem Modell keine Daten über die berufliche Stellung der Erwerbstätigen vorhanden. Auf der anderen Seite sind jedoch monatliche Schätzungen auf Bundesebene sowie jährliche auf Gemeinde- und Kreisebene mit diesem Modell möglich. Auf dem Gebiet der Wohnungs- und Gebäudestatistik können mit dem Bundesmodell aber nur Stichprobenergebnisse ermittelt werden, weil keine Register für diese Daten vorhanden sind. Die Arbeitsgruppe „Gemeinschaftsweiter Zensus 2001" betont, dass mit dem Bundesmodell verknüpfte Aussagen zu den Personen und Haushalten beziehungsweise den Wohnungen und Gebäuden möglich sind, jedoch nicht mit einer fachlichen und regionalen Gliederung einer Vollerhebung

(Statistisches Bundesamt 1998, S.22). Siedt betrachtet das Konzept des Bundesmodells von einem kritischen Standpunkt aus. Er betont, „dass ein traditioneller Zählerzensus in Deutschland nicht mehr realisierbar" sei; auf der anderen Seite ist er der Meinung, dass das Bundesmodell auf lange Sicht den Datenbedarf in der Bundesrepublik Deutschland nicht erfüllen kann. Vor allem die Bereitstellung von „kleinräumigen Haushaltszahlen" ist in diesem Zusammenhang zu erwähnen (Siedt 1999, S.48). Abschließend lässt sich sagen, dass das Bundesmodell die Durchführung von Volkszählungen in kürzeren Abständen zulässt als es mit dem bisherigen Volkszählungssystem möglich war. Das Bundesmodell gibt jedoch kein vollständiges Bild der Erwerbstätigkeit auf Gemeindeebene wieder und liefert keine auf den Beruf bezogenen Kennwerte. Vielmehr hat dieses Modell ausschließlich die Aufgabe der Ermittlung von Einwohnerzahlen für die Kommunen, die Bundesländer und den Bund. Auch liefert dieses Modell keine Daten über die Anzahl der Gebäude und Wohnungen.

Das Ländermodell

Das Ländermodell sieht ähnlich dem Bundesmodell die Nutzung von Bevölkerungsregistern und eine zusätzliche Stichprobenerhebung im Erwerbsbereich für die Deckung des bestehenden Informationsbedarfs über die Bevölkerung vor. Da zum Zeitpunkt der Entwicklung des Bundes- und des Ländermodells die Berechnungen noch in DM stattfanden, werden alle weiteren Kostenberechnungen ebenfalls in DM angegeben, um die Kosten der einzelnen Verfahren miteinander vergleichen zu können. Mit 390 Millionen DM ist das Ländermodell wesentlich teurer als das Bundesmodell. Die hohen Kosten ergeben sich aus der geplanten postalischen Gebäude- und Wohnungszählung. Für diese sind 250 Millionen DM geplant (Rost 1999, S.61). Im Vergleich dazu wird das Bundesmodell nur mit 35 Millionen DM veranschlagt (Siedt 1999, S.48). Die demografischen Daten werden aus den Melderegistern erhoben und zusätzlich mit denen aus einer Gebäude- und Wohnungszählung (GWZ) verbunden. Im Rahmen der GWZ werden die Eigentümer angeschrieben. Von der Zählung werden nur Gebäude mit Wohnraum erfasst. Durch dieses zweigliedrige Verfahren ist es möglich, die Unter- oder Übererfassung in den Melderegistern zu korrigieren. Für jede Person kann somit ein Datensatz angefertigt werden (Rost 1999, S.55 ff.). Die erwerbsstatistischen Daten werden aus dem Register der Bundesanstalt für Arbeit und den Dateien anderer Behörden sowie einer Bevölkerungsstichprobe erhoben (Statistisches Bundesamt 1998, S.23). Mit dieser Methode wird ein Methodenwechsel bei der Durchführung von Volkszählungen in der Bundesrepublik Deutschland eingeleitet. Von der Arbeitsgruppe „Gemeinschaftsweiter

Zensus 2001" wird hervorgehoben, dass ein solches Verfahren in diesem Land noch nicht getestet wurde. Wurden im Bundesmodell vor allem die Melderegister für die Erhebung der demografischen Merkmale und der Mikrozensus für ergänzende Angaben benutzt, so bezieht das Ländermodell aus mehr Registern als das Bundesmodell seine Daten (Rost 1999, S.55). Dabei berücksichtigt das Ländermodell, dass die Register nicht alle benötigten Daten enthalten und diese nicht unbedingt miteinander verbunden werden können. Da die Melderegister fehlerhaft sind, werden im Ländermodell die Daten aus den Melderegistern mithilfe einer unabhängigen Quelle – der Gebäude- und Wohnungszählung – überprüft (Eppmann et al. 1998, S.396f.).

Das Ländermodell wurde entwickelt, um den kleinräumigeren Datenbedarf der Bundesländer und Kommunen abzudecken (Rost 1999, S.53). Es soll demnach nicht nur den Informationsbedarf für die politische Planung auf Bundesebene liefern, sondern auch den der Bundesländer, der Kommunen und der Wissenschaft abdecken. Das Ländermodell kann in zwei Module aufgeteilt werden (Statistisches Bundesamt 1998, S.24, 27):

1. das sogenannte Grundmodul, mit dem die demografischen Merkmale erhoben werden

2. das Ergänzungsmodul, mit welchem die erwerbsstatistischen Merkmale erhoben werden

Die erhobenen Daten des Grundmoduls und des Ergänzungsmoduls werden zu Einzeldatensätzen zusammengeführt. Diese enthalten Informationen zu der jeweiligen Person, dem Haushalt, in dem diese wohnt, der Wohnung und dem Gebäude sowie der Erwerbstätigkeit der einzelnen Personen. Die zusammengeführten Daten aus dem Melderegister und der Gebäude- und Wohnungszählung dienen als Grundlage für die Auswahl der künftigen Mikrozensuserhebungen. Nach Überprüfung der Vollständigkeit aller Datensätze werden die für die Erhebung notwendigen Hilfsmerkmale gelöscht, so dass anonymisierte Einzeldatensätze entstehen. Des Weiteren werden die Einzeldatensätze vor der Löschung der Hilfsmerkmale für die Erstellung eines Gebäude- und Wohnungsregisters genutzt, welches in Zukunft fortgeschrieben werden kann. Die Struktur des Ländermodells ist sehr komplex. Dies ist nötig, weil das Ländermodell nicht nur den Datenbedarf des Bundes decken, sondern auch tief gegliederte Informationen bereitstellen soll, die Aussagen unterhalb der Gemeindeebene zulassen. Rost (1999, S.53 ff.) nennt dabei folgende Ziele des Registerzensus:

„Die Ziele des Ländermodells lassen sich wie folgt beschreiben:

1. Feststellung der amtlichen Einwohnerzahl der Gemeinde nach objektiven, vergleichbaren und nachprüfbaren Kriterien mit zensusähnlichen Prüfungen und Korrekturen, die flächendeckend eine hohe Genauigkeit sicherstellen

2. Bereitstellung gebäude- und wohnungsstatistischer Informationen, die sowohl neue Bestandszahlen als Basis der Gebäude- und Wohnungsfortschreibung als auch Ergebnisse zur Wohnraumversorgung in den Gemeinden umfassen

3. Ermittlung von haushaltsstatistischen Ergebnissen unter Berücksichtigung der wohnungsstatistischen Informationen und der Melderegister

4. Bereitstellung umfassender regionalisierter erwerbsstatistischer Ergebnisse aus vorhandenen Registerdaten und einer postalischen 10%-Ergänzungserhebung

5. Bereitstellung kleinräumiger Ergebnisse (auch unterhalb der Gemeindeebene) auch für solche Merkmale, die nicht im Melderegister enthalten sind (z.B. Wohnraumversorgung, Erwerbstätigkeit)

6. Sicherung flexibler Auswertungsmöglichkeiten durch die Kombinierbarkeit sämtlicher Merkmale des Zensusdatensatzes

7. Ermittlung von Basiszahlen für die Bevölkerungs-, Gebäude- und Wohnungsfortschreibung sowie nachgehender bevölkerungs- und wohnungsstatistischer Stichproben als Auswahlgrundlage und Hochrechnungsrahmen

8. Schaffung der Grundlage für den Aufbau von Gebäude- und Wohnungsregistern, um bei einem späteren Zensus auf die Durchführung einer Gebäude- und Wohnungszählung verzichten zu können"

Um einen Überblick über die zu erhebenden Variablen zu geben, folgt im Weiteren eine Beschreibung der Merkmale, die mit dem Ländermodell erhoben werden. Aus dem Melderegister werden folgende Merkmale geliefert (Statistisches Bundesamt 1998, S.36): Alter, Geschlecht, Familienstand, Staatsangehörigkeit, alleinige Wohnung bzw. Haupt- und Nebenwohnung, Geburtsort, -land und – sofern dem Anliegen der Kirchen Rechnung getragen wird – Religionszugehörigkeit. Mit der Gebäude- und Wohnungszählung werden Merkmale erhoben, die für die Erstellung eines Gebäude- und Wohnungsregisters notwendig sind. Zu diesen gehören bei den Gebäuden: Gemeinde, Gemeindeteil oder Stadtbezirk, Straße, Hausnummer, Art des Gebäudes (Wohngebäude, sonstiges Gebäude mit Wohnraum, Wohnheim mit Art der Nutzung, bewohnte Unterkunft); Baujahr; Zahl der Vollgeschosse und Wohnungen im Gebäude; Eigentümer, Erbbauberechtigte, Verfügungs- oder Nutzungsberechtigte nach Personen oder Personengemeinschaften, Gemeinschaften von Wohnungseigentümern,

115

Wohnungsunternehmen und sonstigen Eigentümergruppen. Bei den Merkmalen zur Wohnung werden vor allem solche erhoben, die eine Aussage über die Art der Nutzung der Wohnung und die Ausstattung zulassen. Im einzelnen gehören dazu: Nutzung der Wohnung; Ausstattung der Wohnung mit Küche, Kochnische, Bad oder Dusche und WC; Fläche der gesamten Wohnung, Zahl der Räume mit sechs und mehr Quadratmetern; Heizungs- und Energieart; Leerstand der Wohnung; Miete; Einzugsdatum des Wohnungsinhabers. Die demografischen Daten aus dem Melderegister werden mit denen über die Art und Ausstattung der Gebäude und Wohnungen aus der GWZ im Grundmodul zusammengeführt. Dadurch entsteht ein Bild der Wohnverhältnisse der Bevölkerung.

Das Ergänzungsmodul liefert die erwerbsstatistischen Daten aus folgenden Quellen:

> Dateien der Bundesanstalt für Arbeit; in ihr sind alle Daten über die sozialversicherten Beschäftigten, Teilnehmer an Fortbildungsmaßnahmen sowie über Arbeitslose enthalten.

> Dateien der Berichtsstellen anderer Behörden und Gebietskörperschaften; hier sind Daten erwerbstätiger Personen enthalten, die nicht sozialversicherungspflichtig beschäftigt sind.

> Zusätzlich werden Daten mit einer „10%-Ergänzungsstichprobe" für Personen erhoben, die nicht in den zuvor genannten Dateien enthalten sind.

Die Arbeitsgruppe „Gemeinschaftsweiter Zensus 2001" betont, dass auf Grund des Aufbaus des Ländermodells unter Umständen nur das Grundmodul ohne das Ergänzungsmodul durchgeführt werden kann. In diesem Fall werden mit dem Registerzensus nur die demografischen Merkmale erhoben, da die erwerbsstatistischen Merkmale Gegenstand des Ergänzungsmoduls sind (Statistisches Bundesamt 1998, S.36). Das Grundmodul erhebt die demografischen Daten durch Auswertung der Melderegister und durch eine Gebäude- und Wohnungszählung (GWZ). Dieses Verfahren bietet die Möglichkeit des Aufbaus eines neuen Gebäude- und Wohnungsregisters. Mithilfe der Melderegister und der Unterlagen der Grundsteuerämter wird eine Straßenschlüsseldatei erstellt, in der Name und Anschrift der Wohnungseigentümer enthalten sind. Die GWZ wird postalisch zu einem bestimmten Zeitpunkt durchgeführt. Fehlende Angaben werden dabei durch Nachfragen ergänzt (Statistisches Bundesamt 1998, S.28). Die Daten aus den Melderegistern und der GWZ werden mit der Straßenschlüsseldatei zusammengeführt. In diesem Zusammenhang ist eine Korrektur der erhobenen Daten möglich. Die zusammengeführten Daten bilden die Grunddatei, in der die Einzeldatensätze mit Personen-, Haushalts-, Gebäude- und Wohnungsdaten erfasst sind. Da die Melderegister wie auch die GWZ fehlerhafte Informationen enthalten können, müssen die erhobenen Daten auf ihre Qualität überprüft werden. Zu den Fehlern gehören beispielsweise fehlende Angaben zum Geburtstag oder -ort. Weiterhin können unter Umständen Personen nicht in den Melderegistern enthalten sein, weil sie sich an ihrem Wohnort nicht angemeldet haben oder bei Wegzug nicht aus dem Register gestrichen worden sind. Die Plausibilität der erhobenen Daten in der GWZ und den Melderegistern wird durch Vergleich der beiden Datensätze überprüft. Da sie sich auf die gleiche Wohnbevölkerung beziehen, müssen sie auch ähnliche Datensätze enthalten. In der GWZ wird die Zahl der bewohnten Wohnungen und die Anzahl der darin wohnenden Personen erfasst. Plausibilitätsprüfungen werden dann vorgenommen, wenn beispielsweise zu den gezählten Personen in einer Wohnung kein Datensatz in den Melderegistern vorliegt. Gleiches gilt, wenn die Quadratmeterzahl der Wohnung für die Anzahl der durch den Vermieter gemeldeten Personen zu klein ist oder die Zahl der Haushalte größer ist als die Anzahl der Wohnungen (Statistisches Bundesamt 1998, S.32).

Mit dem Ergänzungsmodul werden im Rahmen des Ländermodells die erwerbsstatistischen Daten erhoben, die mit dem Grundmodul nicht erhoben werden können. Für diesen Zweck werden die verschiedenen Register ausgewertet, die die erwerbsstatistischen Merkmale enthalten. In diesem Rahmen werden von der Arbeitsgruppe „Gemeinschaftsweiter Zensus 2001" folgende Datenquellen genannt (Statistisches Bundesamt 1998, S.33f.):

„Informationen zur Erwerbstätigkeit liegen in Form von Einzeldatensätzen bei folgenden Institutionen vor:

- ➢ Die Bundesanstalt für Arbeit verfügt über Register für sozialversicherungspflichtig Beschäftigte, Arbeitslose sowie Teilnehmer an Fortbildungs- und Umschulungsmaßnahmen. Die Einzeldatensätze dieser Register stellen bereits jetzt die Grundlage u.a. der Beschäftigten- und der Arbeitslosenstatistik dar. Die für eine Zusammenführung benötigten Merkmale Straße, Hausnummer und Geburtsdatum sind in den Datensätzen enthalten; gegebenenfalls muss der Lieferdatensatz ergänzt werden.

- ➢ Von den Berichtsstellen für die Personalstandsstatistik können Einzeldatensätze für Beamte und Richter, Berufs- und Zeitsoldaten sowie Beamtenanwärter geliefert werden. Straße und Hausnummer sind derzeit nicht in den Datensätzen enthalten; eine entsprechende Erweiterung ist erforderlich.

- ➢ Von den Berichtsstellen für die Versorgungsempfängerstatistik können Einzeldatensätze für Pensionäre unter 65 Jahren, dienstunfähige Soldaten sowie dienstunfähige Personen im Polizei- und Justizvollzugsdienst zur Verfügung gestellt werden. Straße und Hausnummer sind derzeit nicht in den Datensätzen enthalten; eine entsprechende Erweiterung ist erforderlich.

➢ Einzeldatensätze für Wehrdienstleistende und Zivildienstleistende (einschließlich deren Adressen) können vom Verteidigungsministerium bzw. vom Bundesamt für den Zivildienst bereit gestellt werden.

➢ Angaben zu Rentnern unter 65 Jahren liegen in Form von Einzeldatensätzen (mit Adressen und Altersangaben) bei den Rentenversicherungsträgern vor.

Die Machbarkeit des Ergänzungsmoduls wird nicht beeinträchtigt, wenn eine der vorgenannten Quellen, ausgenommen die Dateien der Bundesanstalt für Arbeit, aus rechtlichen Gründen nicht zur Verfügung gestellt werden kann. In diesen Fällen erhöht sich die Grundmasse für die Ergänzungserhebung entsprechend."

Die Erhebungs- und Hilfsmerkmale müssen laut der Arbeitsgruppe „Gemeinschaftsweiter Zensus 2001" noch festgelegt werden (Statistisches Bundesamt 1998, S.37). Die Grunddatei, bestehend aus den Daten der Melderegister und der Gebäude- und Wohnungszählung, liefert die Daten über die wohnberechtigte Bevölkerung. Die externen Quellen sind für die Lieferung der erwerbsstatistischen Daten zuständig, die nicht in der Grunddatei enthalten sind. Die Daten über die Erwerbstätigkeit werden mit denen der arbeitsfähigen Personen aus der Grunddatei verbunden, so dass Einzeldatensätze entstehen, die sowohl Informationen über die Person, den dazugehörigen Haushalt sowie über die Erwerbstätigkeit enthalten. Um erwerbsstatistische Daten über Personen zu erhalten, die nicht in den aufgeführten externen Quellen zu finden sind, wird eine postalische 10%-Ergänzungsstichprobe vorgenommen, mit der Informationen über die Selbstständigen erhoben werden. Zum Schluss werden die Daten über die Bevölkerung im erwerbstätigen Alter mit denen der Personen, die unter 15 Jahre und somit noch nicht erwerbstätig sind, und den Personen, die über 65 Jahre alt sind und noch im Erwerbsleben stehen, zur sogenannten Volkszählungsdatei zusammengeführt.

Ziel des Ländermodells ist es, die in den externen Quellen enthaltenen Einzeldatensätze mit den Daten aus der Grunddatei zu verbinden, um somit für jede einzelne Person einen Datensatz zu erhalten, der eindeutig der Person zugeordnet werden kann. Problematisch ist in diesem Zusammenhang, dass die gespeicherten Einzeldaten, beispielsweise der Bundesanstalt für Arbeit (BfA), unter Umständen andere Angaben zur Person enthalten als die Grunddateien. So kann etwa ein anderer Wohnsitz des Arbeitnehmers bei der BfA angegeben sein. Die erwerbsstatistischen Daten können, wenn solche nicht übereinstimmenden Fälle nicht geklärt werden können, den demografischen Daten aus der Grunddatei nicht zugeordnet werden. Abschließend lässt sich sagen, dass das Ländermodell versucht, mit Hilfe des Grundmoduls und des Ergänzungsmoduls ähnliche Daten zu liefern, wie sie die Volkszählung 1987 erhoben hat. Die Daten sind im Gegensatz zu denen, die mit dem Bundesmodell geliefert werden, jedoch auch kleinräumig lieferbar. Die Brauchbarkeit der Daten hängt allerdings ebenfalls stark von der Qualität der in den Registern enthaltenen Daten ab. Da die Ergebnisse des künftigen Registerzensus auch als Hochrechnungsrahmen benutzt werden, ist es wichtig, dass sie die Bevölkerungsdaten möglichst fehlerfrei enthalten. Von Bedeutung ist weiterhin, dass die erhobenen demografischen und erwerbsstatistischen Daten individuell und auf Haushaltsebene miteinander verbunden werden können.

Literatur

Eppmann, Helmut/Köster, Gabriele/Rost, Reinhard (1998): Zensus 2001 – Stand der Methodendiskussion. Statistische Rundschau Nordrhein-Westfalen 8/1998, S.389-405.

Forster, Michael (2001): Die Zukunft der Volkszählung in Deutschland – Traditionelle Zählung oder registergestützter Zensus. Statistische Analysen und Studien Nordrhein-Westfalen 4/2001, S.14-27.

Grohmann, Heinz (2000): Geschichte und Zukunft der Volkszählung in Deutschland. Berliner Statistik 12/2000, S.216-222.

Rost, Reinhard (1999): Ein Zensus auf der Grundlage einer Registerauswertung - Das Ländermodell. In: Heinz Grohmann, Heinz Sahner und Rolf Wiegert (Hrsg.), Volkszählung 2001 – Von der traditionellen Volkszählung zum Registerzensus, Sonderheft 33 zum Allgemeinen Statistischen Archiv, S.51-63.

Siedt, Hans Gerd (1999): Ein Zensus auf der Grundlage einer Registerauswertung – Das Bundesmodell. In: Heinz Grohmann, Heinz Sahner und Rolf Wiegert (Hrsg.), Volkszählung 2001 – Von der traditionellen Volkszählung zum Registerzensus, Sonderheft 33 zum Allgemeinen Statistischen Archiv, S.35-49. Göttingen.

Statistisches Bundesamt (1998): Bericht der Arbeitsgruppe „Gemeinschaftsweiter Zensus 2001". Nicht allgemein veröffentlicht. Wiesbaden.

Anmerkung:
Der mehrfach angesprochene im Jahr 2001 angestrebte Zensus wurde nicht durchgeführt; er ist im Jahr 2011 vorgesehen.

Kleinräumliche Mortalitätsanalyse auf der Basis des Mikrozensus

Gregor Drogies

(Auszug aus der im Institut für Soziologie der Gerhard-Mercator-Universität Duisburg angefertigten Diplomarbeit des Verfassers mit dem Thema „Regionale Unterschiede der Mortalität und deren Entwicklung in Nordrhein-Westfalen – Eine Analyse auf der Ebene der Mikrozensus-Anpassungsschichten")

Das Verhältnis der Sterbefälle zum Durchschnittsbestand der Bevölkerung (Mortalität) lässt sich auf Grund seiner Eindeutigkeit als Ereignis problemlos statistisch aufbereiten und regional zuordnen. Die Wirkungsebene stellt somit das geringere Problem dar. Komplexer wird die Problematik in dem Moment, in dem die Ursachen der Sterblichkeit ausgelotet werden sollen. Die dabei entstehenden Probleme resultieren aus dem Umstand heraus, dass es sich bei der Sterblichkeit nicht um ein monokausales Ereignis handelt. Einerseits hängt die Mortalität von der persönlichen Lebensführung (Ess-, Trink-, Rauchgewohnheiten usw.) ab (Höhn und Pollard 1992), andererseits wird die Sterblichkeit auch durch die nicht in der einzelnen Person verankerten Unterschiede geprägt. Diese exogenen Unterschiede lassen sich grob in drei Faktoren unterteilen: in demografische, sozio-strukturelle und umweltbedingte Faktoren. Ein weiteres Problem stellt die Vermischung der Ursachen untereinander dar. Ein Beispiel hierfür wäre, dass das persönliche Ernährungsverhalten durch regionale Sitten geprägt ist. Diese gegenseitige Beeinflussung der Ursachenebenen untereinander lässt sich teilweise nur sehr schwer aufspüren und definieren. Selbst die Variablen der einzelnen Faktoren unterliegen schwerwiegenden Restriktionen. Dies resultiert zum einen aus dem Erhebungsintervall, in welchem die Daten erhoben werden, da die Erhebungsintervalle sehr groß sind. Des weiteren ist die eindeutige Zuordnung der Ursachen zu den betroffenen Regionen problematisch. Dies beginnt schon bei der Einteilung der Regionen; denn es ist nicht gewährleistet, dass die verwendeten Regionen ausreichend groß sind, um systematische Fehler zu vermeiden. Eine weitere Unsicherheit wird durch den zeitlichen Horizont hervorgerufen. Es ist hier zu berücksichtigen, dass zum Beispiel viele Umweltbelastungen kumulativer Natur sind und erst Jahre nach ihrem Auftreten Wirkung zeigen und dann nicht mehr eindeutig dem Ereignis zuzuordnen sind. Beispielsweise wirkt sich die Mangelernährung der Kriegsgenerationen erst

Jahre später aus. Des weiteren ist auch dem Umstand Rechnung zu tragen, dass es sich bei den Untersuchungsgebieten nicht um statische Gebilde handelt. Das bedeutet, dass regionale Wanderungen das Ergebnis beeinflussen. So kann es sein, dass zum Beispiel eine Region als Altersruhesitz bevorzugt wird, aber für jüngere Menschen nicht ausreichend Arbeitsplätze bietet. Somit kommt es zu einer relativen Verschiebung der Altersstruktur. Das Ergebnis ist eine scheinbare Verschlechterung der Lebenserwartung, die aber de facto nicht vorliegen würde, wenn das Untersuchungsgebiet statisch wäre. Allein für das Problem der Wanderung und deren Effekte auf die Sterbetafeln wäre eine eigene Untersuchung notwendig (Neubauer und Sonnenholzner-Roche 1986).

Resümierend kann festgehalten werden, dass die „Sterblichkeit nur als das Ereignis eines multifaktoriellen und überdeterminierten Prozesses verstanden werden kann" (Müller 1993, S.5). Diese beschriebenen Probleme erklären auch, warum die Untersuchungen zur regionalen Mortalität kein einheitliches Design aufweisen können, denn allein schon aus der Fülle der Faktoren wird eine erste Beschränkung auf eine Fraktion der Ursachen notwendig. Aus diesem Grund beschränkt sich diese Arbeit auf die sozio-strukturellen Faktoren. Aber selbst die „bloße" Betrachtung dieser Fraktion bietet ein unübersichtlich weites Feld. Dies mag einer der Gründe sein, warum es bis zum heutigen Zeitpunkt keine bundeseinheitliche Vorgehensweise bei der Untersuchung der regionalen Mortalitätsunterschiede gibt, obwohl hier angemerkt werden muss, dass es die ersten ernsthaften Kooperationen zwischen einzelnen Bundesländern gibt (Tagung der Patrick-Süßmilch-Stiftung 1997, Bielefeld). Als Konsequenz des vorab Geschriebenen folgt die Beachtung folgender Grundsätze: Die Arbeit befasst sich ausschließlich mit den sozio-strukturellen Ursachen der Mortalität. Mit diesem Vorgehen soll das Ziel verfolgt werden, einen weiteren Schritt in Richtung Standardisierung der Mortalitätsanalyse zu gehen. Als Untersuchungseinheit wurden die Mikrozensus-Anpassungsschichten des Landes Nordrhein-Westfalen gewählt.

Untersuchungsplan

Der erste Schritt der Untersuchung zu den regionalen Unterschieden der Mortalität und deren Entwicklung in Nordrhein-Westfalen bestand aus der Erschließung folgender drei Datenquellen: Erstens aus den Daten der Landesdatenbank des Landesamtes für Datenverarbeitung und Statistik des Landes Nordrhein-Westfalen, zweitens aus dem Mikrozensus und drittens aus sonstigen amtlichen Statistiken. Der Landesdatenbank wurden die Bevölkerungs- und Mortalitätsdaten für die einzelnen Kreise Nordrhein-Westfalens entnommen. Der zweite Teil der Untersuchung befasst sich mit der Transformation der Rohdaten. Hierbei war es speziell bei den Daten des Landesamtes für Datenverarbeitung und Statistik in einem ersten Schritt notwendig, die Daten von der Großrechnerebene in ein verarbeitbares Format (Microsoft Excel®) zu bringen. Die Daten, die den sonstigen amtlichen Statistiken entnommen wurden, mussten manuell eingegeben werden. Die Daten des Mikrozensus hat das Landesamt für Datenverarbeitung und Statistik bereits in lesbaren Excel®-Formaten zur Verfügung gestellt. Diese beiden Schritte waren die Grundlage für den zweiten Teil der Datenaufbereitung, die Transformation der Daten. In der Phase der Transformation wurden speziell die Berechnungen der Sterbetafeln für die Mikrozensus-Anpassungsschichten Nordrhein-Westfalens vorgenommen. Dies geschah mittels des Tabellenkalkulationsprogramms Excel®. Der dritte Teil der Untersuchung beinhaltet die Berechnung der Kennzahlen, die zur Beschreibung der Mortalität, der Unterschiede der Mortalität und deren Entwicklung benötigt werden. Eine zentrale Rolle spielte hierbei die Ermittlung der mittleren Lebenserwartung, welche die Lebenserwartung eines Neugeborenen widerspiegelt.

Bei dem Mikrozensus handelt es sich um eine 1%-Haushaltsstichprobe der Gesamtbevölkerung. Daraus resultiert eine Größenordnung von ca. 730 000 befragten Personen in 327 000 Haushalten. Der Mikrozensus wird als „repräsentative Flächenstichprobe" (Hullmann 1997, S. 395) erhoben. Die zu befragenden Haushalte werden mittels eines mathematischen Zufallsverfahrens ermittelt und maximal in vier aufeinanderfolgenden Jahren befragt. Die Erhebung des Mikrozensus wird durch das Mikrozensusgesetz geregelt. Erstmals wurde der Mikrozensus 1957 im früheren Bundesgebiet erhoben und seit 1991 auch in den neuen Bundesländern angewandt. Die Daten, die in diese Untersuchung einfließen, wurden noch von dem Mikrozensusgesetz von 1985 bestimmt. Das darauf folgende Mikrozensusgesetz trat am 17.Januar 1996 in Kraft. Der Mikrozensus ist eine repräsentative Mehrzweckstichprobe und erfüllt folgende fünf Funktionen (Esser et al. 1989, S.50f.):

1. Die Erhebung sozio-ökonomischer Strukturdaten,
2. eine kontinuierliche Beobachtung des Arbeitsmarktes,
3. Verbesserung des sozio-ökonomischen Informationsangebotes,
4. eine fortschreibende Beobachtung von sozio-ökonomischen Veränderungen und
5. Bereitstellung grundlegender statistischer Funktionen.

Seit 1990 werden die Daten des Mikrozensus für Nordrhein-Westfalen in differenzierter Form zur Verfügung gestellt. Seit diesem Zeitpunkt sind erstmals kleinräumige Analysen mittels des Mikrozensus für Nordrhein-Westfalen möglich. Dazu wurden die 54 Kreise und kreisfreien Städte Nordrhein-Westfalens zu 33 regionalen Einheiten (Mikrozensus-Anpassungsschichten) zusammengefasst.

Für diese 33 Untersuchungseinheiten liegen die differenzierten Daten des Mikrozensus vor. Für die Untersuchung wurden die Daten aller Mikrozensus-Anpassungsschichten in Nordrhein- Westfalen verwendet. Offiziell ist das Land Nordrhein-Westfalen in 34 Mikrozensus-Anpassungsschichten eingeteilt. Hier wird aber generell von 33 Anpassungsschichten ausgegangen, da die Städte Bochum und Herne zwar als eigenständige Anpassungsschichten gezählt werden, aber die Aufbereitung und Ausgabe der Daten für beide Städte gemeinsam stattfindet.

Berechnung der Sterbetafeln

Wie groß ist die Wahrscheinlichkeit, dass ein 40-jähriger Mann seinen Ruhestand – sein 65. Lebensjahr – erreicht, und wenn er es erreicht, wie lange wird er dann seine Rente beziehen? Um wie viele Jahre wird eine 20-jährige Frau einen gleichaltrigen Mann überleben? Wie hoch ist die Lebenserwartung eines Neugeborenen? Wie wahrscheinlich ist es, dass es seinen ersten Geburtstag erlebt, und wie viele der Neugeborenen erreichen das Rentenalter? Diese Fragen lassen sich mit Hilfe der Sterbetafeln beantworten. Aber die Sterbetafel (im Englischen „life table") kann mehr, als bloß das Mortalitätsgeschehen einer Population in eine gut lesbare und vergleichbare Form zu bringen. Sie kann beispielsweise dazu benutzt werden, um das Fluktuationsverhalten innerhalb einer Organisation zu untersuchen, oder aber in der Medizin angewandt werden. Hier wird mittels der Sterbetafel die Fünf- bzw. Zehnjahres-Überlebenschance bei Krebspatienten ermittelt. Es muss sich dabei aber gar nicht immer um eine menschliche Population handeln, es kann sich genau so gut um einen Laborversuch handeln, in dem das Überleben von Mäusen auf bestimmte Versuchsanordnungen zu dokumentieren ist. Des weiteren muss auch nicht immer der Tod das Kriterium sein; es kann sich dabei ebenso um eine vorher definierte Reaktion oder einen Zustand handeln. Das ist zum Beispiel der Fall, wenn es darum geht, die Überlebenswahrscheinlichkeit innerhalb einer bestimmten Notfallsituation in der Medizin zu bestimmen. Das Prinzip der Sterbetafel lässt sich ebenfalls auf Gegenstände ausweiten, wenn zum Beispiel die Frage auftritt, wie lange ein Gerät einer bestimmten Marke benutzt wird, bevor es ausrangiert wird, oder wie hoch die „Lebenserwartung" von Digitaluhren ist. Diese Ausführungen sollen zeigen, dass zur Bestimmung von Lebensspannen, egal welcher Art, die Sterbetafel ein ideales Instrument ist.

Zur Berechnung der Sterbetafeln wurden die Zahlen über die Gestorbenen und die durchschnittliche Bevölkerung Nordrhein-Westfalens der Jahre 1988 bis 1996 – nach Alter und Geschlecht differenziert – verwendet. Im Kontext dieser

Untersuchung hat sich herausgestellt, dass der prozentuale Anteil der Ausländer innerhalb einiger Mikrozensus-Anpassungsschichten nicht ausreicht, um eine gültige Aussage zu erhalten. Aus diesem Grund wurde auf die Differenzierung der Daten nach Staatsangehörigkeit verzichtet. Vorab sei an dieser Stelle angemerkt, dass die Berechnung der Sterbetafeln erfolgt, um die beiden folgenden grundlegenden Fragen zu beantworten:

1. Wie hoch ist die Wahrscheinlichkeit, dass eine Person des (der) Alters (Altersklasse) $x(x_n)$ innerhalb des kommenden Altersjahres (Altersintervalls) stirbt?

2. Wie viele Jahre kann eine x - jährige Person (eine Person des Altersintervalls x_n) noch erwarten zu leben?

Generell kann zwischen der Generationen- (Längsschnitt-) und der Periodentafel (Querschnittstafel) unterschieden werden. In der äußeren Form unterscheiden sich diese beiden Tafeln nicht. Unterschiede treten jedoch hinsichtlich ihrer Konstruktion auf. Die Generationentafel beschreibt die Entwicklung eines realen Geburtsjahrgangs. Das bedeutet, dass die Generationentafel erst dann abgeschlossen werden kann, wenn das letzte Mitglied des Geburtsjahrgangs verstorben ist. Sie ist daher kaum für aktuelle Untersuchungen geeignet. Die Periodentafel geht hingegen von einer fiktiven Kohorte aus, auf welche die beobachteten Sterblichkeitsverhältnisse der in dem Untersuchungszeitraum lebenden altersspezifischen Bevölkerung übertragen werden. Wie in den meisten Untersuchungen wird auch in dieser Untersuchung die Periodensterbetafel bevorzugt. Zusätzlich lässt sich zwischen der vollständigen und der abgekürzten Sterbetafel unterscheiden. Die vollständige Sterbetafel wird in Einjahresklassen bis zum 100. Lebensjahr berechnet. Das erste Lebensjahr wird bei der vollständigen Sterbetafel noch weiter aufgeschlüsselt, um der speziellen Säuglingssterblichkeit Rechnung zu tragen. In der abgekürzten Sterbetafel werden Fünf- oder Zehnjahresintervalle gebildet, wobei das erste Lebensjahr und das Intervall zwischen dem ersten und fünften Lebensjahr extra ausgewiesen wird.

Innerhalb dieser Arbeit wird die abgekürzte Periodentafel verwendet. Der Vorteil dieser Methode ist, dass die Ergebnisse denen der vollständigen Tafel entsprechen, zudem aber eine wesentlich übersichtlichere Form der Darstellung bieten. Um nicht erst die vollständigen Periodentafeln berechnen und diese in das Format der abgekürzten Tafel übertragen zu müssen, wurde eine geeignete Methode ausgewählt; denn das Problem besteht darin, direkt aus den gebildeten Altersintervallen die Sterbewahrscheinlichkeit zu berechnen. In der vollständigen Sterbetafel wird das Problem dadurch gelöst, dass davon ausgegangen wird, dass sich die Sterblichkeit innerhalb eines Jahres gleichmäßig über das Jahr verteilt (Methode nach Farr 1885). Dies ist aber in einem Fünfjahreszeitraum nicht der Fall; hier ist die Sterblichkeit durch eine mehr oder minder starke Schiefe gekennzeichnet. An dieser Stelle stellt die Methode nach Chiang (1984) eine gangbare Lösung dar. Die Untersuchung von Müller (1993, S.30) zur regionalen Mortalität in Rheinland-Pfalz hat gezeigt, dass die Ergebnisse der Sterbetafeln nach Chiang im Vergleich zu den nach der Methodik von Farr errechneten Sterbetafeln nur geringfügig voneinander abweichen (hierzu auch Scholz 1997, S.13f.). Chiang bietet einen Quotienten $_n a_x$ an, der der Schiefe der Sterbetafel Rechnung trägt (Namboodiri und Suchindran 1987, S.25f.).

Quotient $_n a_x$ für die abgekürzten Sterbetafeln nach Chiang

Altersintervall in Jahren	$_n a_x$	Altersintervall in Jahren	$_n a_x$
0 – 1	0,09	40 – 45	0,54
1 – 5	0,39	45 – 50	0,54
5 – 10	0,46	50 – 55	0,53
10 – 15	0,54	55 – 60	0,52
15 – 20	0,57	60 – 65	0,52
20 – 25	0,49	65 – 70	0,52
25 – 30	0,50	70 – 75	0,51
30 – 35	0,52	75 – 80	0,51
35 – 40	0,54	80 – 85	0,48

Die von Chiang entworfene Sterbetafel besteht aus elf Spalten, deren Inhalt wie folgt zu berechnen ist.

Die **1. Spalte** (Alter im Intervall n) gibt die Größe der Altersklasse an. Das erste Altersintervall beträgt 1 Jahr auf Grund des Problems der Säuglingssterblichkeit. Das zweite Altersintervall beträgt dann 4 Jahre. Alle weiteren Intervalle, bis auf das letzte offene Intervall, umfassen einen Zeitraum von 5 Jahren.

Die **2. Spalte** (Alter) gibt die untere Grenze der Altersklasse an.

Die **3. Spalte** (Intervall) beinhaltet die Altersklassenbreite in Jahren.

Die **4. Spalte** (altersspezifische Sterberate) wird wie folgt berechnet:

$$_n m_x = \frac{_n D_x}{_n P_x}$$

$_n m_x$ = altersspezifische Sterberate für das Altersintervall (x, x+n)

$_n D_x$ = Sterbefälle im Alter von x bis x+n Jahren

$_n P_x$ = mittlere Bevölkerung im Alter von x bis x+n Jahren

n = Altersklassenbreite in Jahren

x = untere Grenze der Altersklasse

Diese Kennziffer gibt das Verhältnis der innerhalb der Altersklasse verstorbenen Personen zu der durchschnittlichen Bevölkerung im Untersuchungszeitraum wieder.

In der **5. Spalte** wird aus der altersspezifischen Sterberate die altersspezifische Sterbewahrscheinlichkeit berechnet. Diese gibt die Wahrscheinlichkeit wieder, dass eine zufällig ausgewählte Person aus dem Altersintervall x_n vor dem Erreichen des nächsten Altersintervalls x_{n+1} verstirbt. In dieser Formel kommt dann auch der von Chiang entwickelte Quotient $_n a_x$ zum Einsatz. Der Quotient bezeichnet den durchschnittlichen Anteil an Jahren, den die Verstorbenen in dem Altersintervall durchlebten.

$$_n q_x = \frac{n \, _n m_x}{1 + \left(1 - \, _n a_x\right) n \, _n m_x}$$

$_n q_x$ = Wahrscheinlichkeit für eine Person, im genauen Alter x vor dem Erreichen des Altersintervalls (x, x+n) zu sterben

$_n a_x$ = durchschnittliche Anzahl von Jahren in einem Altersintervall derjenigen Personen, die in diesem Altersintervall sterben

Die **6. Spalte** beinhaltet die Anzahl der Lebenden im Alter x $\left(l_x\right)$. Der Periodensterbetafel wird eine standardisierte Bevölkerung – in diesem Fall 100 000 Personen – zugrunde gelegt. Das Altersintervall x_0 beinhaltet die gesamte Standardbevölkerung. Für die weiteren Altersintervalle wird jeweils die Anzahl der Gestorbenen im Intervall x bis x+n $\left(_n d_x\right)$ subtrahiert.

In der **7. Spalte** befindet sich die Anzahl der Gestorbenen im Intervall von x bis x+n, die wie folgt berechnet wird:

$$_nd_x = {}_nq_x l_x$$

In der **8. Spalte** wird die Anzahl der von den Überlebenden im Altersintervall (x, x+n) durchlebten Jahre $\left({}_nL_x\right)$ aufgeführt. Sie drückt die Summe der von den Überlebenden des Altersintervalls durchlebten Jahre aus und ist das Ergebnis folgender Formel:

$$_nL_x = nl_{x+n} + n\, {}_na_x\, {}_nd_x$$

Für das letzte (offene) Altersintervall, dessen Beginn mit w bezeichnet wird, gilt:
$$_wL_x = \frac{l_x}{{}_wm_x}$$

Die **9. Spalte** gibt die Anzahl der im Alter x noch zu durchlebenden Jahre $\left(T_x\right)$ an. Dazu werden alle durchlebten Jahre der restlichen Standardpopulation aufsummiert; die dafür benötigte Formel lautet:

$$T_x = L_x + L_{x+1} + \dots + L_w = \sum_{i=x}^{w-1} L_i + L_w$$

In der **10. Spalte** wird die Lebenserwartung im Alter x $\left(e_x\right)$ angegeben. Dieser Wert gibt an, wie viele Jahre eine Person des Alters x statistisch gesehen noch durchleben wird. Sie basiert auf der folgenden Formel:

$$e_x = \frac{T_x}{l_x}$$

In der **11. Spalte** dieser Arbeitstabelle wird zusätzlich der von Chiang vorgeschlagene Quotient aus Gründen der Übersichtlichkeit aufgeführt.

Nach dieser Methode wurden alle für die Untersuchung notwendigen Sterbetafeln berechnet. Die Berechnung erfolgte für die 33 Mikrozensus-Anpassungsschichten und für Nordrhein-Westfalen insgesamt. Diese Tafeln wurden jeweils für die Kategorien männlich, weiblich und Personen insgesamt berechnet.

Beitrag der Altersintervalle

Der Quotient Delta $\left(_{n}\Delta_{x}\right)$ ermöglicht es, den Beitrag der einzelnen Altersintervalle (x, x+n) an der Veränderung der mittleren Lebenserwartung $\left(x_{0}\right)$ zwischen zwei Untersuchungszeiträumen zu bestimmen. Die Angabe der Ergebnisse erfolgt in Jahren. Mit diesen Ergebnissen wird dann die Beurteilung des Alterungsverhaltens der Untersuchungspopulation ermöglicht. Es wird also sichtbar, welche Altersintervalle wie stark zur positiven bzw. zur negativen Entwicklung der mittleren Lebenserwartung beitragen. Die Berechnung erfolgt nach der folgenden Formel (United Nations 1988, S.105):

$$_{1}\Delta_{0} = \left(e_{0}^{b} - e_{0}^{a}\right) - [(e_{1}^{b} - e_{1}^{a})\frac{(l_{1}^{b} + l_{1}^{a})}{2}]$$

$_{n}\Delta_{x}$ = Beitrag des Altersintervalls (x, x+n) an der Differenz der mittleren Lebenserwartung

e_{x}^{a} bzw. e_{x}^{b} = mittlere Lebenserwartung der Lebenden im Alter (x, x+n) im Untersuchungszeitraum a bzw. b

l_{x}^{a} bzw. l_{x}^{b} = Anzahl der Lebenden im Alter (x, x+n) dividiert durch 100000 im Untersuchungszeitraum a bzw. b

Nachstehende Formel gilt für die Altersintervalle von 1 – 5, 5 – 10, ..., 80 – 85 Jahren:

$$_{n}\Delta_{x} = [(e_{x}^{b} - e_{x}^{a})\frac{(l_{x}^{b} + l_{x}^{a})}{2}] - [(e_{x+n}^{b} - e_{x+n}^{a})\frac{(l_{x+n}^{b} + l_{x+n}^{a})}{2}]$$

Für das letzte (offene) Altersintervall gilt:

$$_{1}\Delta_{0} = \left(e_{85}^{b} - e_{85}^{a}\right) - \frac{(l_{85}^{b} + l_{85}^{a})}{2}$$

Außerdem ist zu beachten, dass der Wert l_{x} auf einer Radix von 1 angeordnet wird:

$$l_{x}^{a} = \frac{l_{x}}{100000} \qquad\qquad l_{x}^{b} = \frac{l_{x}}{100000}$$

Literatur

Chiang, Chin Long (1984): The Life Table and its Applications. Malabar, Fla.

Esser, Hartmut/Grohmann, Heinz/Müller, Walter/Schäffer, Karl-August (1989): Mikrozensus im Wandel – Untersuchungen und Empfehlungen zur inhaltlichen und methodischen Gestaltung. Forum der Bundesstatistik (herausgegeben vom Statistischen Bundesamt) Band 11. Stuttgart.

Farr, William (1885): Vital Statistics. London. (Reprint 1975, Metuchen N.J.)

Höhn, Charlotte/Pollard, John H. (1992): Persönliche Gewohnheiten und Verhaltensweisen und Sterblichkeitsunterschiede nach dem Familienstand in der Bundesrepublik Deutschland. Zeitschrift für Bevölkerungswissenschaft 18 (4/1992), S.415-433.

Hullmann, Alfred (1997): Privathaushalte und Erwerbstätigkeit in den Regionen Nordrhein-Westfalens – Regionalergebnisse des Mikrozensus. Statistische Rundschau Nordrhein-Westfalen 6/1997, S. 395-407.

Müller, Hardy (1993): Untersuchung zur regionalen Mortalität in Rheinland-Pfalz unter besonderer Berücksichtigung sozio-struktureller Indikatoren. Magisterarbeit Universität Mainz.

Namboodiri, Narayanan Krishnan/Suchindran, Chirayath M. (1987): Life Table Techniques and their Applications. Orlando (Florida).

Neubauer, Günter/Sonnenholzner-Roche, Anneliese (1986): Kleinräumliche Unterschiede der Sterblichkeit in Bayern und deren mögliche Ursachen. Zeitschrift für Bevölkerungswissenschaft 12 (3/1986), S. 389-403.

Scholz, Rembrandt D./Thoelke, Henning (1997): Lebenserwartung in Berlin 1986-1994 – Trends und regionale Unterschiede. Senatsverwaltung für Gesundheit und Soziales (Hrsg.). Berlin.

United Nations (Department of International Economic and Social Affairs) (1988): Population Bulletin of the United Nations No.25/1988, S. 65-106. New York.

Geschichte des Mikrozensus

Britta Franken

(Auszug aus der im Institut für Soziologie der Gerhard-Mercator-Universität Duisburg angefertigten Diplomarbeit der Verfasserin mit dem Thema „Die Bildung, Konsolidierung und Auflösung der Familie in der Bundesrepublik Deutschland seit den 50er Jahren")

Im folgenden werden die Entwicklungsgeschichte des Mikrozensus, seine Aufgaben und Funktionen sowie seine wesentlichen inhaltlichen und methodischen Grundelemente dargestellt. Der Mikrozensus ist eine jährliche amtliche Repräsentativstatistik über die wirtschaftliche und soziale Lage der Bevölkerung und den Arbeitsmarkt; Auswahlgrundlage sind die Volkszählungen. Der erste Mikrozensus wurde im Jahr 1957 durchgeführt, und zwar auf Grund einer im Jahr 1949 von der OEEC ausgesprochenen Empfehlung, eine in allen Mitgliedstaaten einheitliche Arbeitskräftestichprobe zu erheben. Der deutsche Mikrozensus wurde nicht nur als eine Erhebung des Erwerbslebens, sondern vor allem als eine Erhebung über die Bevölkerung (insbesondere auch die Haushalte und Familien) konzipiert (Herberger 1957). Die Grundlagen wurden im ersten Mikrozensusgesetz, dem „Gesetz über die Durchführung einer Repräsentativstatistik der Bevölkerung und des Erwerbslebens" (BGBl. I, S.213) vom 16.März 1957, festgehalten. Bereits in diesem Gesetz werden viele Erhebungsmerkmale genannt, die der Mikrozensus auch heute noch beinhaltet und die immer noch die Basis der Erhebung bilden. Um die Qualität und die Aktualität des Mikrozensus zu gewährleisten, wurde festgelegt, die Erhebung einmal jährlich mit einem Auswahlsatz von 1% der Bevölkerung und zusätzlich vierteljährlich mit einem Auswahlsatz von 0,1% der Bevölkerung durchzuführen. Darüber hinaus wurde festgelegt, dass für die zu befragenden Haushalte eine Auskunftspflicht gilt, die Auskünfte aber schriftlich oder mündlich gegeben werden können.

Am 21.Dezember 1962 wurde durch ein weiteres Mikrozensusgesetz (BGBl. I, S.767) festgeschrieben, dass das Erhebungsprogramm in ein regelmäßig abzufragendes Grundprogramm und mehrere im Bedarfsfall durchzuführende Zusatzprogramme unterteilt wird. Aus methodischer Sicht gab es zwei Veränderungen: Zum einen wurde das Prinzip eingeführt, einen ausgewählten Haushalt mehrere Jahre hintereinander zu befragen (höhere Genauigkeit bei Veränderungsmessungen), und zum anderen wurde der Auswahlplan der Stichprobe geändert. Bis zu diesem Zeitpunkt wurde mit einer zweistufigen Auswahl gearbeitet, wobei in der ersten Auswahlstufe die Gemeinden für jedes Bundesland gesondert mit Hilfe der geschichteten Zufallsauswahl ermittelt wurden. In der zweiten Auswahlstufe dienten die Wohnungen innerhalb der ausgesuchten Gemeinden als Auswahleinheiten. Die Grundlage hierfür bildeten die Volkszählung 1950 und die Wohnungszählung 1956. Auf Grund des neuen Mikrozensusgesetzes wurde der Auswahlplan auf eine Flächenstichprobe umgestellt, und zwar auf der Grundlage der Volkszählung 1961 bzw. 1970 (Nourney 1973). Durch eine weitere Gesetzesänderung im Jahr 1975 (BGBl. I, S.1909) wurden zusätzliche Merkmale in das regelmäßig durchzuführende Grundprogramm der Erhebung aufgenommen., wie zum Beispiel Fragen über die ausländische Bevölkerung, über die Gesundheit usw. Außerdem wurde auf die Vierteljahreserhebungen zur Erwerbstätigkeit verzichtet. Da die Laufzeit der Mikrozensusgesetze immer zeitlich begrenzt ist, musste im Jahr 1983 ein neues Gesetz in Kraft treten, welches die Rechtsgrundlage für die Erhebungen der Jahre 1983 bis 1990 bilden sollte. Doch auf Grund der kontroversen öffentlichen Diskussion um die Volkszählung 1983 (Moog 1992, Müller 1992) kam das Gesetz nicht zur Anwendung (Emmerling und Riede 1997). Als Folge der Verfassungsbeschwerden gegen das Volkszählungsgesetz wurde 1983 und 1984 kein Mikrozensus durchgeführt, jedoch wurde die entstandene Lücke durch die Befragung des Jahres 1985 wieder geschlossen, um die Kontinuität der Erhebungen wieder herzustellen. Es wurde jedoch nicht nur im Hinblick auf die Volkszählung über die Abschaffung der Auskunftspflicht debattiert, sondern natürlich auch in Bezug auf den Mikrozensus.

Am 10. Juni 1985 trat trotz aller Diskussionen das neue Mikrozensusgesetz (BGBl. I, S.955) in Kraft. In Übereinstimmung mit den Vorgaben des Bundesverfassungsgerichts für die Durchführung statistischer Erhebungen entschied sich der Gesetzgeber für eine weitgehende Beibehaltung der Auskunftspflicht. Zusätzlich wurde für die Jahre 1985,1986 und 1987 neben den Haupterhebungen des Mikrozensus jeweils eine Zusatzerhebung angeordnet, die im Gegensatz zur Haupterhebung auf freiwilliger Basis durchgeführt wurde. Auf Grund dieser Ergebnisse sollte geprüft werden, ob eine Auskunftspflicht wirklich sinnvoll ist oder sogar unvermeidlich sein muss. Diese Testerhebungen wurden mit dem vollen Fragebogenumfang, aber nur mit einem Auswahlsatz von 0,25% der Bevölkerung vorgenommen. Zur besseren Durchführung und Unterstützung bei der Auswertung wurde der sogenannte „wissenschaftliche Beirat für Mikrozensus und Volkszählung" gebildet. Er setzte sich aus zwei Hochschuldozenten für Statistik und zwei empirischen Sozialforschern zusammen. Die Testerhebungen unterschieden sich nicht nur durch ihre freiwillige Teilnahme von den eigentlichen Mikrozensuserhebungen; es wurden außerdem die Befragungsmethoden (telefonische, schriftliche und persönliche) sowie das äußere Erscheinungsbild der Interviewer variiert. Dadurch sollte herausgefunden werden, welche Größen die Teilnahme oder Nicht-Teilnahme an einer Befragung beeinflussen. Es zeigte sich, dass sich die Teilnahmequote an dieser freiwilligen Erhebung auf lediglich 49,6% bis 65,0% belief. Auf Grund eines Vergleichs zwischen den Ergebnissen der Haupterhebung und den Testerhebungen stellte der wissenschaftliche Beirat fest, „dass im gesamten Kernbereich des Mikrozensus, der alle zentralen Fragen zur Bevölkerung, zum Arbeitsmarkt und zu den sozialen Lebensgrundlagen umfasst, auf die Auskunftspflicht nicht verzichtet werden kann" (Esser et al. 1989). Auch die oft genannte These, dass sich die Antwortqualität bei freiwilliger Erhebung verbessert, konnte durch die Testerhebungen widerlegt werden; es konnte sogar das Gegenteil bewiesen werden. Es zeigte sich, dass durch den „amtlichen" Verpflichtungscharakter der Mikrozensuserhebung nicht nur die Teilnahmebereitschaft, sondern auch die Abgabe von wahren Antworten eher gefördert wird. Außerdem ist durch die geringere Teilnahmebereitschaft bei freiwilliger Befragung nicht nur eine zahlenmäßige Verringerung der Stichprobe zu verzeichnen, sondern auch eine erhebliche Verzerrung der Ergebnisse. Das resultiert vor allem daraus, dass insbesondere unterprivilegierte Personengruppen nicht an der Erhebung teilnehmen und so gerade Daten über diejenige Personengruppe fehlen, die auf sozialpolitische Maßnahmen angewiesen ist.

Mit der Erhebung des Jahres 1990 wurde wieder ein neuer Auswahlplan für den Mikrozensus eingeführt. Auch dieser Auswahlplan basiert auf einer Flächenstichprobe (einstufige Klumpenauswahl) mit dem bewohnten Bundesgebiet als Einzugsbereich. Auf Grund der Ergebnisse der erst 1987 durchgeführten Volkszählung wurde dieses Gebiet in Flächen mit sechs bis zwölf Wohnungen eingeteilt, den sogenannten Auswahleinheiten. Der Mikrozensus wurde jährlich als eine Zufallsstichprobe im Umfang von 1% dieser Auswahleinheiten erhoben, wobei jede Einheit die gleiche Wahrscheinlichkeit hatte, ausgewählt zu werden. Alle Haushalte und Personen , die in einem ausgewählten Bezirk wohnten, waren als Erhebungseinheiten im Mikrozensu zu befragen. Die Veränderungen der Bausubstanz, wie zum Beispiel Abrisse, Umbauten oder Neubauten, flossen durch die jährliche Bautätigkeitsstatistik in die Flächenstichprobe mit ein. Im Jahr 1990 konnte außerdem mit den Vorbereitungen zur Einführung des Mikrozensus in den neuen Bundesländern und Ost-Berlin begonnen werden, so dass im April 1991 erstmals eine Erhebung im gesamten Bundesgebiet nach dem Gebietsstand ab dem 3.Oktober 1990 stattfinden konnte.

Das nächste Mikrozensusgesetz (BGBl I, S.34) trat am 17.Januar 1996 in Kraft und regelte die Mikrozensuserhebungen bis in das Jahr 2004. Das Ziel dieses Gesetzes war es auch weiterhin, den Mikrozensus unter Beibehaltung seines Grundkonzeptes als ein modernes bedarfsorientiertes Instrument der Datengewinnung weiterzuentwickeln. Der Mikrozensus sollte wie bisher das „mildeste" Mittel zur Datengewinnung im Sinne des Verhältnismäßigkeitsgrundsatzes bleiben, das heißt die Daten sollten eine hohe Genauigkeit, Gültigkeit und Zuverlässigkeit aufweisen, aber trotzdem die Befragten während des Datengewinnungsprozesses möglichst wenig belasten (Emmerling und Riede 1997). Ein Beispiel für dieses Ziel ist die sogenannte Rotation der in den Auswahlbezirken wohnenden Personen. Diese Personen werden in vier aufeinanderfolgenden Jahren befragt, wobei in jedem Jahr ein Viertel der befragten Haushalte aus der Erhebung ausscheidet, während ein neues Viertel zu befragender Haushalte erstmals in die Erhebung mit einbezogen wird. Dieses Rotationsverfahren beinhaltet viele Vorteile; einerseits werden dadurch die Kosten der Erhebung gesenkt, andererseits liefert diese mehrfache Befragung exaktere Ergebnisse über Veränderungen von einem Jahr zum nächsten. Außerdem wird die Belastung der Haushalte sehr gering gehalten, da sich so weniger Haushalte auf die für die meisten Personen „fremde" Art der amtlichen Befragung einlassen müssen. Diese Personen wissen außerdem, dass sie nur in vier aufeinanderfolgenden Jahren an der Befragung teilnehmen müssen. Dieser Mittelweg zwischen dem Ziel einer geringen Belastung für die Befragten und dem Ziel einer hohen Genauigkeit der Ergebnisse wird zusätzlich durch einen Methoden-Mix aus mündlicher und schriftlicher Befragung gewährleistet. Dadurch wird einerseits dem Befragten die Wahlmöglichkeit gelassen, ob er sich persönlich von einem Interviewer befragen lassen will, oder ob er selbst einen Fragebogen ausfüllen möchte. Andererseits gewährleistet diese Regelung eine hohe Ausschöpfung der Stichprobe, da zum Beispiel Personen, die schwer erreichbar sind, trotzdem an der Befragung teilnehmen können.

Im Fragenkatalog des Mikrozensus ab dem Jahr 1996 kommt, genauso wie in früheren Erhebungen, deutlich der Mehrzweckcharakter der Erhebung zum Ausdruck; denn es werden sowohl zentrale demografische Angaben abgefragt als auch Fragen zum Beispiel zur Quelle des Lebensunterhaltes, zur Wohnsituation oder zur Gesundheit gestellt. Es werden aber auch neue, aktuelle Fragen in das Programm aufgenommen, wie beispielsweise Fragen im Hinblick auf die Pflegeversicherung. Um die Befragungsergebnisse auch auf der zeitlichen Ebene zu vereinheitlichen, wird vor jeder Erhebung eine Berichtswoche festgelegt, auf die sich die Befragten bei ihren Antworten beziehen sollen (Berichtswochenkonzept). Für die ausgewählten Haushalte besteht grundsätzlich weiterhin eine Auskunftspflicht, jedoch gibt es auch Fragen, wie zum Beispiel zu Behinderungen, bei denen dem Befragten die Beantwortung freigestellt ist. Da das Ziel des Mikrozensusgesetzes von 1996 die Weiterentwicklung des Mikrozensus als ein modernes Instrument der Datengewinnung war, wurde überlegt, die Haushaltsbefragung mit Hilfe von Laptops durchzuführen. Eine computergestützte Befragung würde natürlich sehr zur Verbesserung der Aktualität und Schnelligkeit beitragen, ist aber aus Kostengründen schwer durchsetzbar. Es wird jedoch deutlich, dass der Mikrozensus auf Grund der inhaltlichen und methodischen Weiterentwicklungen in den letzten Jahrzehnten – bei erheblich gestiegenem Datenumfang – den Anforderungen der heutigen Zeit, auch im Hinblick auf die europäische Zusammenarbeit, gewachsen ist (Emmerling und Riede 1997).

Die bisher letzte Gesetzesänderung erfolgte durch das Mikrozensusgesetz 2005 vom 24.Juni 2004 (BGBl. I, S.1350). Danach werden neben den Jahresergebnissen nunmehr auch wieder Quartalsergebisse ermittelt (Iversen 2007).

Der Mikrozensus bietet die Möglichkeit, Aussagen über die Anzahl, die Größe und die Struktur von Haushalten und Familien zu machen. Denn allein durch die Zahl der Eheschließungen lässt sich beispielsweise keine Aussage über die Struktur oder die Zahl von Haushalten machen, da eine Eheschließung nicht automatisch die Gründung eines eigenen Haushaltes mit sich zieht. Es zeigt sich also, dass erst durch den Mikrozensus das statistische Gebiet „Familie und Haushalt" voll erschlossen werden konnte. Spricht man von der Haushalts- oder der Familienstatistik, sollten vor allem die zugrundeliegenden Bevölkerungskonzepte beachtet werden. Die Haushaltsstatistik richtet ihren Blick auf die in einem Haushalt zusammen wohnende und gemeinsam wirtschaftende Personengruppe (auch Einzelpersonen), von der amtlichen Statistik auch „Bevölkerung in Privathaushalten" genannt. Da Personen jedoch auch mehrere Wohnsitze haben können und dann natürlich an jedem Wohnsitz gezählt werden, ist bei der Haushaltsstatistik eine Mehrfachzählung von Personen möglich. Im Unterschied hierzu steht die Familienstatistik, die sich mit der Bevölkerung am Familienwohnsitz beschäftigt. Das heißt, dass auch Personen mit mehreren Wohnsitzen immer nur am Ort der Hauptwohnung (Familienwohnsitz) gezählt werden. Aus diesen verschiedenen Definitionen ergibt sich, dass die Bevölkerungszahl am Familienwohnsitz niedriger ist als die Bevölkerungszahl in Privathaushalten. Um die Veröffentlichungen des Statistischen Bundesamtes richtig zu deuten, müssen noch weitere Begriffsdefinitionen der amtlichen Statistik beachtet werden. Besonders wichtig ist der Familienbegriff, der in der amtlichen Statistik völlig anders gebraucht wird als im allgemeinen Sprachgebrauch. Im Alltag verwendet man den Begriff in mehrfacher Bedeutung; denn man spricht von einer Familie, wenn man Eltern (auch unverheiratete) mit ihren Kindern meint, aber auch, wenn man eine große Gruppe von miteinander verwandten oder verschwägerten Personen (zum Beispiel Großeltern, Tanten, Onkel usw.) meint. Die amtliche Statistik definiert den Begriff Familie in Anlehnung an die Empfehlung der Vereinten Nationen folgendermaßen: Als Familien zählen Ehepaare mit und ohne Kinder sowie alleinerziehende ledige, verheiratet getrennt lebende, geschiedene und verwitwete Mütter und Väter, die mit ihren ledigen Kindern im gleichen Haushalt zusammen leben. Die amtliche Statistik grenzt also zum Beispiel unverheiratete Paare mit Kindern aus dem Familienbegriff aus. Diese Gruppe wird unter dem Begriff der nichtehelichen Lebensgemeinschaften gefasst. Die Zahl der nichtehelichen Lebensgemeinschaften wird auf der Grundlage der Mikrozensusergebnisse geschätzt, da eine unmittelbare Frage nach der Art des Zusammenlebens auf Grund des Mikrozensusgesetzes nicht möglich ist. Diese Schätzung bezieht sich auf Paare unterschiedlichen Geschlechts mit oder ohne Kinder, die nicht miteinander verwandt oder verheiratet sind, aber einen gemeinsamen Haushalt führen. Allerdings fallen solche Paare aus der Schätzung heraus, die angeben, pro Person einen eigenen Haushalt zu führen, oder die zusätzlich mit weiteren Personen zum Beispiel in einer Wohngemeinschaft zusammen leben. Daraus folgt, dass die tatsächliche Zahl der nichtehelichen Lebensgemeinschaften wahrscheinlich höher ist als die amtliche Schätzung angibt. Eine weitere Personengruppe, die in der Familien- und Haushaltsstatistik von Bedeutung ist, ist die der Kinder. Darunter werden ledige Personen verstanden, die mit ihren Eltern oder einem Elternteil in einem Haushalt bzw. in einer Familie zusammen leben. Eine Altersbegrenzung für die Zählung als Kind besteht nicht.

Wie die gesamte amtliche Statistik ist auch der Mikrozensus einer Vielzahl von Gesetzen und damit auch Einschränkungen unterworfen. Es können beispielsweise keine „persönlichen" Fragen nach außerhäuslichen Beziehungen, nichtehelichem Zusammenleben, Zahl aller Kinder einer Mutter (auch Kinder, die nicht zu Hause wohnen) usw. gestellt werden. Daraus ergibt sich, dass Zahlen zu diesen Themen (nichteheliche Lebensgemeinschaften, Singles usw.) stets geschätzt werden und somit nicht hundertprozentig genau sein können. Auch die Tatsache, dass viele Fragen auf freiwilliger Basis gestellt werden (müssen) – wie zum Beispiel Fragen zum Thema Pflegebedürftigkeit , Behinderungen usw. – ,führt dazu, dass bei den dann unvermeidlichen Antwortausfällen die Antworten zu diesen Themen hochgerechnet werden müssen und die daraus resultierenden Ergebnisse somit auch fehleranfällig sind. Das alles zeigt, dass der Mikrozensus nur allgemeine Daten über die Bevölkerung und den Arbeitsmarkt liefern kann. Tiefer gehende Fragen können auf Grund dieser Erhebungsform damit nicht beantwortet werden.

Literatur

Emmerling, Dieter/Riede, Thomas (1997): 40 Jahre Mikrozensus. Wirtschaft und Statistik 3/1997, S.160-174.

Esser, Hartmut/Grohmann, Heinz/Müller, Walter/Schäffer, Karl-August (1989): Mikrozensus im Wandel – Untersuchungen und Empfehlungen zur inhaltlichen und methodischen Gestaltung. Schriftenreihe Forum der Bundesstatistik (herausgegeben vom Statistischen Bundesamt) Band 11. Stuttgart.

Herberger,Lothar (1957): Der Mikrozensus als neues Instrument zur Erfassung sozialökonomischer Tatbestände. Wirtschaft und Statistik 4/1957, S.209-212.

Iversen, Kirsten (2007): Das Mikrozensusgesetz 2005 und der Übergang zur Unterjährigkeit. Wirtschaft und Statistik 1/2007, S.38-44.

Moog, Hans-Jürgen (1992): Brauchen wir künftig Volkszählungen? In: Statistisches Bundesamt (Hrsg.), Volkszählung 2000 – oder was sonst?, Schriftenreihe Forum der Bundesstatistik Band 21, S.13-24. Stuttgart.

Müller, Walter (1992): Braucht die Wissenschaft künftig Volkszählungen? In: Statistisches Bundesamt (Hrsg.), Volkszählung 2000 – oder was sonst?, Schriftenreihe Forum der Bundesstatistik Band 21, S.37-54. Stuttgart.

Nourney, Martin (1973): Stichprobenplan des Mikrozensus ab 1972. Wirtschaft und Statistik 11/1973, S.631-638.

Stochastische Modelle für Raum-Zeit-Daten

Joachim Werner Otto Gerß

Statistische Bestandsdaten wie Bevölkerungszahlen und Ereignisdaten wie Geburtenzahlen beziehen sich auf einen bestimmten Ort und einen bestimmten Zeitpunkt oder Zeitraum. Die Methoden der inferenzstatistischen Analyse solcher Raum-Zeit-Daten lassen sich einbetten in das statistische Spezialgebiet der Raum-Zeitlichen Datenanalyse, die als Kombination der Räumlichen Statistik mit der Zeitreihenanalyse angesehen werden kann. Die Theorie der Zeitreihenanalyse entwickelte sich in der Mitte des 20. Jahrhunderts, bevor vor allem in den 80er Jahren die Räumliche Datenanalyse intensiv erforscht und ausgearbeitet wurde. Aufbauend auf den hier gewonnenen Erkenntnissen entstand der Bedarf, diese beiden Modellsituationen im Anschluss daran miteinander zu verbinden, so dass die 90er Jahre teilweise als das „Zeitalter der Raum-Zeitlichen Statistik" bezeichnet werden. Man betrachtet hier also Folgen von Zufallsvariablen mit räumlicher und zeitlicher Indizierung, die einen sogenannten *raum-zeitlichen Stochastischen Prozess* bilden.

Raum-Zeit-Prozess

Ein raum-zeitlicher Stochastischer Prozess ist eine Menge von Zufallsvariablen

$$\left[Z_t(s) \right]_{\substack{s \in D \\ t = 1, \ldots, T}},$$

die jeweils die Ausprägung eines räumlichen Zufallsphänomens an einer bestimmten Messstelle $s \in D$ zu einem bestimmten Zeitpunkt $t \in \{1, \ldots, T\}$ angeben. Die Menge D sämtlicher möglicher Messstellen entspricht dabei dem räumlichen Untersuchungsgebiet des Prozesses (oft gilt $D \subset \mathbb{R}^2$) und T ist eine Menge von (in der Regel äquidistanten) Beobachtungszeitpunkten.

Im weiteren Verlauf dieses Kapitels sollen einige konkrete Modellansätze zur Analyse eines raum-zeitlichen Stochastischen Prozesses dargestellt werden. Um die Entwicklung dieser verschiedenen Ansätze nachzuvollziehen, stelle man zunächst fest, dass zwei unterschiedliche Möglichkeiten in der grundlegenden Sichtweise bzw. Interpretation eines raum-zeitlichen Zufallsphänomens bestehen, deren Schwerpunkt einerseits auf der räumlichen und andererseits auf der zeitlichen Dimension des Prozesses liegt. Zum einen kann zu jedem einzelnen

Zeitpunkt eines durchschrittenen Untersuchungszeitraums eine „Momentaufnah-me" des beobachteten Phänomens betrachtet werden, die dann jeweils einen rein räumlichen Prozess darstellt. Sämtliche derartigen Momentaufnahmen laufen in der Art eines Films hintereinander ab, so dass der gesamte Raum-Zeit-Prozess durch die zeitliche Folge mehrerer räumlicher Prozesse ausgemacht wird. Für die zweite mögliche Sichtweise eines raum-zeitlichen Zufallsphänomens sei die Situation eines festen räumlichen Messnetzes gegeben, welches über den gesamten Beobachtungszeitraum unverändert beibehalten wird. In diesem Fall bietet es sich an, sämtliche Beobachtungen, die jeweils an einer bestimmten Messstelle erhoben werden, zu einer Zeitreihe zusammenzufassen. Der gesamte Raum-Zeit-Prozess besteht damit aus einer Menge räumlich angeordneter Zeitreihen, die aufgrund ihrer räumlichen Entfernung bzw. Nähe mehr oder weniger in Beziehung zueinander stehen.

Die beiden alternativen Blickwinkel der Betrachtung eines Raum-Zeit-Prozesses legen zwei unterschiedliche Strategien zur Entwicklung geeigneter raum-zeitlicher Analyseansätze nahe. Zum einen bietet es sich an, Methoden der Räumlichen Datenanalyse dahingehend zu erweitern, dass die Zeit als zusätzliche Dimension in die Modellformulierung eingebracht wird; zum anderen können Methoden der multivariaten Zeitreihenanalyse eingesetzt werden, wobei insbe-sondere der spezielle Charakter in der räumlichen Abhängigkeit der einzelnen Zeitreihen zu berücksichtigen ist.

Ein Überblick über die wichtigsten Ansätze zur statistischen Modellie-rung eines Raum-Zeit-Prozesses, die in der Fachliteratur in unterschiedlichen zugrunde liegenden Modell- bzw. Anwendungssituationen erwähnt werden, fin-det sich in den Arbeiten Haslett (1989), Rouhani/Myers (1990), Guttorp/Sampson (1994), Goodall/Mardia (1994), Bogaert (1996) und Wikle (2000).

Die sogenannten STARMA-Modelle (spatiotemporal ARMA) stel-len eine naheliegende Verallgemeinerung des CAR-Ansatzes (conditional autoregression) auf den raum-zeitlichen Kontext dar. Zur Definition eines Raum-Zeit-Prozesses kann ein Allgemeines Lineares Modell mit spezieller raum-zeitlicher Abhängigkeitsstruktur aufgestellt werden, auf dessen Grundlage eine entsprechende Variante des *Kriging* eine Lösung des Prädiktionsalgorithmus liefert. Als weitere klassische Verfahren bieten sich wie oben erwähnt Modellfor-mulierungen an, die auf der Idee beruhen, einen raum-zeitlichen Stochastischen Prozess als multivariate Zeitreihe oder als mehrdimensionalen räumlichen Prozess anzusehen.

Darüber hinaus erweist sich gerade in jüngerer Zeit der Ansatz eines *Zustandsraum-Modells* (bzw. Dynamischen Linearen Modells) als vorteilhafte Analysemethode der Raum-Zeitlichen Statistik, bei der mit Hilfe einer zwei-stufigen Modellformulierung komplexe Formen der Abhängigkeitsstruktur auf flexible Weise wiedergegeben werden können. Ein solcher Ansatz basiert ebenfalls auf der Interpretation eines modellierten raum-zeitlichen Zufallsphänomens als multivariate Zeitreihe, weswegen man sich hier auf den ersten Blick offenbar ausschließlich auf die Anwendungssituation fest installierter räumlicher Messstellen zur Prozessbeobachtung im gesamten Untersuchungszeitraum beschränken muss. Eine derartige Restriktion lässt sich allerdings mit Hilfe einer gewissen zusätzlichen Komponente in der Modellformulierung umgehen (J. Gerß 2004).

Erweitert man die Formulierung eines (zweistufigen) Zustandsraum-Modells um eine oder mehrere zusätzliche Hierarchien und ordnet insbesondere den zugrunde liegenden Modellparametern eine sogenannte A-priori-Verteilung zu, so gelangt man zu einem *Hierarchischen Bayes-Modell*. Vom Standpunkt der Bayes-Statistik stellt der obige Ansatz eines Zustandsraum-Modells ein sogenanntes *Empirisches Bayes-Verfahren* dar: Im Vergleich zu einem vollständigen Bayes-Modell entfällt die Modellstufe einer A-priori-Verteilung der zugrunde liegenden Modellparmeter; stattdessen werden diese als nichtstochastisch angesehen und im Laufe der Analyse durch ihre empirischen Punktschätzungen ersetzt.

Die Prädiktion unbeobachteter Prozessvariablen eines modellierten Raum-Zeit-Prozesses vollzieht sich im Rahmen eines *Empirischen Bayes-Ansatzes* (Zustandsraum-Modells) und einer Hierarchischen Bayes-Modellierung in gänzlich unterschiedlicher Weise. Im ersteren Fall liegt mit dem Kalman-Algorithmus eine analytische Lösung des Prädiktionsproblems vor, im Falle eines Bayes-Ansatzes muss stattdessen auf MCMC-Simulationsverfahren (Markoff-Chain-Monte-Carlo) zurückgegriffen werden. Auf diese Weise bietet sich im Bayes-Ansatz die Möglichkeit, nahezu beliebig komplexe Modellsituationen auszuwerten und ohne wesentlichen Güteverlust im Vergleich zu analytischen Lösungsansätzen Punkt- und Intervallprädiktionen zu entwickeln. Dem praktischen Einsatz von MCMC-Verfahren sind mit steigender verfügbarer Rechenkapazität immer weniger Grenzen gesetzt.

Einen zentralen Aspekt bei der Beschreibung und Modellierung eines Raum-Zeit-Prozesses stellt die *Abhängigkeitsstruktur* innerhalb des Prozesses dar, die spezielle Art und Weise also, auf die sich die einzelnen räumlich und zeitlich angeordneten Prozessvariablen gegenseitig beeinflussen. Dabei sind bzgl. der konkreten Form dieser raum-zeitlichen Struktur verschiedene vereinfachende Zusammenhänge denkbar, die sich in Anwendungssituationen unter Umständen als zutreffend erweisen und in der weiteren Modellformulierung unbedingt berücksichtigt werden sollten.

Mögliche Eigenschaften der Abhängigkeitsstruktur eines Raum-Zeit-Prozesses

Gegeben sei ein raum-zeitlicher Stochastischer Prozess $[Z_t(s)]$. *Dann sind die unten aufgeführten Invarianz- und Stationaritätseigenschaften bzgl. der raum-zeitlichen Abhängigkeitsstruktur des Z-Prozesses wie folgt definiert:*

1. Räumliche Invarianz der zeitlichen Struktur:

$$Cov\left[Z_{t_1}(s_1), Z_{t_2}(s_1)\right] = Cov\left[Z_{t_1}(s_2), Z_{t_2}(s_2)\right] =: C^{Zeit}(t_1, t_2) \qquad \forall \ s_1, s_2 \in D$$

$$\forall \ t_1, t_2 \in \{1, \ldots, T\}$$

Man betrachtet zwei Prozesswerte an einer bestimmten festen Messstelle s_1, *die zu verschiedenen Zeitpunkten* t_1 *und* t_2 *erhoben werden. Dann ist die Abhängigkeit dieser beiden Zufallsvariablen identisch mit derjenigen zweier jeweils zeitgleicher Messungen des Prozesses an einer beliebigen anderen Stelle* s_2 *im Untersuchungsgebiet. In diesem Fall bezeichnet man die Funktion* $C^{Zeit}(\cdot)$ *als zeitliche Kovarianzfunktion des Z-Prozesses.*

2. (Schwache) Stationarität der zeitlichen Struktur:

Es gelte die Bedingung (1) (Räumliche Invarianz der zeitlichen Struktur) und zusätzlich

$$Cov\left[Z_{t_1}(s), Z_{t_1+\tau}(s)\right] = Cov\left[Z_{t_2}(s), Z_{t_2+\tau}(s)\right] \qquad \forall \ s, t_1, t_2, \tau$$

$$\Leftrightarrow \quad C^{Zeit}(t_1, t_1 + \tau) = C^{Zeit}(t_2, t_2 + \tau) \quad =: \quad C^{Zeit}(\tau) \quad .$$

Die Korrelation zweier zeitlich verschobener Prozesswerte an einer festen Messstelle stellt eine reine Funktion der Zeitdifferenz dar und hängt nicht vom absoluten Zeitpunkt im Untersuchungszeitraum ab.

3. Zeitliche Invarianz der räumlichen Struktur:

$$Cov\left[Z_{t_1}(s_1), Z_{t_1}(s_2)\right] = Cov\left[Z_{t_2}(s_1), Z_{t_2}(s_2)\right] =: C^{Raum}(s_1, s_2) \qquad \forall \ s_1, s_2, t_1, t_2$$

Zwei zeitgleiche Prozesswerte an unterschiedlichen feststehenden Messstellen weisen im gesamten Untersuchungszeitraum eine identische stochastische Abhängigkeit auf. Damit ist die räumliche Abhängigkeitsstruktur zu jedem Zeitpunkt identisch und unterliegt nicht etwa einem gewissen Wandel im Laufe der Zeit.

4. Stationarität und Isotropie der räumlichen Struktur:

Zusätzlich zur Bedingung (3) (Zeitliche Invarianz der räumlichen Struktur) gelte:

$$Cov\left[Z_t(s_1), Z_t(s_1 + h)\right] = Cov\left[Z_t(s_2), Z_t(s_2 + h)\right] \qquad \forall \ s_1, s_2, h, t$$

$$\Leftrightarrow \quad C^{Raum}(s_1, s_1 + h) = C^{Raum}(s_2, s_2 + h) \quad =: \quad C^{Raum}(h) \quad .$$

Betrachtet man die räumliche Abhängigkeitsstruktur in verschiedenen Teilbereichen des Untersuchungsgebietes, so nimmt sie in jedem Fall dieselbe spezielle Form an, ist also im gesamten Untersuchungsgebiet identisch. Darüber hinaus hängt die Abhängigkeit zweier räumlich verschobener Prozesswerte möglicherweise nur von der Entfernung, nicht aber von der Himmelsrichtung ab, in der die beiden Messstellen zueinander gelegen sind. In diesem Fall gilt für die Kovarianzfunktion *des Z-Prozesses* $C^{Raum}(h) = C^{Raum}(|h|)$.

5. Raum-Zeitliche Separabilität

In den bisherigen Überlegungen wurde die rein räumliche und die rein zeitliche stochastische Abhängigkeitsstruktur innerhalb eines Raum-Zeit-Prozesses betrachtet, die Beeinflussung zweier Prozessvariablen also, die entweder zur selben Zeit an unterschiedlichen Orten oder an einer feststehenden Messstelle zu verschiedenen Zeitpunkten erhoben wurden. Ein weiterer Aspekt betrifft die gegenseitige Beeinflussung zweier Prozesswerte, die eine gewisse räumliche und *zeitliche Verschiebung zueinander aufweisen. In diesem Fall kommt es zu einem Zusammenwirken der räumlichen und zeitlichen Struktur des Prozesses, die sich in unterschiedlicher Weise gestalten kann und im einfachsten Fall die Eigenschaft der sogenannten „Separabilität" erfüllt.*

Die Separabilität *eines Raum-Zeit-Prozesses erfordert* als Mindestvoraussetzungen *die obigen Bedingungen (1) und (3) (*Räumliche Invarianz der zeitlichen Struktur *und* Zeitliche Invarianz der räumlichen Struktur*) und ist erfüllt, falls gilt*

$$Cov\left[Z_{t_1}(s_1), Z_{t_2}(s_2)\right] \ = \ Cov\left[Z_{t_1}(s_1), Z_{t_1}(s_2)\right] \cdot Cov\left[Z_{t_1}(s_1), Z_{t_2}(s_1)\right]$$

$$= \ C^{Raum}(s_1, s_2) \cdot C^{Zeit}(t_1, t_2) \quad .$$

Ein separabler[1] *Raum-Zeit-Prozess ist dadurch gekennzeichnet, dass die raum-zeitliche Beeinflussung zweier beliebiger Prozessvariablen durch die Überlagerung zweier getrennter Effekte entsteht, eines räumlichen und eines zeitlichen Effekts. Diese beiden Komponenten realisieren sich vollständig unabhängig voneinander und weisen keine* Wechselwirkung *(Interaktion) auf.*

---

[1]Neben der hier angegebenen Definition des Begriffs der raum-zeitlichen Separabilität existiert in der Literatur teilweise auch eine alternative Definition der Art

$$C(h, \tau) \ = \ C^{Raum}(h) + C^{Zeit}(\tau) \quad .$$

Unter der zusätzlichen Voraussetzung der räumlichen und zeitlichen Stationarität *(Bedingungen (2) und (4)) gilt per Definition für einen* separablen *Raum-Zeit-Prozess*

$$Cov\left[Z_{t_1}(s_1), Z_{t_2}(s_2)\right] \;=\; C^{Raum}(s_1 - s_2) \cdot C^{Zeit}(|t_1 - t_2|)$$

bzw. $\quad Cov\left[Z_t(s), Z_{t+\tau}(s + h)\right] \;=\; C^{Raum}(h) \cdot C^{Zeit}(\tau)$.

Bemerkungen:

1. Theoretisch wäre es denkbar, dass ein bestimmter Raum-Zeit-Prozess keine einzige der hier aufgeführten Eigenschaften seiner räumlichen und/oder zeitlichen Abhängigkeitsstruktur aufweist. In diesem Fall würde die Kovarianz je zweier Prozessvariablen per Modellannahme nahezu beliebige Werte annehmen, die in keiner der obigen Weisen in Beziehung zueinander stehen. Der Varianzmatrix sämtlicher Prozessvariablen wird damit keinerlei spezielle Struktur unterstellt und man geht davon aus, dass sie eine beliebige positiv semidefinite Matrix darstellt[2]. Diese maximale Flexibilität in der Modellierung der Abhängigkeitsstruktur eines Raum-Zeit-Prozesses muss in praktischen Anwendungssituationen allerdings in aller Regel aufgegeben werden, da sie an einer viel zu großen Anzahl zu schätzender Modellgrößen aufgrund beschränkter empirischer Stichprobeninformationen scheitert. Stattdessen wird gerade in älteren Forschungsarbeiten häufig von einer stark restriktiven *separablen* Abhängigkeitsstruktur eines modellierten Prozesses ausgegangen, um auf diese Weise erhebliche Vereinfachungen in der Modellformulierung und Analysemethodik zu erzielen. Neuere Arbeiten widmen sich z.T. auch komplexeren nichtseparablen Modellansätzen, in denen die Abhängigkeitsstruktur gemäß der verschiedenen möglichen Eigenschaften in vorstehender Definition weniger stark eingeschränkt wird. Leider geschieht dies oftmals, ohne explizit darauf hinzuweisen, welche der entsprechenden Bedingungen in einem bestimmten Fall unterstellt wird. Häufig ist lediglich von einer „nichtseparablen" Struktur die Rede, zwischen deren verschiedenen Formen bzw. Abstufungen nicht deutlich unterschieden wird. Um diese Unzulänglichkeit zu vermeiden, wird in der vorliegenden Arbeit ausführlich und detailliert aufgezeigt, welche - mehr oder weniger restriktiven - Eigenschaften der Abhängigkeitsstruktur

---

[2]Die positive Semidefinitheit stellt eine grundlegende und unabkömmliche mathematische Eigenschaft jeder Varianzmatrix dar. Auf diese Weise wird sichergestellt, dass in der (Linear)kombination einzelner Prozessvariablen nicht etwa ein Ausdruck gebildet werden kann, der unsinnigerweise über eine negative Varianz verfügen würde.

eines Raum-Zeit-Prozesses denkbar sind und zu deren exakter Charakterisierung voneinander abgegrenzt werden müssen.

2. Ein *separabler* Raum-Zeit-Prozess ist wie oben erwähnt dadurch gekennzeichnet, dass dessen Abhängigkeitsstruktur durch ein einfaches Zusammenwirken einer rein räumlichen und einer rein zeitlichen Strukturfunktion dargestellt werden kann. Mit der Kenntnis dieser beiden elementaren Strukturfunktionen ist es also möglich, die Varianzmatrix sämtlicher einzelnen Zufallsvariablen des Prozesses aufzustellen. Dabei stellt sich die Frage, ob eine auf diese Weise gebildete Matrix tatsächlich notwendigerweise eine geeignete *Varianzmatrix* darstellt, d.h. in jedem Fall zumindest *positiv semidefinit* ist (vgl. Fußnote [2] in Bemerkung 1). Um dies zu überprüfen, betrachte man die folgenden Überlegungen bzw. Resultate der Matrizenrechnung.

Gegeben sei ein einfacher Raum-Zeit-Prozess, der sich aus den Beobachtungen einer Zielvariablen Z an zwei räumlichen Messstellen $\{s_1, s_2\}$ zu zwei aufeinander folgenden Zeitpunkten t_1, t_2 zusammensetzt. Dann gilt für die Varianzmatrix der vier einzelnen Variablen $\left[Z_{t_1}(s_1), Z_{t_1}(s_2), Z_{t_2}(s_1), Z_{t_2}(s_2) \right]$ im Falle der Separabilität des Prozesses

$$
Var\begin{bmatrix} Z_{t_1}(s_1) \\ Z_{t_1}(s_2) \\ Z_{t_2}(s_1) \\ Z_{t_2}(s_2) \end{bmatrix} = \begin{bmatrix} Var[Z_{t_1}(s_1)] & Cov[Z_{t_1}(s_1), Z_{t_1}(s_2)] & \cdots & \cdots \\ Cov[Z_{t_1}(s_2), Z_{t_1}(s_1)] & Var[Z_{t_1}(s_2)] & \cdots & \cdots \\ Cov[Z_{t_2}(s_1), Z_{t_1}(s_1)] & Cov[Z_{t_2}(s_1), Z_{t_1}(s_2)] & \ddots & \vdots \\ Cov[Z_{t_2}(s_2), Z_{t_1}(s_1)] & Cov[Z_{t_2}(s_2), Z_{t_1}(s_2)] & \cdots & \ddots \end{bmatrix}
$$

$$
= \begin{bmatrix} C^{\text{Zeit}}(t_1,t_1) \cdot C^{\text{Raum}}(s_1,s_1) & C^{\text{Zeit}}(t_1,t_1) \cdot C^{\text{Raum}}(s_1,s_2) & \cdots & \cdots \\ C^{\text{Zeit}}(t_1,t_1) \cdot C^{\text{Raum}}(s_2,s_1) & C^{\text{Zeit}}(t_1,t_1) \cdot C^{\text{Raum}}(s_2,s_2) & \cdots & \cdots \\ C^{\text{Zeit}}(t_2,t_1) \cdot C^{\text{Raum}}(s_1,s_1) & C^{\text{Zeit}}(t_2,t_1) \cdot C^{\text{Raum}}(s_1,s_2) & \ddots & \vdots \\ C^{\text{Zeit}}(t_2,t_1) \cdot C^{\text{Raum}}(s_2,s_1) & C^{\text{Zeit}}(t_2,t_1) \cdot C^{\text{Raum}}(s_2,s_2) & \cdots & \ddots \end{bmatrix}
$$

$$
= \underbrace{\begin{bmatrix} C^{\text{Zeit}}(t_1,t_1) & C^{\text{Zeit}}(t_1,t_2) \\ C^{\text{Zeit}}(t_2,t_1) & C^{\text{Zeit}}(t_2,t_2) \end{bmatrix}}_{=:\, C_{\text{Zeit}}} \otimes \underbrace{\begin{bmatrix} C^{\text{Raum}}(s_1,s_1) & C^{\text{Raum}}(s_1,s_2) \\ C^{\text{Raum}}(s_2,s_1) & C^{\text{Raum}}(s_2,s_2) \end{bmatrix}}_{=:\, C_{\text{Raum}}},
$$

wobei der Operator $\otimes$ das Kroneckerprodukt zweier Matrizen darstellt (siehe etwa Magnus/Neudecker (1988)).

Die Matrizen C_{Zeit} und C_{Raum} stellen unter geeigneten Voraussetzungen der entsprechenden Strukturfunktionen in jedem Fall positiv semidefinite Varianzmatrizen dar, mit denen die rein räumliche bzw. zeitliche Abhängigkeitsstruktur des Prozesses beschrieben wird. Ein Resultat der Matrizenrechnung besagt dann, dass das Kroneckerprodukt dieser beiden Matrizen notwendigerweise ebenfalls positiv semidefinit ist (siehe Magnus/Neudecker (1988, Seite 29)). Damit erfüllt die in obiger Weise erstellte Varianzmatrix $Var\left[Z_{t_1}(s_1), Z_{t_1}(s_2), Z_{t_2}(s_1), Z_{t_2}(s_2)\right]^T$ des Z-Prozesses in jedem Fall tatsächlich die Bedingung der positiven Semidefinitheit, und es ist sichergestellt, dass die zugrunde liegende Bedingung der Separabilität in dieser Beziehung zu keinen Unstimmigkeiten führen kann.

3. Die Eigenschaft der *Separabilität* eines Raum-Zeit-Prozesses hat gewisse Konsequenzen auf die Prädiktion unbeobachteter Prozessvariablen, die in diesem Fall eine spezielle Form annimmt. Erstellt man insbesondere den Besten Linearen Prädiktor, so bietet sich die folgende anschauliche Interpretation der Separabilität an, die zum tieferen Verständnis des Konzeptes beiträgt.

Gegeben sei ein einfacher Raum-Zeit-Prozess mit den vier beobachtbaren Prozessvariablen $\mathbf{Z} := \left[Z_{t_1}(s_1), Z_{t_1}(s_2), Z_{t_2}(s_1), Z_{t_2}(s_2)\right]^T$. Geht man der Einfachheit halber von einem mittelwertstationären Prozess mit $\mu_t(s) = E\left[Z_t(s)\right] = \mathbf{0}$ $\forall s$ $\forall t$ aus, dann lautet der Beste Lineare Prädiktor einer unbeobachteten Variablen $Z_{t_0}(s_0)$ aufgrund vorliegender Beobachtungen z:

$$p_{\text{BLP}}\left[Z_{t_0}(s_0)\big|z\right] = \sigma_0^T \Sigma_Z^{-1} \cdot z$$

mit $\sigma_0 = Cov\left[\mathbf{Z}, Z_{t_0}(s_0)\right]$ und $\Sigma_Z = Var\left[\mathbf{Z}\right]$.

Schreibt man nun wie in der vorstehenden Bemerkung

$$
\begin{aligned}
\Sigma_Z &= Var\left[\mathbf{Z}\right] \\
&= \begin{bmatrix} C^{\text{Zeit}}(t_1, t_1) & C^{\text{Zeit}}(t_1, t_2) \\ C^{\text{Zeit}}(t_2, t_1) & C^{\text{Zeit}}(t_2, t_2) \end{bmatrix} \otimes \begin{bmatrix} C^{\text{Raum}}(s_1, s_1) & C^{\text{Raum}}(s_1, s_2) \\ C^{\text{Raum}}(s_2, s_1) & C^{\text{Raum}}(s_2, s_2) \end{bmatrix} \\
&= C_{\text{Zeit}} \otimes C_{\text{Raum}}
\end{aligned}
$$

und darüber hinaus

$$\sigma_0^T = Cov\left[\mathbf{Z}, Z_{t_0}(s_0)\right]^T$$

$$= \left\{ Cov\left[Z_{t_1}(s_1), Z_{t_0}(s_0)\right], \ Cov\left[Z_{t_1}(s_2), Z_{t_0}(s_0)\right], \right.$$
$$\left. Cov\left[Z_{t_2}(s_1), Z_{t_0}(s_0)\right], \ Cov\left[Z_{t_2}(s_2), Z_{t_0}(s_0)\right] \right\}$$

$$= \left\{ C^{\text{Zeit}}(t_1, t_0) \cdot C^{\text{Raum}}(s_1, s_0), \ C^{\text{Zeit}}(t_1, t_0) \cdot C^{\text{Raum}}(s_2, s_0), \right.$$
$$\left. C^{\text{Zeit}}(t_2, t_0) \cdot C^{\text{Raum}}(s_1, s_0), \ C^{\text{Zeit}}(t_2, t_0) \cdot C^{\text{Raum}}(s_2, s_0) \right\}$$

$$= \underbrace{\left\{ C^{\text{Zeit}}(t_1, t_0), \ C^{\text{Zeit}}(t_2, t_0) \right\}}_{=: \ \sigma_0^{\text{Zeit}^T}} \otimes \underbrace{\left\{ C^{\text{Raum}}(s_1, s_0), \ C^{\text{Raum}}(s_2, s_0) \right\}}_{=: \ \sigma_0^{\text{Raum}^T}},$$

so gilt nach den Gesetzen der Matrizenrechnung (siehe Magnus/Neudecker (1988, Seite 28)):

$$p_{BLP}\left[Z_{t_0}(s_0)\big|\mathbf{Z}\right] = \sigma_0^T \Sigma_{\mathbf{Z}}^{-1} \cdot \mathbf{Z}$$

$$= \left[\sigma_0^{\text{Zeit}^T} \otimes \sigma_0^{\text{Raum}^T}\right] \cdot \left[C_{\text{Zeit}} \otimes C_{\text{Raum}}\right]^{-1} \cdot \mathbf{Z}$$

$$= \left[\sigma_0^{\text{Zeit}^T} \otimes \sigma_0^{\text{Raum}^T}\right] \cdot \left[C_{\text{Zeit}}^{-1} \otimes C_{\text{Raum}}^{-1}\right] \cdot \mathbf{Z}$$

$$= \left\{ \underbrace{\left[\sigma_0^{\text{Zeit}^T} \cdot C_{\text{Zeit}}^{-1}\right]}_{=: \ (a_1, a_2) \in \mathbb{R}^{1\times 2}} \otimes \underbrace{\left[\sigma_0^{\text{Raum}^T} \cdot C_{\text{Raum}}^{-1}\right]}_{=: \ (b_1, b_2) \in \mathbb{R}^{1\times 2}} \right\} \cdot \mathbf{Z}$$

$$= \left\{ (a_1, a_2) \otimes (b_1, b_2) \right\} \cdot \mathbf{Z}$$

$$= \left\{ a_1 \cdot (b_1, b_2), \ a_2 \cdot (b_1, b_2) \right\} \cdot \mathbf{Z}$$

$$= a_1 \cdot \underbrace{(b_1, b_2) \cdot \begin{pmatrix} Z_{t_1}(s_1) \\ Z_{t_1}(s_2) \end{pmatrix}}_{\substack{= \sigma_0^{\text{Raum}^T} \cdot C_{\text{Raum}}^{-1} \cdot \begin{pmatrix} Z_{t_1}(s_1) \\ Z_{t_1}(s_2) \end{pmatrix} \\ = p_{BLP}\left[Z_{t_1}(s_0)\big|Z_{t_1}(s_1), Z_{t_1}(s_2)\right]}} + a_2 \cdot \underbrace{(b_1, b_2) \cdot \begin{pmatrix} Z_{t_2}(s_1) \\ Z_{t_2}(s_2) \end{pmatrix}}_{\substack{= p_{BLP}\left[Z_{t_2}(s_0)\big|Z_{t_2}(s_1), \\ Z_{t_2}(s_2)\right]}}$$

$$p_{BLP}\Big[Z_{t_0}(s_0)\Big|Z\Big] = (a_1, a_2) \cdot \begin{bmatrix} p_{BLP}\Big[Z_{t_1}(s_0)\Big|Z_{t_1}(s_1), Z_{t_1}(s_2)\Big] \\ p_{BLP}\Big[Z_{t_2}(s_0)\Big|Z_{t_2}(s_1), Z_{t_2}(s_2)\Big] \end{bmatrix}$$

$$= \sigma_0^{Zeit^T} \cdot C_{Zeit}^{-1} \cdot \begin{bmatrix} p_{BLP}\Big[Z_{t_1}(s_0)\Big|Z_{t_1}(s_1), Z_{t_1}(s_2)\Big] \\ p_{BLP}\Big[Z_{t_2}(s_0)\Big|Z_{t_2}(s_1), Z_{t_2}(s_2)\Big] \end{bmatrix}$$

$$= p_{BLP}\Bigg[Z_{t_0}(s_0) \Bigg| p_{BLP}\Big[Z_{t_1}(s_0)\Big|Z_{t_1}(s_1), Z_{t_1}(s_2)\Big],$$
$$p_{BLP}\Big[Z_{t_2}(s_0)\Big|Z_{t_2}(s_1), Z_{t_2}(s_2)\Big]\Bigg] \quad .$$

Dieses Resultat lässt sich wie folgt interpretieren. Im Falle eines *separablen* Raum-Zeit-Prozesses kann die Erstellung des obigen Prädiktors $p_{BLP}[Z_{t_0}(s_0)|Z]$ aufgrund vorliegender Prozessbeobachtungen $[Z_{t_1}(s_1), Z_{t_1}(s_2), Z_{t_2}(s_1), Z_{t_2}(s_2)]^T$ offenbar in zwei einzelne und voneinander getrennte Arbeitsschritte zerlegt werden. Im ersten Schritt führt man zu den Zeitpunkten t_1 und t_2 zunächst jeweils eine rein räumliche Prädiktion durch und gewinnt auf diese Weise einen Prädiktor der Variablen $Z_{t_1}(s_0)$ aufgrund der Prozessbeobachtungen $Z_{t_1}(s_1)$ und $Z_{t_1}(s_2)$ sowie einen Prädiktor der Variablen $Z_{t_2}(s_0)$ aufgrund der entsprechenden Beobachtungen zum Zeitpunkt t_2. Anschließend behandelt man im zweiten Schritt die beiden erstellten Prädiktoren $p_{BLP}[Z_{t_1}(s_0)|\dots]$ und $p_{BLP}[Z_{t_2}(s_0)|\dots]$ so, als wenn sie tatsächliche empirische Prozessbeobachtungen darstellen würden. Ohne zu beachten, dass diese Prozesswerte gewissermaßen nur „künstlich erzeugt" wurden, nutzt man sie einfach in herkömmlicher Weise, um auf deren Grundlage eine zeitliche Prädiktion der gesuchten Variablen $Z_{t_0}(s_0)$ zu erstellen.

Zusammenfassend ergibt sich damit aus der unterstellten *Separabilität* der räumlichen und zeitlichen Dimension eines Raum-Zeit-Prozesses als Konsequenz, dass bei der Prädiktion unbeobachteter Prozessvariablen ebenfalls eine *Trennung* beider Dimensionen vorgenommen werden kann, indem zunächst eine rein räumliche und anschließend eine rein zeitliche Prädiktion durchgeführt wird. Wie sich leicht zeigt, ist es hierbei irrelevant, in welcher Reihenfolge man die räumliche und zeitliche Prädiktion aneinander anschließt. In umgekehrter Vorgehensweise kommt man zu einem identischen Ergebnis.

STARMA-Modelle

Der STARMA-Ansatz (spatiotemporal ARMA) zur Modellierung eines Raum-Zeit-Prozesses geht im wesentlichen auf die Arbeit Cliff et al. (1975) zurück und wurde in der Folgezeit insbesondere von Pfeifer und Deutsch (1980a, b) ausführlich ausgearbeitet.

Gegeben sei ein räumliches Zufallsphänomen, welches mit Hilfe eines Netzes fester und gittermäßig angeordneter Messstellen im Laufe eines gewissen Untersuchungszeitraums beobachtet wird. Um das räumliche Muster eines solchen Prozesses zu erfassen, bietet sich dann der aus der Gitterdatenanalyse bekannte CAR-Ansatz an: Jede einzelne räumliche Prozessvariable wird mit Hilfe einer Regressionsbeziehung als Linearkombination ihrer jeweiligen Nachbarn erklärt, so dass sich der gesamte Prozess sozusagen „aus sich selbst heraus" generiert (Autoregression). Weist nun das zu analysierende Zufallsphänomen neben der räumlichen zusätzlich noch eine zeitliche Komponente auf, so liegt es nahe, den CAR-Ansatz einfach um die entsprechende Dimension zu erweitern. Als Regressoren einer bestimmten Prozessvariablen treten nicht nur ihre jeweiligen (zeitgleichen) *räumlichen* Nachbarn ein, sondern darüber hinaus die entsprechenden Prozesswerte zum „gestrigen", „vorgestrigen", usw. Zeitpunkt im Untersuchungszeitraum.

Zur formalen Definition eines STARMA-Modells bezeichne $Z_t(s_j)$ den (punkt- oder gebietsspezifischen) Wert eines Stochastischen Prozesses am Ort s_j ($j \in \{1,\ldots,m\}$) zur Zeit t und der Vektor $\mathbf{Z}(t) := \left[Z_t(s_1), \ldots, Z_t(s_m)\right]^T$ die Menge aller räumlichen Prozessvariablen zum Zeitpunkt t. Dann ist ein raumzeitlicher ARMA-Prozess der Modellordnung $[p, q]$ definiert durch das Bildungsgesetz

$$\underbrace{\mathbf{Z}(t) \; - \; \sum_{k=0}^{p} B_k \cdot \mathbf{Z}(t-k)}_{\text{„AR-Teil"}} \; = \; \underbrace{\epsilon(t) \; - \; \sum_{l=0}^{q} E_l \cdot \epsilon(t-l)}_{\text{„MA-Teil"}} \quad .$$

Um die Idee dieses Bildungsgesetzes nachzuvollziehen, betrachte man zunächst den einfachen Fall $q=0$, in dem die Modellgleichung einen reinen raum-zeitlichen *AR-Prozess* beschreibt und sich umformen lässt zu

$$\mathbf{Z}(t) \; = \; B_0 \cdot \mathbf{Z}(t) \; + \; B_1 \cdot \mathbf{Z}(t-1) \; + \; \ldots \; + \; B_p \cdot \mathbf{Z}(t-p) \; + \; (I - E_0) \cdot \epsilon(t) \quad .$$

Der Vektor $\mathbf{Z}(t)$ - das räumliche Erscheinungsbild des Z-Prozesses zu einem bestimmten Zeitpunkt t - wird zurückgeführt auf eine Linearkombination meh-

149

rerer Momentaufnahmen des Prozesses zu den Zeitpunkten $t, t-1, \ldots, t-p$ sowie einen hinzukommenden Fehlerterm $(I - E_0) \cdot \epsilon(t)$. Die Parametermatrix $B_0 \in \mathbb{R}^{m \times m}$ enthält dabei die Regressionskoeffizienten eines räumlichen CAR-Ansatzes, mit Hilfe dessen jeder einzelne Prozesswert in der Momentaufnahme $Z(t) = \left[Z_t(s_1), \ldots, Z_t(s_m) \right]^T$ in Abhängigkeit von der Ausprägung seiner jeweiligen *zeitgleichen* räumlichen Nachbarn dargestellt wird. Dementsprechend gibt die Matrix B_1 den Einfluss des „gestrigen" Zeitpunkts auf den aktuellen Zustand wieder, B_2 denjenigen des vorgestrigen Zeitpunkts usw.

Betrachtet man in der obigen Modellgleichung anstatt der Einschränkung $q = 0$ eine *beliebige* Ordnung $q \geq 1$ des MA-Teils, so gelangt man anstatt des Sonderfalls eines AR-Prozesses zu einem vollständigen raum-zeitlichen ARMA-Modell. Der oben beschriebene autoregressive Zusammenhang der einzelnen Ausprägungen des Z-Prozesses wird dabei ergänzt durch einen (multivariaten) White-Noise-Prozess $\epsilon(t)$, der noch einer zusätzlichen Moving-Average-Filtration der Ordnung q unterzogen wird. Damit wird ein Modell aufgestellt, welches weitgehende Übereinstimmungen mit einem aus der Zeitreihenanalyse bekannten zeitlichen ARMA-Prozess[3] aufweist und in einfacher Weise auf den multivariaten Fall übertragen wurde.

Die vollständige Analogie eines STARMA- mit einem multivariaten zeitlichen ARMA-Prozess wird offenbar hergestellt, wenn im STARMA-Modell die Laufindizes der Summation auf beiden Seiten der Gleichung nicht bei null, sondern erst bei k bzw. $l = 1$ beginnen und damit für die Parametermatrizen B_0 und E_0 der Zusammenhang $B_0 = E_0 = 0$ unterstellt wird. In diesem Fall wird per Modellannahme davon ausgegangen, dass innerhalb des modellierten Prozesses kein Effekt einer rein räumlichen Beeinflussung zeitgleicher Prozessvariablen besteht und ein jeweiliger Prozesswert ausschließlich einem Einfluss zeitlich *zurückliegender* Ausprägungen des Prozesses unterliegt. Eine solche Annahme ist in vielen Anwendungssituationen sachlogisch nicht zu rechtfertigen, weswegen der Ansatz für praktische Zwecke von geringerem Nutzen ist. In theoretischer Hinsicht stellt eine derartige Modellformulierung allerdings einen interessanten Fall dar, in dessen Rahmen sich Fragen der Stationarität und Invertierbarkeit[4] sowie die Aufstellung der exakten Likelihoodfunktion zur Parameterschätzung untersuchen lassen (siehe Martin/Oeppen (1975), Aroian (1980), Pfeifer/Deutsch (1980a) und Abraham (1983)).

---

[3]Ein zeitlicher ARMA-Prozess ist definiert durch die Modellgleichung (siehe etwa Schlittgen/Streitberg (1997)): $X(t) - \sum_{k=1}^{p} \alpha_k \cdot X(t-k) = \epsilon(t) - \sum_{l=1}^{q} \beta_l \cdot \epsilon(t-l)$

[4]Das Konzept der Invertierbarkeit steht in engem Zusammenhang zur Stationarität und betrifft die Frage, ob sich ein gegebener ARMA-Prozess in Form eines reinen AR- oder MA-Prozesses darstellen lässt; vgl. Schlittgen/Streitberg (1997).

Geostatistische Raum-Zeit-Modelle

Neben dem STARMA-Ansatz bietet sich eine weit verbreitete alternative Vorgehensweise zur Modellierung eines Raum-Zeit-Prozesses an, die Aufstellung eines sogenannten *Geostatistischen Raum-Zeit-Modells*. In den Arbeiten Rouhani/Myers (1990) und vor allem Kyriakidis/Journel (1999) findet sich ein ausführlicher Überblick über die wichtigsten derzeitigen Ansätze innerhalb dieser Modellklasse, die zusammengetragen und in einheitlicher Schreibweise miteinander verglichen werden.

Gegeben sei ein raum-zeitliches Zufallsphänomen in Form eines Stochastischen Prozesses $[Z_t(s)]$, der zu mehreren aufeinander folgenden Zeitpunkten an verschiedenen räumlich angeordneten Messstellen innerhalb eines bestimmten Untersuchungsgebietes beobachtet wird. Das Untersuchungsgebiet der Studie stelle dabei wie im Falle eines Geostatistischen Modells ein kompaktes Intervall dar, in dem theoretisch an unendlich vielen und beliebig dicht zueinander gelegenen Stellen Beobachtungen erhoben werden können. In der tatsächlichen Datenerhebung beschränkt man sich allerdings auf eine endliche Teilauswahl dieser potentiellen Messstellen, so dass zu jedem Zeitpunkt t innerhalb des Untersuchungszeitraums ein Vektor beobachteter Prozessvariablen $Z_t = \left[Z_t(s_{t1}), \ldots, Z_t(s_{tn_t}) \right]^T$ vorliegt. Dabei sei nicht notwendigerweise davon ausgegangen, dass im gesamten Zeitraum ein identisches Messnetz zur Prozessbeobachtung zur Verfügung steht; vielmehr unterscheidet sich möglicherweise die Anzahl und räumliche Lokalisation der Messstellen zu jedem Zeitpunkt.

Die grundlegende Idee eines Geostatistischen Raum-Zeit-Modells besteht nun einfach darin, sämtliche Zufallsvariablen des beobachteten Prozesses $Z_1, Z_2, \ldots, Z_T$ zu einem umfangreichen Zufallsvektor der Länge $\sum_t n_t$ zusammenzufassen und für diesen ein *Allgemeines Lineares Modell* aufzustellen. Woher die Bezeichnung eines derartigen Ansatzes stammt, wird deutlich, wenn man dessen weitgehende Ähnlichkeit mit einem räumlichen Modell aus der *Geostatistik* feststellt[5]: In beiden Fällen werden sämtliche beobachteten Zufallsvariablen eines Stochastischen Prozesses *gemeinsam* in ein Allgemeines Lineares Modell eingebettet, auf dessen Grundlage dann anschließend eine Parameterschätzung und eine Lösung gewisser Prädiktionsprobleme gewonnen werden kann. Der einzige Unterschied zwischen beiden Situationen besteht darin, dass im Falle eines räumlichen Modells die einzelnen Prozessvariablen lediglich in räumlicher Hinsicht in Beziehung zueinander stehen; im hiesigen Fall dagegen weisen sie

---

[5]In der statistischen Fachliteratur spricht man hier auch von einer Übertragung des sogenannten „Geostatistischen Paradigmas" auf den raum-zeitlichen Kontext.

darüber hinaus jeweils eine bestimmte *zeitliche* Lokalisation auf, und das erstellte Modell muss insbesondere gewährleisten, dass die (oft hochkomplizierte) *raumzeitliche Abhängigkeitsstruktur* zwischen sämtlichen einzelnen Prozessvariablen $Z_t(s_{ti})$ $(t=1,\ldots,T;\ i=1,\ldots,n_t)$ in adäquater Weise wiedergegeben wird.

Man schreibt also für ein Geostatistisches Raum-Zeit-Modell zunächst in allgemeiner Form

$$\begin{pmatrix} Z_1 \\ Z_2 \\ \vdots \\ Z_T \end{pmatrix} = \begin{pmatrix} \mu_1 \\ \mu_2 \\ \vdots \\ \mu_T \end{pmatrix} + \begin{pmatrix} \delta_1 \\ \delta_2 \\ \vdots \\ \delta_T \end{pmatrix}$$

$$\Leftrightarrow \quad Z \quad = \quad \mu \quad + \quad \delta$$

$$\text{mit}\quad \mu_t = \Big[\mu_t(s_{t1}),\ldots,\mu_t(s_{tn_t})\Big]^T \quad \text{und}$$

$$\delta_t = \Big[\delta_t(s_{t1}),\ldots,\delta_t(s_{tn_t})\Big]^T \quad \text{mit } E[\delta] = 0 \quad \text{und} \quad Var[\delta] = \Sigma \in \mathbb{R}^{(\Sigma n_t)\times(\Sigma n_t)} \quad,$$

womit dem modellierten Z-Prozess eine additive Zerlegung in eine Trendkomponente μ und eine zusätzliche stochastische Komponente δ unterstellt wird.

Die Trendkomponente μ entspricht der Erwartungswertstruktur des modellierten Prozesses. Sie sollte sämtliche systematischen Effekte in dessen räumlicher und zeitlicher Verteilung wiedergeben, die in geeigneter Weise auf einen niedrigdimensionalen Parametervektor β zurückgeführt werden (d.h. $\mu = \mu(\beta)$). Oft bietet es sich an, die Komponente μ als deterministische Funktion der Orts- und Zeitkoordinaten anzusehen und etwa in der Form $\mu_t(s) = \mu^{Raum}(s) + \mu^{Zeit}(t)$ oder $\mu_t(s) = \mu^{Raum}(s)\cdot\mu^{Zeit}(t)$ darzustellen. Die Funktion

$$\mu_t(s) = \mu_t\begin{pmatrix} s_x \\ s_y \end{pmatrix} = \beta_0(t) + \beta_1(t)\cdot s_x + \beta_2(t)\cdot s_y + \beta_3(t)\cdot s_x^2 + \beta_4(t)\cdot s_y^2 + \beta_5(t)\cdot s_x s_y$$

$$\text{mit}\quad \beta_i(t) = \beta_i^{level} + \beta_i^{amp}\cdot\sin\Big(\tfrac{2\pi}{12}t + \beta_{phase}\Big) \qquad (i = 0,\ldots,5)$$

hat sich in gewissen Anwendungssituationen als sinnvoll erwiesen (J. Gerß 2004): Zu jedem festen Zeitpunkt wird das räumliche Bild der erwarteten Prozessausprägung als polynomiale Trendfläche dargestellt, wobei sich die einzelnen Trendparameter im zeitlichen Verlauf gemäß einer Sinusschwingung fortpflanzen. Seltener wird in der Literatur vorgeschlagen, anstatt einer *deterministischen* Formulierung der raum-zeitlichen Erwartungswertstruktur ein *stochastisches* Trendmodell aufzustellen, die Komponente μ also ebenso wie die stochastische Komponente δ als Zufallseffekt zu modellieren (siehe Kyriakidis/Journel (1999)).

Allgemein bietet es sich im Rahmen einer praktischen Datenanalyse an, die Modellierung der Erwartungswertstruktur so aufwendig und flexibel wie möglich zu gestalten. Auf diese Weise reduziert sich die Komplexität der schwerer handhabbaren Residualstruktur, und die einzelnen Zufallsvariablen $\delta_t(s_{ti})$ weisen im einfachsten Fall keinerlei stochastische Abhängigkeiten untereinander auf. Eine derartige Modellsituation entspricht dann offenbar einem *Einfachen Linearen Modell*, in dem die Varianzmatrix Σ des Fehlervektors δ eine Diagonalmatrix darstellt und das folglich - ohne die Notwendigkeit einer speziellen *Raum-Zeitlichen* Datenanalyse - mit den herkömmlichen Methoden eines Gewöhnlichen Kleinst-Quadrate-Ansatzes (OLS) ausgewertet werden kann. In der Praxis tritt dieser einfachste Fall allerdings nur äußerst selten ein, und in aller Regel besteht eine deutlich von null verschiedene und hochkomplizierte Abhängigkeitsstruktur innerhalb der Residualkomponente δ.

Hier geht man wie folgt vor, um die Komponente δ des obigen Modells bzw. deren Varianzmatrix Σ weitergehend zu modellieren. Man stellt zunächst fest, dass die stochastische Abhängigkeitsstruktur innerhalb des Prozesses $[\delta_t(s_{ti})]$ (im Falle einer *deterministischen* Trendkomponente μ) offenbar mit derjenigen des beobachteten Raum-Zeit-Prozesses $[Z_t(s_{ti})]$ übereinstimmt. Typischerweise kommt diese Abhängigkeitsstruktur in der Tatsache zum Ausdruck, dass je zwei einzelne Prozesswerte aufgrund ihrer räumlichen oder zeitlichen Beziehung zueinander gewisse Ähnlichkeiten aufweisen, die umso größer sind, je näher die beiden jeweiligen Messstellen (in räumlicher oder zeitlicher Hinsicht) zueinander lokalisiert sind. Es ist also ein Modell zu finden, mit Hilfe dessen sich derartige Effekte in der Kovarianz zweier beliebiger beobachteter Prozessvariablen $Z_{t_1}(s_1)$ und $Z_{t_2}(s_2)$ mit $t_1, t_2 \in \{1, \ldots, T\}$ und $s_1, s_2 \in \{s_{ti} : t = 1, \ldots, T ; i = 1, \ldots, n_t\}$ auf geeignete Weise in parametrischer Form beschreiben lassen. Üblicherweise geht man hierbei davon aus, dass der analysierte Prozess die obigen Eigenschaften einer (Schwachen) Stationarität der räumlichen und zeitlichen Struktur aufweist. In diesem Fall ist die Kovarianz zweier Prozesswerte $Cov\left[Z_{t_1}(s_1), Z_{t_2}(s_2)\right]$ unabhängig von deren *absoluter* Lokalisation im Untersuchungsgebiet und -zeitraum und ergibt sich ausschließlich aus der *relativen* räumlichen und zeitlichen Verschiebung der jeweiligen Messstellen (s_1, t_1) und (s_2, t_2) zueinander.

Ein erster Versuch zur Modellierung der raum-zeitlichen Kovarianzstruktur innerhalb des Z-Prozesses mag dann darin bestehen, die räumliche und zeitliche Verschiebung zwischen zwei Messungen mit Hilfe eines *skalaren* Distanzmaßes darzustellen. Man geht also davon aus, dass die stochastische Abhängigkeit je zweier Prozessvariablen immer dann einen einheitlichen Wert annimmt, wenn ihre skalare Distanz

$$\Delta := \left\| \begin{pmatrix} s_1 \\ t_1 \end{pmatrix} - \begin{pmatrix} s_2 \\ t_2 \end{pmatrix} \right\| \in \mathbb{R}^1$$

zueinander identisch ist, und schreibt formal

$$Cov\left[Z_{t_1}(s_1), Z_{t_2}(s_2) \right] =: C(\Delta) \quad .$$

Im einfachsten Fall verwendet man hier eine euklidische Norm, wobei der räumliche Abstand der Punkte s_1 und s_2 auf naheliegende Weise durch die zusätzliche zeitliche Komponente ergänzt wird:

$$\Delta = \left\| \begin{pmatrix} s_1 \\ t_1 \end{pmatrix} - \begin{pmatrix} s_2 \\ t_2 \end{pmatrix} \right\| = \left\| \begin{pmatrix} s_1^x \\ s_1^y \\ t_1 \end{pmatrix} - \begin{pmatrix} s_2^x \\ s_2^y \\ t_2 \end{pmatrix} \right\| = \sqrt{(s_1^x - s_2^x)^2 + (s_1^y - s_2^y)^2 + (t_1 - t_2)^2}.$$

Ein solcher Ansatz ist offenbar dadurch gekennzeichnet, dass hier eine völlige Gleichbehandlung der räumlichen und zeitlichen Komponente zur Lokalisation einzelner Prozessmessungen $(s, t) = (s^x, s^y, t)$ stattfindet. Eine Einheit auf der räumlichen Achse wird beispielsweise implizit mit einer zeitlichen Einheit gleichgesetzt, womit eine äußerst zweifelhafte Annahme getroffen wird, die sich in praktischen Anwendungssituationen - schon gar nicht pauschal und ohne empirische Überprüfung - nur schwer rechtfertigen lässt. Dazu kommt noch, dass sich in der Berechnung des obigen Distanzmaßes Δ offenbar das relative „Gewicht" der zeitlichen und räumlichen Komponente mit einer Umskalierung einer der beiden Lokationsangaben in nahezu beliebiger Weise verschieben lässt. Auch die Einführung einer zusätzlichen Konstanten k zur parametrischen Steuerung des relativen Einflusses beider Dimensionen, etwa in der Form

$$\Delta = \sqrt{(s_1^x - s_2^x)^2 + (s_1^y - s_2^y)^2 + k \cdot (t_1 - t_2)^2}$$

wird in der Fachliteratur abgelehnt. So betonen Goodall/Mardia (1994) und Rouhani/Myers (1990), dass grundlegende Unterschiede zwischen der räumlichen und der zeitlichen Dimension bestehen, die ihre Zusammenführung in Form eines skalaren Abstandsmaßes Δ verbieten. Dies ergibt sich schon allein aus der Tatsache, dass innerhalb der zeitlichen Dimension eine natürliche Ordnung herrscht (Vergangenheit - Gegenwart - Zukunft), was in der räumlichen Dimension offenbar nicht der Fall ist.

Die obigen Überlegungen zeigen, dass die Kovarianzstruktur innerhalb eines modellierten Raum-Zeit-Prozesses sinnvollerweise mit Hilfe einer Funktion mit *zweidimensionalem* Argument dargestellt werden sollte, welches in zwei getrennten Komponenten die räumliche und zeitliche Verschiebung der jeweiligen Prozessvariablen angibt.

Man definiert also die *raum-zeitliche Kovarianzfunktion* eines stationären Prozesses als

$$C(\boldsymbol{h}, \tau) \;:=\; Cov\Big[\, Z_t(\boldsymbol{s}), \; Z_{t+\tau}(\boldsymbol{s}+\boldsymbol{h}) \,\Big] \;.$$

Zur parametischen Modellierung dieser Kovarianzfunktion bieten sich verschiedenste Vorgehensweisen an, die umso komplizierter gestaltet sind, je mehr einzelne und interagierende Effekte der raum-zeitlichen Abhängigkeitsstruktur eingebracht werden. Ein einfacher Ansatz setzt zum Beispiel die Annahme der *raumzeitlichen Separabilität* voraus, wobei für die Kovarianzfunktion gilt:

$$
\begin{aligned}
C(\boldsymbol{h}, \tau) \;:=\;& Cov\Big[Z_t(\boldsymbol{s}), Z_{t+\tau}(\boldsymbol{s}+\boldsymbol{h})\Big] \\
=\;& Cov\Big[Z_t(\boldsymbol{s}), Z_t(\boldsymbol{s}+\boldsymbol{h})\Big] \cdot Cov\Big[Z_t(\boldsymbol{s}), Z_{t+\tau}(\boldsymbol{s})\Big] \\
=\;& C^{\mathrm{Raum}}(\boldsymbol{h}) \cdot C^{\mathrm{Zeit}}(\tau) \;.
\end{aligned}
$$

Die Annahme der Separabilität eines beobachteten Raum-Zeit-Prozesses ist in der Praxis nach sachlogischen Gesichtspunkten vielfach durchaus berechtigt und kommt nicht selten zur Anwendung (siehe etwa Rouhani/Myers (1990), De Cesare et al. (1997) und Cressie/Majure (1997)). Eine Formulierung *nichtseparabler* Raum-Zeit-Prozesse im Rahmen eines Allgemeinen Linearen Modells wurde in der statistischen Forschung bisher häufig vermieden. Bei der Wahl eines parametrischen Modells der Kovarianzfunktion stellt sich hier nämlich insbesondere das Problem sicherzustellen, dass dieses die Bedingung der *Zulässigkeit* erfüllt: Das Kovarianzmodell muss so aufgestellt werden, dass für jede mögliche Ausprägung des zugrunde liegenden Parametervektors die resultierende Kovarianzmatrix Σ aller einzelnen Prozessvariablen tatsächlich eine *positiv definite* Matrix darstellt. Das Problem der Entwicklung zulässiger Strukturmodelle für nichtseparable Raum-Zeit-Prozesse wird etwa in den Arbeiten Cressie/Huang (1999), De Iaco et al. (2002) und Gneiting (2002) ausführlich behandelt.

Nach der Wahl eines bestimmten geeigneten Modells der Abhängigkeitsfunktion $C(\boldsymbol{h}, \tau)$ eines beobachteten Raum-Zeit-Prozesses wird im weiteren Verlauf der Analyse in vollständig analoger Weise wie im Falle einer herkömmlichen (rein räumlichen) Geostatistischen Datenanalyse verfahren. Die Varianzmatrix Σ wird mit Hilfe des unterstellten Strukturmodells auf einen gewissen zugrunde liegenden Parametervektor θ zurückgeführt ($\Sigma = \Sigma(\theta)$), womit das aufgestellte Allgemeine Lineare Modell insgesamt durch die beiden Modellparameter β (den Trendparameter) und den Strukturparameter θ gesteuert wird. Die empirische Schätzung dieser unbekannten Modellparameter liefert dann eine vollständige Modellspezifikation, auf deren Grundlage die Modellanwendung etwa in Form einer Prädiktion unbeobachteter Prozessvariablen (raum-zeitliches Kriging) durchgeführt werden kann.

Weitere Möglichkeiten der Modellierung eines Raum-Zeit-Prozesses im Rahmen eines Geostatistischen Ansatzes eröffnen sich, wenn die stochastische Komponente $[\delta_t(s_{ti})]$ des obigen Modells nicht wie bisher als zusammenhängender Raum-Zeit-Prozess angesehen, sondern ihrerseits wieder in einzelne Komponenten zerlegt wird. Dies führt - ähnlich wie der oben erwähnte stochastische Ansatz zur Trendmodellierung - zum statistischen Spezialgebiet der „Modelle mit zufälligen Effekten" bzw. der sogenannten Analyse von Varianzkomponenten. Modelle der Art

$$Z_t(s) \; = \; \mu_t(s) \; + \; \delta_t(s) \qquad \text{mit} \quad \delta_t(s) \; = \; \delta_1(s) \; + \; \delta_2(t) \; + \; \delta_3(s,t)$$

werden etwa in den Arbeiten Buxton/Pate (1994), Bogaert/Christakos (1997), Heuvelink et al. (1997) aufgestellt, wobei $\delta_1(s)$ eine rein räumliche, $\delta_2(t)$ eine rein zeitliche und $\delta_3(s,t)$ eine raum-zeitliche Komponente der Abhängigkeitsstruktur darstellt. Andere Forschungsansätze beschäftigen sich mit dem Problem der Modellierung von Prozessen mit instationärer und anisotroper räumlicher Struktur. In diesem Fall kann der Zusammenhang zweier räumlich verschobener Prozessvariablen nicht als Funktion ihrer Distanz ausgedrückt werden, sondern jedem Paar zweier Messstellen ist ein eigener und möglicherweise unterschiedlicher Wert der räumlichen Abhängigkeit zugeordnet. Um die Schätzbarkeit der Varianzmatrix Σ hier dennoch zu gewährleisten, geht man üblicherweise davon aus, dass das analysierte raum-zeitliche Zufallsphänomen neben der räumlichen keine eigentliche weitere zeitliche Struktur aufweist. Stattdessen handelt es sich um einen rein räumlichen Prozess, dessen Ausprägung in Form einer Folge zeitlich unabhängiger Replikationen beobachtet wird (siehe Sampson/Guttorp (1992) sowie Kyriakidis/Journel (1999, Seite 666)). Die zeitliche Unkorreliertheit der einzelnen Messwiederholungen erlaubt dann, die Kovarianz zweier beliebiger räumlicher Messstellen ohne weitere Restriktionen auf empirischem Wege zu schätzen.

Der Geostatistische Ansatz zur Raum-Zeitlichen Datenanalyse stellt in gewissen Anwendungssituationen ein durchaus funktionsfähiges und effizientes Verfahren dar. Einige generelle Nachteile und Unzulänglichkeiten sind allerdings festzustellen, die seine praktische Einsatzfähigkeit beschränken. So gestaltet sich die Parameterschätzung im Rahmen des zugrunde liegenden Allgemeinen Linearen Modells unter Umständen als schwer umsetzbares Problem, im Extremfall sogar als technisch unlösbar. Insbesondere betrifft dies Situationen, in denen der Umfang des auszuwertenden Datenmaterials sehr groß ist und darüber hinaus möglicherweise noch eine Häufung fehlender Beobachtungswerte bzw. Lücken in der raum-zeitlichen Lokalisation der Messstellen bestehen. Ein weiterer

Schwachpunkt des Geostatistischen Ansatzes zeigt sich in der Modellierung der raum-zeitlichen Abhängigkeitsstruktur. Trotz der verschiedenen vorgestellten Ansätze sind der Flexibilität hier (vor allem in praktischer Hinsicht) enge Grenzen gesetzt: Viele denkbare Effekte, die in der Modellgleichung theoretisch formuliert werden könnten, können aufgrund einer beschränkten zur Verfügung stehenden Rechenkapazität in der Praxis tatsächlich nicht ausgewertet werden. Alternative Ansätze bieten hier z.T. weitaus flexiblere und rechentechnisch effizientere Möglichkeiten.

Räumliche Zeitreihen-Modelle

Der im vorigen Abschnitt beschriebene Ansatz zur Modellierung eines Raum-Zeit-Prozesses basiert im wesentlichen auf der Vorstellung, dass sich der gesamte Prozess aus einer Folge von mehreren (räumlichen und zeitlich angeordneten) *einzelnen Prozesswerten* zusammensetzt. Diese grundlegende Anschauung lässt sich in bestimmten Modell- bzw. Anwendungssituationen ändern, um insbesondere den *zeitlichen* Charakter des analysierten Zufallsphänomens zu betonen. Im Falle feststehender räumlicher Ortskoordinaten der einzelnen Prozessvariablen während des gesamten Untersuchungszeitraums (festes Messnetz) bietet es sich an, die Daten des Prozesses als Menge räumlich angeordneter Zeitreihen anzusehen. Verschiedene Formen sogenannter *räumlicher Zeitreihenmodelle* lassen sich entwickeln, wenn das statistische Spezialgebiet der Zeitreihenanalyse in unterschiedlicher Weise durch eine zusätzliche räumliche Komponente erweitert wird. Die entsprechenden Modelle werden in der Literatur als „*dynamisch*" bezeichnet (siehe etwa Wikle (2000)), insofern als sie explizit auf der Tatsache einer fortschreitenden zeitlichen Entwicklung des modellierten Zufallsphänomens beruhen: Der „gestrige" Zustand des Systems hat Einfluss auf den „heutigen" Zeitpunkt, aber umgekehrt wirkt sich der aktuelle Zustand nicht auf die Vergangenheit aus. In den Geostatistischen Modellen des vorigen Abschnitts findet sich dieser dynamische Charakter der Beeinflussung *nicht* wieder, und zwar weder in räumlicher noch in zeitlicher Hinsicht. Um sie von den dynamischen Modellen dieses Abschnitts zu unterscheiden, spricht man in jenem Fall von sogenannten *deskriptiven* Modellen.

Ein möglicher Ansatz im Rahmen räumlicher Zeitreihenmodelle wird in der Arbeit Rouhani/Wackernagel (1990) vorgestellt. Die Autoren betrachten die Messwerte jeder einzelnen räumlichen Messstelle im zugrunde liegenden Untersuchungsgebiet als Komponenten einer multivariaten Zeitreihe. Jedes Folgenglied dieser Zeitreihe gibt das Erscheinungsbild des beobachteten Zufallsphänomens in seiner gesamten räumlichen Ausdehnung wieder und stellt damit gewissermaßen einen gesamten räumlichen Prozess dar, dessen einzelne Einträge typische räumliche Korrelationen untereinander aufweisen. Das Modell erlaubt eine zeitliche Vorhersage unbeobachteter Prozessvariablen, nicht aber eine räumliche Interpolation. Die Interpretation eines Raum-Zeit-Prozesses als multivariate Zeitreihe liegt auch einem weiteren Ansatz zugrunde, der Aufstellung sogenannter Zustandsraum-Modelle (Dynamischer Linearer Modelle).

Andere Verfahren der räumlichen Zeitreihenanalyse beruhen etwa auf der Strategie, zunächst die zeitlichen Abhängigkeiten innerhalb der einzelnen Messreihen eines beobachteten Raum-Zeit-Prozesses zu beseitigen (siehe Berke (1993), Krajewski al. (1996) und J. Gerß (1998)). Anschließend können die Daten als unkorrelierte Messwiederholungen eines räumlichen Prozesses angesehen werden (repeated measurements), die sich mit den Methoden einer Longitudinalen Datenanalyse auswerten lassen (siehe Loader/Switzer (1992), Sampson/Guttorp (1992) und Mardia/Goodall (1993)).

In der Arbeit Haslett/Raftery (1989) findet sich eine vierte Ansatzweise im Rahmen räumlicher Zeitreihenmodelle für einen Raum-Zeit-Prozess. Jeder der zeitlichen Messreihen im Untersuchungsgebiet wird mit den Methoden der Zeitreihenanalyse ein ARMA-Modell angepasst. Zur Berücksichtigung der räumlichen Struktur des Prozesses werden dabei die ARMA-Parameter der verschiedenen Zeitreihen allerdings nicht unabhängig voneinander behandelt, sondern ihnen werden gemäß ihrer räumlichen Beziehung zueinander gewisse Ähnlichkeiten unterstellt. Letztlich führt dies zu einer Modellformulierung, in der sowohl zeitliche als auch räumliche Effekte innerhalb des beobachteten Prozesses wiedergegeben werden. Auf der Grundlage dieser Modellformulierung wird dann die empirische Schätzung unbekannter Modellparameter mit Hilfe eines ML-Ansatzes durchgeführt.

Multivariate räumliche Modelle

In den Modellansätzen des vorigen Abschnitts wird insbesondere der zeitliche (dynamische) Charakter eines raum-zeitlichen Zufallsphänomens betont, indem der Gesamtprozess etwa als multivariate Zeitreihe dargestellt wird. Offenbar von theoretischem Gesichtspunkt her nicht weniger geeignet - in der Fachliteratur allerdings deutlich seltener erwähnt - ist eine umgekehrte Sichtweise eines Raum-Zeit-Prozesses, in welcher im Rahmen der Modellformulierung ein Schwerpunkt auf die *räumliche* Dimension des Phänomens gelegt wird. So bietet es sich alternativ an, den Prozess als *multivariaten räumlichen Prozess* anzusehen, d.h. als Menge räumlich angeordneter Zufallsvektoren. Jeder einzelnen Messstelle eines fest installierten Messnetzes ist eine vektorielle Zielgröße zugeordnet, deren einzelne Komponenten den zeitlichen Messwiederholungen entsprechen, die an der jeweiligen Stelle im Untersuchungsgebiet erhoben wurden. Kyriakidis/Journel (1999, Seite 668ff.) stellen die beiden Ansätze einer multivariaten Zeitreihe und eines multivariaten räumlichen Prozesses zur Raum-Zeitlichen Datenanalyse vergleichend nebeneinander. Letzterer Ansatz erlaubt zum Beispiel keine zeitliche Vorhersage, wohl aber eine räumliche Interpolation der vorliegenden Beobachtungen des Prozesses. Mit Methoden des Cokriging[6] (siehe etwa Cressie (1993, Kapitel 3.2.3)) werden dabei zur Prädiktion eines bestimmten unbeobachteten Prozesswertes sowohl räumlich als auch zeitlich verschobene Stichprobenvariablen als Einflussgrößen in die erstellte Prädiktionsfunktion einbezogen.

Hierarchische Bayes-Modelle

Hierarchische Bayes-Modelle stellen im Vergleich zu allen bisher aufgeführten Ansätzen in mehrfacher Hinsicht eine grundsätzlich neue Herangehensweise in der Raum-Zeitlichen Datenanalyse dar. Zum einen handelt es sich eben um *hierarchische* Modelle, d.h. zur Definition eines Raum-Zeit-Prozesses wird nicht nur eine einzige Modellgleichung aufgestellt, sondern eine Folge mehrerer stufenweise aufeinander aufbauender Gleichungen. Zum anderen stellt der Ansatz hinsichtlich seiner grundlegenden Ausrichtung bzw. „Philosophie" der statistischen Analyse ein sogenanntes *Bayes*-Modell dar: Sämtliche Modellparameter zur Beschreibung der verschiedenen raum-zeitlichen Effekte im analysierten Prozess werden nicht als *fest* angesehen, sondern als *stochastische* Größen. Im Sinne der bisherigen Bezeichnung stellen sie also keine (fixen) Parameter dar, sondern Zufallsvariablen, deren Ausprägung sich bzgl. eines bestimmten Wahrscheinlichkeitsmaßes realisiert. Um welche Verteilung es sich dabei im konkreten Fall handelt, wird in der Definition eines Modells auf der untersten Stufe des (hierarchischen) Gleichungssystems festgelegt.

Ein ausführlicher Überblick über den Einsatz Hierarchischer Bayes-Modelle in der Raum-Zeitlichen Datenanalyse findet sich bei Wikle et al. (1998). Die allgemeine Form der Modelldefinition lautet wie folgt:

---

[6]Mit dem Begriff des „Cokriging" ist ein allgemeines Verfahren zur Interpolation eines multivariaten räumlichen Prozesses gemeint. Zur Prädiktion einer bestimmten Komponente einer vektoriellen Zielgröße wird dabei nicht nur die Stichprobeninformation dieser einen Komponente herangezogen, sondern darüber hinaus noch die zusätzliche Information weiterer hiermit in Verbindung stehender Komponenten der Zielgröße. In einem bivariaten räumlichen Prozess, in dem zum Beispiel die Temperatur und der Salzgehalt eines Meeres gemessen wird, wird hier also die Prädiktion der Temperaturwerte dadurch verbessert, dass die zusätzliche Information der Messungen des Salzgehalts in die Prädiktionsfunktion eingebracht wird.

1. Stufe: Darstellung der beobachteten Daten als „verrauschte Version" gewisser zugrunde liegender „wahrer Zustände" des analysierten Zufallsphänomens (data model);

2. Stufe: Komponentenweise Zerlegung des Zustandsprozesses in systematische und zufällige zeitliche, räumliche und raum-zeitliche Effekte (process model);

3. Stufe: Modellierung aller Effekte der zweiten Stufe durch bestimmte zugrunde liegende Steuerungsparameter;

4. Stufe: Festlegung einer „A-priori-Verteilung", nach der sich die Steuerungsparameter realisieren.

Auf der ersten Stufe der Modellformulierung wird davon ausgegangen, dass sich das analysierte Zufallsphänomen zu jedem Zeitpunkt in einem bestimmten *Zustand* befindet, der seine jeweilige Ausprägung in ihrer gesamten räumlichen Ausdehnung beschreibt. Dieser „wahre Zustand" des Systems ist dabei allerdings nicht direkt beobachtbar. Die erhobenen Prozessbeobachtungen stimmen per Modellvorstellung nicht vollkommen mit dem „wahren Zustand" überein, sondern werden von einem hinzu kommenden zufälligen Messfehler überlagert. Sinnvollerweise bietet sich oft der Ansatz an, dass die beobachteten Daten Y_t mittels einer linearen Regressionsbeziehung aus dem entsprechenden Zustand X_t hervorgehen, so dass gilt $Y_t = K \cdot X_t + \epsilon_t$. Damit wird auf der ersten Stufe des hierarchischen Modells die bedingte Verteilung des Beobachtungsvektors Y_t bei gegebenem Zustandsvektor X_t festgelgt, im Falle $\epsilon_t \sim N(0, \Sigma_\epsilon)$ gilt hier $Y_t | X_t \sim N(K \cdot X_t, \Sigma_\epsilon)$. Die zweite Stufe der Modellformulierung lässt sich ebenfalls in Form einer bedingten Wahrscheinlichkeitsverteilung darstellen. Bei gegebener Ausprägung gewisser elementarer Einzelkomponenten ergibt sich eine konkrete Verteilung des Zustandsvektors X_t. Die einzelnen Komponenten entsprechen dabei den verschiedenen räumlichen, zeitlichen und raum-zeitlichen Effekten, die in die Modellierung des beobachteten Zufallsphänomens aufgenommen werden sollen. Auf der dritten Stufe werden diese Komponenten ihrerseits auf bestimmte Steuerungsparameter zurückgeführt, auf deren Grundlage ihre Wahrscheinlichkeitsverteilung definiert wird. Schließlich muss auf der vierten Stufe der Modelldefinition noch eine unbedingte Verteilung dieser sogenannten „Hyperparameter" festgelegt werden. Üblicherweise wählt man dazu eine „nicht-informative" A-priori-Verteilung: Durch eine große Varianz wird hier der Ausprägung der Hyperparameter möglichst viel Raum gelassen, um sich flexibel den unbekannten tatsächlichen Gegebenheiten des beobachteten Zufallsphänomens anpassen zu können.

Hierarchische Bayes-Modelle haben sich als äußerst effizientes und flexibel einsetzbares Verfahren der Raum-Zeitlichen Datenanalyse erwiesen. Der Ansatz erlaubt insbesondere die Modellierung hochkomplexer Arten der raum-zeitlichen Abhängigkeitsstruktur. Im Gegensatz zu den bisherigen Verfahren ist es in diesem Fall nämlich nicht nötig, die Gesamtheit aller zusammenwirkenden Effekte in Form einer einzigen umfassenden Gleichung auszudrücken. Stattdessen wird das Problem gewissermaßen stufenweise zerlegt. Die einzelnen Stufen geben jeweils verschiedene elementare Effekte der Abhängigkeitsstruktur wieder und sind in ihrer Gesamtheit in der Lage, hochkomplexe strukturelle Phänomene zu beschreiben. Man kann sich leicht vorstellen, dass durch die Einbringung zusätzlicher Hierarchien den Möglichkeiten der Modellformulierung kaum Grenzen gesetzt sind. Insbesondere bemerkt etwa Wikle (2000), dass es im Rahmen eines Hierarchischen Bayes-Modells ohne weiteres möglich ist, einen *nichtseparablen* Raum-Zeit-Prozess zu definieren und empirisch auszuwerten. Darüber hinaus kann die Modellformulierung so gestaltet werden, dass in verschiedener Form vorliegendes Hintergrundwissen über die spezielle Natur des beobachteten Zufallsphänomens eingebracht wird. So bietet es sich beispielsweise in ozeanographischen Anwendungen an, physikalische Differentialgleichungen zur Beschreibung dynamischer Meeresströmungen aufzustellen und die entsprechenden Effekte auf einer bestimmten Stufe des hierarchischen Modells einfließen zu lassen (siehe etwa Wikle et al. (2001)).

Wie sieht nun die konkrete Anwendung eines Hierarchischen Bayes-Modells in der Praxis aus? Im Sinne eines Bayes-Ansatzes besteht das Ziel der Analyse in der Gewinnung der sogenannten *A-posteriori-Verteilung* gewisser unbekannter Modellgrößen. Der Begriff bezieht sich auf die Tatsache, dass die explizite Bestimmung dieser Verteilung erst möglich ist, *nachdem* die Realisation des gesamten Stochastischen Prozesses erfolgt ist, da hierzu auf sämtliche beobachteten Prozesswerte zurückgegriffen werden muss. Die konkrete erhobene Stichprobeninformation geht also als elementarer Bestandteil in die Formulierung der A-posteriori-Verteilung ein. Insbesondere mag das Ziel der statistischen Analyse darin bestehen, Aussagen über die grundlegenden Steuerungsparameter θ des beobachteten Prozesses herzuleiten. In diesem Fall ergibt sich die gesuchte A-posteriori-Verteilung als bedingte Dichte der (zufälligen) Parameter θ bei gegebener Stichprobenrealisation $y_1, \ldots, y_t$. Der Erwartungswert und die Varianz dieser Verteilung $f(\theta | y_1, \ldots, y_t)$ dienen dann der Gewinnung „Bayes'scher" Punkt- und Intervallschätzungen der unbekannten Größen. Das Problem der Prädiktion unbeobachteter Prozesswerte wird in analoger Form ausgedrückt. Üblicherweise fragt man hier nach der Ausprägung des (messfehlerbereinigten) X-Prozesses an bestimmten unbeobachteten Stellen im Untersuchungsgebiet, in „Bayes'scher" Schreibweise also nach der A-posteriori-Verteilung $f\left[X_t(s_0) \middle| y_1, \ldots, y_t\right]$. Die Momente dieser Verteilung liefern dann eine Punktprädiktion des gesuchten Prozesswertes mitsamt ihrem zugehörigen Prädiktionsfehler.

Hierbei ist insbesondere anzumerken, dass das Verfahren einer derartigen „Bayes'schen" Prädiktion eines Stochastischen Prozesses im Gegensatz zum herkömmlichen Ansatz keinen Schritt eines „Plugging-In" geschätzter Prozessparameter $\hat{\theta}$ in gewisse eingesetzte Prädiktionsfunktionen erfordert. Die Bestimmung der A-posteriori-Dichte beruht auf der gemeinsamen Verteilung aller Größen des Modells, in welcher (unter anderem) der stochastische Charakter der Prozessparameter θ explizit berücksichtigt wird. Letztlich wird auf diese Weise eben nicht wie im Falle aller bisherigen Prädiktionsverfahren davon ausgegangen, dass die wahren Werte der zugrunde liegenden Prozessparameter feststehen und fehlerfrei durch ihre empirischen Schätzungen wiedergegeben werden. Im Bayes-Ansatz wird die anhaftende Unsicherheit der Schätzungen nicht vernachlässigt, die Fehlerquelle des Plug-In-Schrittes also ausgeschaltet, was offenbar zur Gewinnung realistischerer Punkt- und Intervallprädiktionen führt.

Wie die obige Darstellung zeigt, beruht die praktische Umsetzung eines Hierarchischen Bayes-Ansatzes in konkreten Modellsituationen im wesentlichen auf der Bestimmung der A-posteriori-Dichte gewisser interessierender Modellgrößen. Dazu geht man wie folgt vor, um diese Dichte auf der Grundlage der unterstellten Modellgleichungen zu entwickeln. In der Definition des Modells werden die bedingten Verteilungen aller Modellgrößen bei gegebenen jeweils zugrunde liegenden „Basisgrößen" festgelegt, etwa die Verteilung des beobachteten Prozesses $[Y_t]$ bei gegebenem jeweiligen Zustand X_t. Anhand all dieser bedingten Verteilungen ist zunächst die *gemeinsame* Verteilung aller Größen des Modells aufzustellen. Die gemeinsame Verteilung erlaubt dann aufgrund des *Satzes von Bayes* (siehe etwa Gelman et al. (1995, Seite 8)) die formale Herleitung der bedingten Verteilung einer beliebigen Modellgröße bei gegebener Stichprobenrealisation $y_1, \ldots, y_T$. Der Erwartungswert und die Varianz dieser A-posteriori-Verteilung geben Aufschluss über die gesuchte unbekannte Ausprägung der jeweiligen Größe.

Zur Illustration dieses Vorgehens sei ein einfaches Bayes-Modell mit drei hierarchisch aufeinander aufbauenden Größen Y, X und θ betrachtet (vgl. Gelman et al. (1995, Seite 128-129)). Um die Beziehung dieser Größen anschaulich darzustellen, bedient man sich zweckmäßigerweise der Bezeichnungen *familiärer Generationen*: Der Hyperparameter θ des hierarchischen Modells entspricht gewissermaßen den „Großeltern" einer Familie. Ihre Nachkommen, die „Eltern" X, stammen insofern von ihnen ab, als deren Wahrscheinlichkeitsverteilung $f(X|\theta)$ in der Modelldefinition auf die Ausprägung der „Großeltern" zurückgeführt wird. Auf der nächsten Stufe bestimmen wiederum die „Eltern" X in analoger Form die Wahrscheinlichkeitsverteilung ihrer „Kinder" Y. Zur formalen Definition eines derartigen Zusammenhangs ist also ein dreistufiges hierarchisches Modell aufzustellen, in dem die folgenden Verteilungen festgelegt werden:

$\begin{cases} \text{1. Stichprobenverteilung} & f(Y|X) \\ \text{2. Verteilung der Zustände} & f(X|\theta) \\ \text{3. A-priori-Verteilung} \\ \quad \text{der Hyperparameter} & f(\theta) \end{cases}$ (Verteilung der Kinder bei gegebenen Eltern)
(Verteilung der Eltern bei gegebenen Großeltern)
(Verteilung der Großeltern)

Im Rahmen dieser Modellformulierung wird implizit die Annahme einer *bedingten Unabhängigkeit* unterstellt, die sich in vielen Situationen in sachlogischer Hinsicht als nicht unvernünftig erweist: Bei gegebenem Zustand X des Systems ist die Stichprobenvariable Y unabhängig vom Hyperparameter θ, d.h. für die bedingten Verteilungen gilt $f(Y|X, \theta) = f(Y|X)$. Anschaulich wird damit davon ausgegangen, dass die Verteilung der Kinder vollständig feststeht, sobald ihre Eltern gegeben sind; die Hinzuziehung weiter zurückliegender Informationen ist zur Aufstellung ihrer Verteilung nicht erforderlich und liefert keine zusätzlichen relevanten Informationen.

Die theoretische Verarbeitung des Modells beginnt mit der Bestimmung der gemeinsamen Verteilung aller Modellgrößen, für die nach den Gesetzen der Wahrscheinlichkeitsrechnung gilt:

$$\begin{aligned} f(Y,X,\theta) &= f(Y|X,\theta) \cdot f(X,\theta) \\ &= f(Y|X) \cdot f(X|\theta) \cdot f(\theta) \quad . \end{aligned}$$

Der Satz von Bayes liefert anschließend die gemeinsame A-posteriori-Dichte (joint posterior) der Größen X und θ:

$$f(X,\theta|Y) = \frac{f(Y,X,\theta)}{f(Y)} \quad .$$

Setzt man hier die (feststehende) beobachtete Stichprobenrealisation $Y=y$ ein, so stellt der Ausdruck $f(y)$ im Nenner des Bruchs auf der rechten Seite der Gleichung eine Konstante dar. Dieser Proportionalitätsfaktor hat keinen Einfluss auf die relative Form der Kurve, sondern sorgt lediglich dafür, dass die Fläche unter der Dichtefunktion auf den Wert eins normiert wird. So ergibt sich hier

$$f(X,\theta|y) = \frac{f(y,X,\theta)}{f(y)} \propto f(y,X,\theta) \quad .$$

Um in einem nächsten Schritt dann zum eigentlichen Ziel der Bayes-Analyse zu gelangen - der Bestimmung der A-posteriori-Dichte des Zustands X oder des Hyperparameters θ -, ist aus dieser *gemeinsamen* nur noch die *marginale* A-posteriori-Verteilung der interessierenden Modellgröße zu gewinnen. Der Erwartungswert und die Varianz der Dichte $f(\theta|y)$ stellen dann die gesuchte „Bayes'sche" Punkt- und Intervallschätzung des Parameters θ dar.

Dabei zeigt sich, dass die theoretische Herleitung der A-posteriori-Momente der verschiedenen Modellgrößen $E(\cdot|y)$ und $Var(\cdot|y)$ abgesehen von wenigen speziellen Standardsituationen auf analytischem Wege in der Regel nicht lösbar ist. Stattdessen schlagen Gelman et al. (1995) an dieser Stelle vor, auf statistische Simulationsverfahren zurückzugreifen: Man bestimmt zunächst die marginale A-posteriori-Dichtefunktion der Hyperparameter durch Integration gemäß

$$f(\theta|y) \;=\; \int f(X,\theta|y)\, dX \quad .$$

In vielen Fällen ist es möglich, die Funktionsgleichung dieser Kurve (bis auf Proportionalitätskonstanten) aufzustellen, auch wenn die Momente der entsprechenden Verteilung nicht explizit berechnet werden können. Anhand der Funktionsgleichung $f(\theta|y)$ kann dann mit geeigneten Verfahren eine Stichprobe aus der A-posteriori-Verteilung simuliert werden, deren empirische Momente bei ausreichendem Stichprobenumfang als guter Ersatz für die theoretischen Größen $E(\theta|y)$ bzw. $Var(\theta|y)$ dienen. Um anschliessend die A-posteriori-Momente der Zustände X zu schätzen, nutzt man den Zusammenhang

$$f(X|\theta, y) \;=\; \frac{f(X,\theta|y)}{f(\theta|y)} \;\propto\; f(X,\theta|y) \qquad \text{(für festes } \theta) \quad .$$

Für festes θ stimmt die *bedingte A-posteriori-Verteilung* $f(X|\theta, y)$ (bis auf Proportionalitätskonstanten) mit der *gemeinsamen* Dichte $f(X,\theta|y)$ überein. Es kann damit wie folgt vorgegangen werden, um eine simulierte Stichprobe aus der A-posteriori-Verteilung $f(X|y)$ zu gewinnen: Jedes einzelne Element der oben simulierten Stichprobe $\{\theta^{(1)}, \theta^{(2)}, \ldots, \theta^{(n)}\}$ aus der Verteilung $f(\theta|y)$ wird in die Funktion $f(X|\theta^{(i)}y) \propto f(X,\theta^{(i)}|y)$ eingesetzt. Wird dann aus jeder dieser Dichtekurven eine zufällige Realisation der X-Variablen erzeugt, so folgt die auf diese Weise generierte Stichprobe der gesuchten Verteilung $f(X|y)$, und ihre empirischen Momente dienen zur Approximation der Größen $E(X|y)$ bzw. $Var(X|y)$.

Zur praktischen Umsetzung des oben erwähnten Simulationsverfahrens bietet es sich an, auf sogenannte Markoff-Chain-Monte-Carlo-Methoden (MCMC) zurückzugreifen (siehe etwa Gilks et al. (1996)). Die Idee besteht hier darin, eine Markoff-Kette etwa im Raum der Hyperparameter Θ zu konstruieren, deren stationäre Verteilung die gesuchte A-posteriori-Dichte $f(\theta|y)$ darstellt. Bei ausreichend langer Laufzeit geht man dann davon aus, dass die Kette ihre Grenzverteilung angenommen hat, und wählt eine Zufallszahlenfolge ihrer Glieder als

Stichprobensimulation aus. Um die Markoff-Kette in der gewünschten Form zu erzeugen, bietet sich der sogenannte Metropolis-Hastings-Algorithmus an; im Falle hochdimensionaler Verteilungen greift man vielfach auf den leistungsfähigen „Gibbs-Sampler" zurück.

Hierarchische Bayes-Modelle haben sich als äußerst flexibles und leistungsfähiges Verfahren der Raum-Zeitlichen Datenanalyse erwiesen, dessen praktischem Einsatz aufgrund steigender Rechenkapazitäten immer weniger Grenzen gesetzt sind. So findet sich in der Fachliteratur eine Vielzahl von Anwendungsbeispielen, unter anderem aus der medizinisch-epidemiologischen Forschung (siehe etwa Waller et al. (1997), Xia et al. (1997) und Schach (2002)) sowie in der Analyse atmosphärischer und ozeanographischer Zufallsphänomene (Higdon (1998), Kappler (1999), Wikle et al. (2001), Berliner et al. (2000)).

Im Folgenden soll ein spezieller Ansatz eines raum-zeitlichen Hierarchischen Bayes-Modells herausgegriffen und ausführlich erläutert werden. Wikle et al. (2001) untersuchen das Phänomen tropischer Winde in ihrer räumlichen und zeitlichen Verteilung. Ein Untersuchungsgebiet mit einem Ausmaß von ca. 6300x4800km im westlichen Pazifik (107-170°O und 23°S-24°N) wird über einen Zeitraum von 2 Wochen (28.10.-10.11.1996) beobachtet. Für jeweils sechsstündige Zeitabschnitte sollen innerhalb dieses Gebietes sogenannte Windfelder geschätzt werden, d.h. die Stärke und Richtung des oberflächennahen Windes an 63x48 einzelnen gittermäßig angeordneten Punkten in einer räumlichen Auflösung von 1°x1° (ca. 100x100km). Zur Lösung dieser Aufgabe stehen zwei unterschiedliche Datenquellen zur Verfügung, deren Informationen in geeigneter Weise miteinander verbunden werden müssen. Zum einen wird auf gewisse deterministische Prädiktionsmodelle zurückgegriffen, die vom *National Center of Environmentel Prediction* (NCEP) zur Verfügung gestellt werden. Sie liefern sechsstündig aktualisierte Windfelder für das betrachtete Untersuchungsgebiet in einer räumlichen Auflösung von ca. 200x200km. Die „künstlich" generierten Werte der NCEP-Modelle werden ergänzt durch eine zweite - wirklich empirische - Datenquelle. Die NASA[7] führt in regelmäßigen Abständen Radarmessungen der Erdoberfläche durch (NSCAT = NASA Scatterometer), mit Hilfe derer sich die gesuchten Angaben empirischer Windmessungen ermitteln lassen. Sie weisen eine hohe räumliche Auflösung auf (ca. 50x50km); innerhalb eines sechsstündigen Zeitintervalls wird aber jeweils nur eine gewisse Teilfläche abgedeckt, deren Position innerhalb des Untersuchungsgebietes sich im Laufe der Zeit verschiebt.

---

[7]National Aeronautics and Space Administration

Gesucht ist nun ein Prädiktionsverfahren zur räumlichen und zeitlichen Interpolation der vorliegenden Windmessungen, mit dessen Hilfe die spezielle Datenlage dieses Projekts verarbeitet werden kann: Zwei Stichproben verschiedener Herkunft und mit unterschiedlicher räumlicher Auflösung sind miteinander zu verbinden und auf ein regelmäßiges Gitter zu interpolieren. Die Lokalisation einiger Stichprobenvariablen ist dabei zu jedem Zeitpunkt identisch (NCEP-Daten); andere Messstellen verändern ihre räumliche Lage ständig im Laufe des Beobachtungszeitraums (NSCAT). Zur Beschreibung dieses zusammengesetzten Prozesses stellen Wikle et al. (2001) ein Hierarchisches Bayes-Modell auf. Als wesentliche Idee zur Lösung des Prädiktionsproblems eröffnet sich dann die Möglichkeit, die ursprüngliche Problemstellung in gewisser Weise umzuformulieren und einfach in umgekehrter Form darzustellen.

Dazu bezeichne $[V_t]_{t \in T}$ das gesamte Datenmaterial zur Verfügung stehender Prozessbeobachtungen. Die einzelnen Stichprobenvektoren V_t enthalten - hintereinander aufgeführt - alle NCEP- und NSCAT-Messungen der Zielgröße[8] im Untersuchungsgebiet zum jeweiligen Zeitpunkt t. Ein zweiter Stochastischer Prozess $[v_t]_{t \in T}$ gebe die Menge sämtlicher zu prädiktionierender Zufallsgrößen an. Jeder Vektor v_t enthält die (unbeobachteten) Ausprägungen der Zielvariablen zum Zeitpunkt t an allen Punkten des Prädiktionsgitters. Offenbar sind damit die einzelnen Vektoren v_t für alle $t = 1, \ldots, T$ gleich lang (da die Menge der Prädiktionsorte zu jedem Zeitpunkt identisch ist), im Gegensatz zu den V_t-Vektoren (die Anzahl und teilweise auch die Lokationskoordinaten der zur Verfügung stehenden Prozessbeobachtungen ändert sich im Laufe des Untersuchungszeitraums). Im Rahmen einer klassischen Vorgehensweise würde man nun eine Prädiktionsfunktion suchen, mit Hilfe derer sich die unbeobachteten Variablen des $[v_t]$-Prozesses in Abhängigkeit von der Stichprobe $[V_t]$ darstellen lassen. Als optimale Lösung müsste etwa der bedingte Erwartungswert $E[v_t | V_1, \ldots, V_T]$ gebildet werden, um den Gitterprozess $[v_t]$ zu einem bestimmten Zeitpunkt t zu prognostizieren. Ein Hierarchischer Bayes-Ansatz dagegen wendet hier eine vollständig andere Strategie zur Formulierung (und Lösung) des Prädiktionsproblems an. Schon die Modelldefinition wird bewusst so gestaltet, dass die beiden Prozesse $[V_t]$ und $[v_t]$ voneinander abgegrenzt und in ganz bestimmter Weise in Bezug zueinander gesetzt werden. Man geht davon aus, dass der Gitterprozess v_t gewissermaßen den „wahren Zustand" angibt, in dem sich das beobachtete Zufallsphänomen zu den einzelnen aufeinander folgenden Zeitpunkten befindet. Auf der Grundlage dieser Zustände entwickelt sich dann eine gewisse verrauschte Version ihrer jeweiligen Ausprägung, die in Form einer Realisation des Stichprobenvektors $[V_t]$ beobachtet wird. So wird auf der ersten Stufe eines

---

[8]Der Einfachheit halber wird hier von einer *univariaten* Zielgröße ausgegangen; in Wirklichkeit liegt mit dem Tupel aus Windstärke und -richtung allerdings offenbar eine bivariate Größe vor.

Hierarchischen Modells als „data model" (vgl. Tabelle 4.1) die bedingte Verteilung der beobachteten Stichprobendaten $[V_t]$ bei gegebenem zugrunde liegenden Zustand v_t des Gitterprozesses spezifiziert: $[V_t|v_t]$. In umgekehrter „Richtung" zum ursprünglichen Prädiktionsproblem wird also die Verteilung der Stichprobe auf den (eigentlich zu prädiktionierenden) Gitterprozess zurückgeführt. Auf weiteren Stufen der Modelldefinition wird die räumliche und zeitliche Dynamik des Gitterprozesses festgelegt.

Im Anschluss an die Modelldefinition erfolgt die Anwendung des Modells zur Prädiktion des Gitterprozesses $[v_t]$. Im Sinne eines Bayes-Ansatzes ist dazu die A-posteriori-Dichte der gesuchten Größen bei gegebenen Stichprobenbeobachtungen $f(v_1, \ldots, v_T|V_a, \ldots, V_T)$ aufzustellen. Diese bedingte Verteilung findet sich zwar in ganz ähnlicher Form im klassischen Ansatz zur Lösung des Prädiktionsproblems wieder, die Bayes-Modellierung hat aber den großen Vorteil, dass wirklich nur diese Dichtefunktion aufgestellt und nicht etwa darüber hinaus noch deren entsprechender *Erwartungswert* gebildet werden muss. Anhand der erstellten Funktionsgleichung können wie oben beschrieben ohne weiteren analytischen Aufwand MCMC-Simulationen der A-posteriori-Dichte entwickelt und somit empirische Prädiktoren der gesuchten Größen v_t gewonnen werden.

Wie lautet nun die konkrete Formulierung des „data-models" in der Arbeit Wikle et al. (2001)? Um in der dortigen speziellen Anwendungssituation die Verbindung zwischen dem Gitterprozess $[v_t]$ und dem zur Verfügung stehenden Datenmaterial $[V_t]$ herzustellen, führen die Autoren sogenannte „Mapping-Matrizen" K_t ein und unterstellen den Zusammenhang

$$V_t|v_t, \Sigma_t \quad \sim \quad N(K_t \cdot v_t, \ \Sigma_t) \quad .$$

Auf die Modellierung der Kovarianzstruktur Σ_t soll an dieser Stelle nicht weiter eingegangen werden, so dass als wesentlicher Punkt des „data-models" im Folgenden nur noch zu erklären ist, auf welche Weise die Mapping-Matrizen K_t erstellt bzw. der bedingte Erwartungswert

$$E(V_t|v_t) \quad = \quad K_t \cdot v_t$$

modelliert werden. Man gewinnt die (erwartete) Ausprägung des Stichprobenprozesses V_t zu einem bestimmten Zeitpunkt t, indem man den entsprechenden Zustand des Gitterprozesses v_t durch eine einfache (lineare) Matrixmultiplikation $K_t \cdot v_t$ transformiert. Bei dieser Überführung des Gitterprozesses in den Stichprobenprozess ist insbesondere zu beachten, dass die räumlichen Koordinaten der einzelnen Prozesswerte in beiden Fällen *verschieden* voneinander sind. Die Mapping-Matrizen K_t sind also so aufzustellen, dass sie insbesondere dieser räumlichen Verschiebung zwischen den V_t- und den v_t-Werten Rechnung tragen. Sie stellen feste und bekannte Größen dar, deren Einträge sich letztlich aus der räumlichen Lokalisation der Stichprobenbeobachtungen in Bezug zu den Gitterpunkten ergeben. Als naheliegende Grundidee bietet sich dabei die Vorstellung an, dass einzelne Einträge des Stichprobenvektors $V_t(s_0)$ mit Hilfe der Mapping-Matrizen über eine lineare Beziehung aus den jeweiligen Ausprägungen des Gitterprozesses in der näheren Umgebung der Stelle s_0 hervorgehen. Wikle et al. unterstellen hier im Falle der beiden verschiedenen Datenquellen (NCEP und NSCAT) zwei unterschiedliche Mechanismen: Die in niedriger räumlicher Auflösung vorliegenden NCEP-Werte ergeben sich per Modellannahme als gewichtetes Mittel aus den jeweils 9 nächstgelegenen Werten des Gitterprozesses; die (erwarteten) NSCAT-Beobachtungen dagegen stimmen direkt mit der Ausprägung des Zustandsprozesses an dem nächstgelegenen Gitterpunkt überein. Darüber hinaus geht man sinnvollerweise in beiden Fällen von unterschiedlichen Varianzen um den jeweiligen Erwartungswert aus.

Das folgende Beispiel soll die Aufstellung der Mapping-Matrizen K_t in einem kleinen Ausschnitt des Untersuchungsgebietes verdeutlichen. Die Abbildung gebe die räumliche Lokalisation des Prädiktionsgitters sowie des zur Verfügung stehenden Datenmaterials zu einem bestimmten Zeitpunkt t an:

Bezeichnungen:

$1, 2, \ldots, 12$: Gitterpunkte $\{s_1, \ldots, s_{12}\}$ des $[v_t]$-Prozesses (prediction grid)

● : Positionen der NCEP-Daten

○ : NSCAT-Messstellen

Es existieren hier insgesamt 7 Stichprobenvariablen, die im Datenvektor $V_t = (V_t^{NCEP}, V_t^{NSCAT})^T$ hintereinander aufgeführt werden (die Reihenfolge der NSCAT-Messstellen verlaufe dabei zeilenweise, beginnend links unten). Nach dem oben beschriebenen Mechanismus geht dann dieser Stichprobenvektor wie folgt aus dem Zustand $v_t = \left[v_t(s_1), \ldots, v_t(s_{12}) \right]^T$ des Gitterprozesses hervor[9]:

---

[9]Streng genommen verwenden Wikle et al. (2001) anstatt der obigen Darstellung ein *gewichtetes* Mittel zur Erzeugung der NCEP-Werte aus dem Gitterprozess. Sinnvollerweise ist der Einfluss einzelner zugrunde liegender Gittervariablen umso größer, je geringer ihre räumliche Distanz zu einer bestimmten NCEP-Variablen ist. Dieser Aspekt soll hier aber der Einfachheit halber nicht vertieft werden.

$$E[V_t|v_t] = \begin{bmatrix} \frac{1}{9}\big[v_t(s_1) + v_t(s_2) + v_t(s_3) + v_t(s_5) + v_t(s_6) + v_t(s_7) + \\ + v_t(s_9) + v_t(s_{10}) + v_t(s_{11})\big] \\ v_t(s_7) \\ v_t(s_7) \\ v_t(s_8) \\ v_t(s_{11}) \\ v_t(s_{11}) \\ v_t(s_{12}) \end{bmatrix},$$

was sich mit Hilfe einer Mapping-Matrix K_t offenbar in der Form

$$E[V_t|v_t] = K_t \cdot v_t = \begin{pmatrix} \frac{1}{9} & \frac{1}{9} & \frac{1}{9} & 0 & \frac{1}{9} & \frac{1}{9} & \frac{1}{9} & 0 & \frac{1}{9} & \frac{1}{9} & \frac{1}{9} & 0 \\ 0 & 0 & 0 & 0 & 0 & 0 & 1 & 0 & 0 & 0 & 0 & 0 \\ 0 & 0 & 0 & 0 & 0 & 0 & 1 & 0 & 0 & 0 & 0 & 0 \\ 0 & 0 & 0 & 0 & 0 & 0 & 0 & 1 & 0 & 0 & 0 & 0 \\ 0 & 0 & 0 & 0 & 0 & 0 & 0 & 0 & 0 & 0 & 1 & 0 \\ 0 & 0 & 0 & 0 & 0 & 0 & 0 & 0 & 0 & 0 & 1 & 0 \\ 0 & 0 & 0 & 0 & 0 & 0 & 0 & 0 & 0 & 0 & 0 & 1 \end{pmatrix} \cdot \begin{bmatrix} v_t(s_1) \\ v_t(s_2) \\ \vdots \\ v_t(s_{12}) \end{bmatrix}$$

schreibt.

Dynamische Lineare Raum-Zeit-Modelle

Dynamische Lineare Modelle - synonym wird oft auch die Bezeichnung Zustandsraum-Modelle (state-space-models) gebraucht - stellen ein wichtiges Mittel der multivariaten Zeitreihenanalyse dar. Da ein Raum-Zeit-Prozess (insbesondere im Falle feststehender räumlicher Messstellen im gesamten Beobachtungszeitraum) in gewisser Hinsicht nichts anderes ist als eine multivariate Zeitreihe, bietet es sich an, den Ansatz einer Zustandsraum-Modellierung auch in diesem Kontext einzusetzen und geeignete spezielle Modellformulierungen zu entwickeln. Im Folgenden sollen einige wichtige Aspekte herausgegriffen werden, die im Hinblick auf die spezielle Situation raum-zeitlicher Prozesse von Bedeutung sind.

Die grundlegende Idee eines Zustandsraum-Modells für einen Raum-Zeit-Prozess weist weitgehende Ähnlichkeiten zu dem im vorigen Abschnitt vorgestellten Hierarchischen Bayes-Ansatz auf: Man geht davon aus, dass sich ein beobachtetes Zufallsphänomen zu jedem Zeitpunkt in einem gewissen

169

„Zustand" befindet. Der (dynamische) Prozess dieser Zustände ist im Rahmen der Datenerhebung allerdings per Modellvorstellung nicht direkt zugänglich, sondern kann nur in Form einer gewissen verfälschten „Version" erfasst werden. Formal bezeichne der Datenvektor $Y_t \in \mathbb{R}^n$ die Menge aller beobachtbaren Stichprobenvariablen eines Raum-Zeit-Prozesses zu einem bestimmten Zeitpunkt t. Die n einzelnen Komponenten entsprechen dabei der Realisation der Zielgröße an den verschiedenen räumlich angeordneten Messstellen im Untersuchungsgebiet. Der „Zustand" des Systems sei durch einen Vektor X_t angegeben, der im einfachsten Fall die gleiche Länge wie der entsprechende Y_t-Vektor hat und jeder Messstelle einen zugehörigen unbeobachtbaren „wahren Wert" der Zielgröße zuordnet. Zur Definition eines Raum-Zeit-Prozesses stellt man dann ein zweistufiges lineares Gleichungssystem auf, welches aus einer sogenannten

$$\left\{ \begin{array}{lll} \text{Beobachtungsgleichung} & Y_t = X_t + \epsilon_t & \text{und einer} \\ \text{Systemgleichung} & X_t = D \cdot X_{t-1} + \delta_t & (t = 1, \ldots, T) \end{array} \right.$$

besteht. In der Systemgleichung (process model) wird die zeitliche Dynamik des Zustandsprozesses $[X_t]$ in Form eines autoregressiven Bildungsgesetzes beschrieben. Die Beobachtungsgleichung stellt den Zusammenhang zum Stichprobenvektor Y_t her (data model), der sich durch Überlagerung mit einem zufälligen Fehler ϵ_t aus dem momentanen wahren Zustand X_t des Systems ergibt. Ein solches raum-zeitliches Zustandsraum-Modell unterscheidet sich im wesentlichen nur dadurch von einem Hierarchischen Bayes-Modell, dass seine Auswertung eben nicht in „Bayes'scher Weise" vollzogen wird. Sämtliche Modellparameter werden hier als *feste* Größen behandelt, die einen ganz bestimmten (allerdings unbekannten) Wert annehmen. Ein Bayes-Ansatz dagegen würde die Modellgleichungen um eine zusätzliche Hierarchie erweitern, in welcher den als stochastisch angesehenen Parametern gewisse A-priori-Verteilungen zugewiesen werden. Weitere Unterschiede zwischen beiden Ansätzen werden etwa in Wikle (2000) erwähnt.

Der Einsatz von Zustandsraum-Modellen in der Raum-Zeitlichen Datenanalyse reicht etwa bis in die 80er Jahre des vorigen Jahrhunderts zurück. Cressie/Wikle (1998) geben einen ausführlichen Überblick über die historische Entwicklung und nennen erste Arbeiten, in denen der Ansatz im Rahmen numerischer Wettervorhersage-Modelle eingesetzt wurde (siehe z.B. Ghil et al. (1981)). Die entwickelten Modelle atmosphärischer und ozeanographischer Fachwissenschaftler (für aktuellere Arbeiten siehe Cane et al. (1996), Miller et al. (1997) und Thiebaux (1997)) wurden allerdings damals wie heute auf dem Gebiet der *statistischen* Forschung kaum wahrgenommen, da sie eine grundlegend unterschiedliche Sichtweise aufweisen: Man geht davon aus, dass sich ein natürliches Zufallsphänomen gänzlich aus einzelnen *deterministischen* Effekten zusammensetzt. Dies widerspricht offenbar einer statistischen Modellformulierung, die darauf beruht, gewisse Modellgrößen als *zufällig* zu behandeln und durch eine Wahrscheinlichkeitsverteilung zu charakterisieren. Raum-zeitliche Zustandsraum-Modelle auf der Grundlage dieser statistischen Sichtweise gelangten erst einige Jahre später zum Durchbruch. Nachdem die Arbeiten Bennett (1979) und Green/Titterington (1988) weitgehend unbeachtet blieben, wurde der Ansatz erst Mitte der 90er Jahre wieder aufgegriffen. Cressie (1994) schlägt in einem Kommentar zu Handcock/Wallis (1994) vor, den dortigen Bayes-Ansatz zur Geostatistischen Raum-Zeit-Modellierung in ein Zustandsraum-Modell umzuformulieren und mit Hilfe des Kalman-Filters[10] auszuwerten. Kurze Zeit später diskutieren auch Goodall/Mardia (1994) und Guttorp et al. (1994) die Entwicklung von Zustandsraum-Modellen bzw. des Kalman-Filters im raumzeitlichen Kontext. Die erste vollständig ausgearbeitete Anwendung eines statistischen Zustandsraum-Modells in der Raum-Zeitlichen Datenanalyse findet sich in Huang/Cressie (1996). Ihre Modellierung der räumlichen und zeitlichen Verteilung der Schneeschmelze (snow water equivalent) im amerikanischen Bundesstaat Colorado basiert allerdings auf der sehr restriktiven Annahme einer *separablen* raum-zeitlichen Abhängigkeitsstruktur des modellierten Prozesses. In späteren Arbeiten wird diese Restriktion fallengelassen. Wikle/Cressie (1999) entwickeln ein Modell, in dem eine nahezu beliebig flexible instationäre und/oder nichtseparable Struktur zugelassen wird. Weitere spezielle Modellformulierungen finden sich in Mardia et al. (1998), Berke (1998), Meiring et al. (1998) und Fried (1999).

Die Aufstellung eines speziellen raum-zeitlichen Zustandsraum-Modells kann in ganz unterschiedlicher Weise erfolgen, wobei die jeweiligen Formulierungen verschiedene Möglichkeiten zur flexiblen Beschreibung eines beobachteten Zufallsphänomens bieten. Im einfachsten Fall stellt man wie oben erwähnt die Zustände X_t des Systems in Form eines Vektors gleicher Länge wie die Daten Y_t dar, dessen Komponenten den einzelnen Messstellen entsprechen. Eine solche Modellformulierung wird etwa in Green/Titterington (1988) verwendet, hat sich in der Praxis aber nicht durchgesetzt. Einerseits erfordert der Ansatz offenbar die Existenz *feststehender* räumlicher Messstellen während des gesamten Untersuchungszeitraums, was in vielen Anwendungssituationen nicht gegeben ist. Zur Abhilfe bietet es sich an, die Modellformulierung um die im vorigen Abschnitt erwähnten „Mapping-Matrizen" zu erweitern, um unregelmäßig und ggf. zeitlich veränderlich lokalisierte Beobachtungswerte Y_t auf einen gittermäßig angeordneten Zustandsprozess $[X_t]$ abzubilden. Einen schwerwiegenderen Nachteil des Modells stellt die hohe Dimensionalität des X-Prozesses dar, die im Falle großer Untersuchungsgebiete oftmals rechentechnisch nicht verarbeitet werden kann. Dieses Problem lässt sich nur lösen, indem das aufgestellte Zustandsraum-

---

[10]Der Kalman-Filter ist ein Prädiktionsverfahren, welches in direktem Zusammenhang zur Aufstellung eines Zustandsraum-Modells steht.

Modell grundlegend umformuliert und eine gewisse Form der Dimensionsreduktion eingebracht wird.

Bisher stellte der Y-Prozess im Rahmen der Interpretation als multivariate Zeitreihe eine Ansammlung einzelner Messreihen dar, die an verschiedenen räumlich voneinander getrennten Punkten erhoben wurden. Die (endliche) Menge einzelner Messstellen bildete ein punktweise zusammengesetztes räumliches Untersuchungsgebiet, auf welchem der beobachtete Prozess per Modellvorstellung definiert ist. Diese grundlegende Anschauung kann nun fallengelassen werden, indem man den Y-Prozess stattdessen als *kontinuierliches* räumliches Phänomen ansieht. Zwar wird zu jedem Zeitpunkt nach wie vor nur eine endliche Anzahl stichprobenhaft über das Untersuchungsgebiet verteilter Ausprägungen erhoben, theoretisch könnte der Prozess aber an unendlich vielen beliebig dicht zueinander gelegenen Messstellen beobachtet werden. Formal stellt man anstelle der vektoriellen Beobachtungsgleichung $Y_t = X_t + \epsilon_t$ (im Y_t-Vektor sind komponentenweise alle Messstellen des punktweise zusammengesetzten Untersuchungsgebietes einzeln hintereinander aufgeführt) eine Funktion

$$y_t(s) \quad = \quad h(s)^T \cdot a_t \quad + \quad \epsilon_t(s)$$

mit beliebig variierendem räumlichen Index s innerhalb des Untersuchungsgebietes auf. Der Y-Prozess wird im wesentlichen auf die Linearkombination

$$h(s)^T \cdot a_t \quad = \quad h_1(s) \cdot a_t^{(1)} \quad + \quad h_2(s) \cdot a_t^{(2)} \quad + \quad \ldots \quad + \quad h_p(s) \cdot a_t^{(p)}$$

zurückgeführt, die wie folgt zu interpretieren ist. Man geht davon aus, dass - für einen festen Zeitpunkt t - das beobachtete räumliche Erscheinungsbild des modellierten Prozesses durch eine Überlagerung einzelner zugrunde liegender Basisfunktionen $h_1(s), \ldots, h_p(s)$ zustandekommt, die jeweils gewisse elementare Muster in der räumlichen Verteilung der Zielvariablen wiedergeben. Zur Veranschaulichung kann der Ansatz etwa mit einem räumlichen Trendpolynom verglichen werden. In jenem Fall wählt man die Zerlegung

$$\mu(s) \quad = \quad \mu\begin{pmatrix} s_x \\ s_y \end{pmatrix} \quad = \quad \beta_0 + h_1(s) \cdot \beta_1 + h_2(s) \cdot \beta_2 + \ldots + h_5(s) \cdot \beta_5$$
$$= \quad \beta_0 + \beta_1 \cdot s_x + \beta_2 \cdot s_y + \beta_3 \cdot s_x^2 + \beta_4 \cdot s_y^2 + \beta_5 \cdot s_x s_y \quad ,$$

um die Erwartungswertstruktur eines räumlichen Prozesses zu modellieren.

Ein solcher Ansatz wird hier nun dahingehend erweitert, dass die Koeffizienten der einzelnen Basisfunktionen einen zeitlichen Index t tragen. Anstelle eines festen Parametervektors $\beta = (\beta_0, \beta_1, \ldots, \beta_5)^T$ verwendet man zeitlich veränderliche Gewichte $a_t = \left[a_t(1), a_t(2), \ldots, a_t(p) \right]^T$ in der Linearkombination

$h(s)^T \cdot a_t$. Auf diese Weise kommt es dazu, dass das räumliche Bild des modellierten Prozesses gewisse Wandlungen im Laufe des Untersuchungszeitraums aufweist. Die elementaren räumlichen Basisfunktionen $h(s) = \left[h_1(s), \ldots, h_p(s) \right]$ sind zwar zu jedem Zeitpunkt identisch, so dass dem Phänomen laut Modellannahme während des gesamten Zeitraums ein einheitliches sogenanntes „basic spatial field" zugrunde liegt; was sich allerdings im Laufe der Zeit verändert, ist die Art der Überlagerung dieser einzelnen Komponenten. Jede einzelne räumliche Momentaufnahme des Prozesses wird mit denselben Bausteinen gebildet, die allerdings zu jedem Zeitpunkt auf unterschiedliche Weise miteinander kombiniert werden. Die neue Formulierung der Beobachtungsgleichung im aufgestellten Zustandsraum-Modell hat zur Konsequenz, dass auch die Systemgleichung bzw. der Zustandsprozess im Vergleich zum einfachen Modell nach Green/Titterington in gänzlich anderer Weise zu interpretieren ist. An die Stelle des dortigen X-Prozesses, der einfach die messfehlerbereinigte Ausprägung der Zielgröße an jeder einzelnen Messstelle wiedergibt, tritt der Prozess $[a_t]$. Die einzelnen Zustände des Systems werden durch einen Gewichtsvektor a_t charakterisiert, anhand dessen die jeweils aktuelle Linearkombination $h(s)^T \cdot a_t$ des „basic spatial field" gebildet wird.

Für eine zusammenfassende Darstellung eines Zustandsraum-Modells mit Dimensionsreduktion betrachte man die Situation eines raum-zeitlichen Zufallspänomens, welches an einem festen Netz beliebig angeordneter räumlicher Messstellen $s_1, \ldots, s_n$ beobachtet wird. Alle zu einem bestimmten Zeitpunkt t erhobenen Messungen der Zielgröße bilden einen Datenvektor $Y_t = \left[Y_t(s_1, \ldots, Y_t(s_n)) \right]^T$, der wie folgt auf den entsprechenden niedrigdimensionalen Zustand $a_t \in \mathbb{R}^p$ des Systems (mit $p \ll n$) zurückgeführt wird:

$$
\left\{
\begin{aligned}
&\text{Beobachtungs-} \quad \begin{bmatrix} Y_t(s_1) \\ \vdots \\ Y_t(s_n) \end{bmatrix} = \begin{bmatrix} h(s_1)^T \cdot a_t \\ \vdots \\ h(s_n)^T \cdot a_t \end{bmatrix} + \begin{bmatrix} \epsilon_t(s_1) \\ \vdots \\ \epsilon_t(s_n) \end{bmatrix} \\[2ex]
&\Leftrightarrow \quad Y_t = H \cdot a_t + \epsilon_t \quad \text{mit } H = \begin{bmatrix} h(s_1)^T \\ \vdots \\ h(s_n)^T \end{bmatrix} = \begin{bmatrix} h_1(s_1) & \cdots & h_p(s_1) \\ \vdots & & \vdots \\ h_1(s_n) & \cdots & h_p(s_n) \end{bmatrix} \\[2ex]
&\qquad \text{und } \epsilon_t = \left[\epsilon_t(s_1), \ldots, \epsilon_t(s_n) \right]^T \\[2ex]
&\text{Systemgleichung:} \quad a_t = D \cdot a_{t-1} + \delta_t \quad .
\end{aligned}
\right.
$$

173

Dieser Ansatz zur Formulierung eines raum-zeitlichen Zustandsraum-Modells weist in der Praxis erhebliche Vorteile gegenüber dem einfachen Modell ohne Dimensionsreduktion auf. Die aktuelle Forschungsaktivität auf diesem Gebiet richtet sich daher fast ausschließlich darauf, die hier angegebene allgemeine Form des Modells zu konkretisieren oder durch neu eingebrachte Aspekte weiterzuentwickeln.

Insbesondere findet sich in der Fachliteratur eine Vielzahl unterschiedlicher Vorschläge zur Aufstellung der elementaren Basisfunktionen $h_i(s)$ des „basic spatial fields". Wikle/Cressie (1999), Cane et al. (1996) und Berliner et al. (2000)[11] verwenden etwa sogenannte „empirical orthogonal functions" (EOF), deren grundlegende Idee zur Dimensionsreduktion letztlich derjenigen einer räumlichen Hauptkomponentenanalyse entspricht: Das Verfahren wurde schon in Cohen/Jones (1969) vorgestellt und erfüllt Optimalitätseigenschaften.

Neben dem EOF-Ansatz bietet sich als alternatives Verfahren zur Bildung der Zerlegung $h(s)^T \cdot a_t$ das Modell eines sogenannten „Kriged Kalman-Filters" an, welches auf die vieldiskutierten Arbeiten Goodall/Mardia (1994) und vor allem Mardia et al. (1998) zurückgeht. Die Idee besteht hier darin, auf formalem Wege ein gewisses grobmaschiges Netz hypothetischer Messstellen auf dem Untersuchungsgebiet eines beobachteten Raum-Zeit-Prozesses zu verteilen. Auf der Grundlage dieser sogenannten „normative sites" definiert man dann den (niedrigdimensionalen) $[a_t]$-Prozess; dessen einzelne Komponenten geben die Prozessausprägung an je einer der hypothetischen Messstellen an. In der Beobachtungsgleichung des aufgestellten Zustandsraum-Modells muss von dort aus der Zusammenhang zu den tatsächlich beobachteten Stichprobenvariablen hergestellt werden. Dieses Problem, die Prozessausprägung an den „data locations" durch (hypothetische) Beobachtungen an den „normative sites" darzustellen, gleicht offenbar einer räumlichen Prädiktion und lässt sich mit Hilfe gängiger Geostatistischer Methoden lösen. Man erstellt also Universal-Kriging-Prädiktoren der einzelnen Komponenten des Datenvektors Y_t, die sich in bestimmter Form als Linearkombination aus dem entsprechenden Zustand a_t ergeben. So gewinnt man auf der Grundlage des Universal Kriging eine lineare Basis, mit Hilfe derer sich der a-Prozess in den Y-Prozess überführen lässt und aus der auf bestimmte Weise die Basisfunktionen $h_i(s)$ eines geeigneten „basic spatial fields" hergeleitet werden können.

Als dritter möglicher Ansatz zur Dimensionsreduktion eines modellierten Raum-Zeit-Prozesses sei hier noch der Einsatz von *Wavelets* erwähnt. Das Verfahren wurde bisher nur im Rahmen einer „Bayes'schen" Modellformulierung ange-

---

[11] Der Arbeit Berliner et al. (2000) liegt im Gegensatz zu den ersteren Artikeln genau genommen nicht das oben angegebene Zustandsraum-Modell zugrunde, sondern ein um eine zusätzliche Hierarchie erweitertes Bayes-Modell.

wandt (siehe Wikle et al. (2001) und Berliner et al. (1999)), kann in analoger Form aber auch leicht auf den Kontext eines Zustandsraum-Modells übertragen werden. Weitere Vorschläge zur Gewinnung eines "basic spatial field" finden sich etwa in den Arbeiten Goodall/Phelan (1990), Phelan/Goodall (1990) (Gaussian-shaped Kernels) sowie Berke (1998). In letzerer Arbeit wird in der Beobachtungsgleichung einfach ein räumliches Trendpolynom mit zeitlich veränderlichen Koeffizienten $\beta_t=[\beta_0(t),\beta_1(t),...,\beta_5(t)]^T$ aufgestellt, deren zeitliche Folge $[\beta_t]$ dann den niedrigdimensionalen a-Prozess eines Zustandsraum-Modells bildet.

Literatur

Abraham, Bovas (1983): The exact likelihood function for a space-time model. Metrika 30, S.239-243.

Aroian, Leo A. (1980): Time series in m dimensions – definitions, problems, and prospects. Communications in Statistics – Simulation and Computation B 9, S.453-465.

Bennett, Robert John (1979): Spatial Time Series. London.

Berke, Olaf (1993): Statistische Analyse von räumlich und zeitlich verteilten forsthydrologischen Daten. Diplomarbeit Universität Dortmund.

Berke, Olaf (1998): Über die statistische On-line-Prädiktion von Umweltmonitoringdaten im Rahmen von dynamischen linearen Raum-Zeit-Modellen. Dissertation Universität Dortmund.

Berliner, L.Mark/Wikle, Christopher K../Milliff, Ralph F.(1999): Multiresolution wavelet analyses in hierarchical Bayesian turbulence models. In: P.Müller und B.Vidakovic (Hrsg.), Bayesian Inference in Wavelet-Based Models – Lecture Notes in Statistics 141, S.341-359. New York.

Berliner, L.Mark/Wikle, Christopher K../Cressie, Noel A.C. (2000): Long-lead prediction of Pacific SSTs via Bayesian dynamic modeling. Journal of Climate 13, S. 3953-3968.

Bogaert, Patrick (1996): Comparison of kriging techniques in a space-time context. Mathematical Geology 28 (1), S. 73-86.

Bogaert, Patrick/Christakos, George (1997): Spatiotemporal analysis and processing of thermometric data over Belgium. Journal of Geographic Research. – Atmospheres 102 (D22), 25831-25846.

Buxton, Bruce E./Pate, Alan D. (1994): Joint temporal-spatial modeling of concentrations of hazardous pollutants in urban air. In: R. Dimitrakopoulos (Hrsg.), Geostatistics for the Next Century, S.75-87. Dordrecht.

Cane, Mark A./Kaplan, Alexey /Miller, Robert N./Tang, Benyang/ Hackert,Eric C./Busalacchi, Antonio J. (1996): Mapping tropical Pacific sea level – data assimilation via a reduced state space Kalman filter. Journal of Geophysical Research 101 (C 10), 22599-22617.

Cliff, Andrew David/Hagget, Petder/Ord, J. Keith/ /Bassett, Keith A. /Davies, Richard B. (1975): Elements of Spatial Structure – A Quantitative Approach. Cambridge.

Cohen, Albert/Jones, R. Howard (1969): Regression on a random field. Journal of the American Statistical Association 64, S.1172-1182.

Cressie, Noel A.C. (1993): Statistics for Spatial Data, Revised Edition. New York.

Cressie, Noel A.C. (1994): Comment on M.S.Handcock and J.R.Wallis – An aproach to statistical spatial-temporal modeling of meteorological fields. Journal of the American Statistical Association 89, S.379-382.

Cressie, Noel A.C. /Majure, James J. (1997): Spatio-temporal statistical modeling of livestock waste in streams. Journal of Agricultural, Biological, and Environmental Statistics 2, S.24-47.

Cressie, Noel A.C. /Wikle, Christopher K. (1998): Comment on K.V.Mardia, C.R.Goodall, E.J.Redfern and F.J.Alonso – The kriged Kalman filter. Test 7(2), S.257-264.

Cressie, Noel A.C. /Huang, Hsin-Cheng (1999): Classes of nonseparable, spatio-temporal stationary covariance functions. Journal of the American Statistical Association 94, S.1330-1340.

DeCesare, Luigi/Myers,Donald E./ Posa ,D. (1997): Spatio-temporal modeling of SO 2 in Milan district. In: E.Y. Baaffi und N.A. Schofield (Hrsg.), Geostatistics Wollongong '96 (2), S. 1031-1042. Dordrecht.

DeIaco, ,S./ Myers, Donald E./ Posa,D. (2002): Nonseparable space-time covariance models – Some parametric families. Mathematical Geology 34 (1), S. 23-42.

Fried, Roland (1999): Räumlich-zeitliche Modellierung der Kohlenstoffkonzentration im Waldbodensickerwasser zur Untersuchung der Hypothese der Humusdisintegration. Berlin.

Gelman, Andrew/Carlin, John B./ Stern, Hal S./Rubin, Donald B. (1995): Baysian Data Analysis. London.

Gerß, Joachim Werner Otto (1998): Statistische Analyse von Raum-Zeit-Daten aus der Limnologie – Untersuchung aktiver Vertikalbewegungen von Schwefelpurpurbakterien in ihrer natürlichen Umgebung. Diplomarbeit Universität Dortmund.

Gerß, Joachim Werner Otto (2004): Prädiktion der Ozeantemperatur im räumlichen und zeitlichen Verlauf mit Hilfe dynamischer linearer Modelle. Berlin.

Ghil, Michael/Cohn, Stephen E./Tavantzis, John/Bube, K./ Isaacson , Eugene(1981): Applications of estimation theory to numerical weather prediction. In: L. Bengtsson, M. Ghil und E. Källén (Hrsg.), Dynamic Meteorology – Data Assilmilation Methods, S. 139-224. New York.

Gilks, Walter R./ Richardson, Sylvia/Spiegelhalter, David J. (1996): Markov Chain Monte Carlo in Practice. London.

Gneiting,, Tilmann (2002): Nonseparable, stationary covariance functions for space-time data. Journal of the American Statistical Association 97, S.590-690.

Goodall, Colin R. /Phelan, M.J.P. (1990): Edge-preserving smoothing and the assessment of point process models for GATE rainfall fields. In: N.U. Prabhu und I.V. Basawar (Hrsg.), Statistical Inference in Stochastic Processes, S.35-66. New York.

Goodall, Colin R. /Mardia, Kantilal Vardichand (1994): Challenges in Multivariate Spatio-Temporal Modeling. Proceedings of the XVII th International Biometric Conference. Hamilton (Ontario, Canada).

Green, Peter J./ Titterington, D. Michael (1988): Recursive methods in image processing. Bulletin of the International Statistical Institute 52 (4), S.51-67.

Guttorp, Peter/Sampson, Paul D. (1994): Methods for estimating heterogeneous spatial covariance functions with environmental applications. In: G.P. Patil und C.R. Rao (Hrsg.), Environmental Statistics – Handbook of Statistics 12, S.661-689. Amsterdam.

Guttorp, Peter /Meiring,Wendy/Sampson, Paul D. (1994): A space-time analysis of ground-level ozone data. Environmetrics 5, S.241-254.

Handcock, Mark S./Wallis, James R. (1994): An approach to statistical spatial- temporal modeling of meteorological fields. Journal of the American Statistical Association 89, S.368-390.

Haslett, John (1989): Space time modelling in meteorology – A review. Bulletin of the International Statistical Institute 51 (1), S. 229-246.

Haslett, John/Raftery, Adrian E. (1989): Space-time modelling with long-memory dependence – assessing Ireland's wind power resource. Applied Statistics 38, S.1-50.

Heuvelink, Gerard B.M./Musters, P./Pebesma, Edzer J. (1997): Spatio-temporal kriging of soil water content. In: E.Y. Baaffi und N.A.Schofield (Hrsg.), Geostatistics Wollongong '96 (2), S.1020-1030. Dordrecht.

Higdon, David (1998): A process-convolution approach to modelling temperatures in the north Atlantic Ocean. Environmental and Ecological Statistics 5, S. 173-190.

Huang, Hsin-Cheng/Cressie, Noel A.C. (1996): Spatio-temporal prediction of snow water equivalent using the Kalman filter. Computational Statistics and Data Analysis 22, S.159-175.

Kappler, Martin (1999): Analyse von Niederschlagsdaten im Rahmen eines Bayes-Ansatzes mit Hilfe von Gibbs-Sampling. Diplomarbeit Universität Dortmund.

Krajewski, Pawel/Molinska, A/ Molinski, K. (1996): Elliptical anisotropy in practice – A study of air monitoring data. Environmetrics 7, S.291-298.

Kyriakidis, Phaedon C./Journel, André G. (1999): Geostatistical space-time models – A review. Mathematical Geology 31 (6), S.651-684.

Loader, Catherine/Switzer, Paul (1992): Spatial covariance estimating for monitoring data. In: A.T. Walden und P. Guttorp (Hrsg.), Statistics in Environmental and Earth Sciences, S.52-70. London.

Magnus, Jan R./Neudecker, Heinz (1988) : Matrix Differential Calculus with Applications in Statistics and Econometrics . Chichester.

Mardia, Kantilal Vardichand/Goodall, Colin R. (1993): Spatio-temporal analysis of multivariate environmental data. In: G.P.Patil und C. R. Rao (Hrsg.), Multivariate Environmental Statistics, S.347-386. Amsterdam.

Mardia, Kantilal Vardichand/Goodall, Colin R. /Redfern, Edwin J./Alonso, Francisco J. (1998): The kriged Kalman filter. Test 7(2), S.217-285.

Martin, Russell L./Oeppen, J.E. (1975): The identification of regional forecasting models using space-time correlation functions. Transactions of the Institute of British Geographers 66, S.95-118.

Meiring, Wendy/Guttorp, Peter/Sampson, Paul D..(1998): Space-time estimation of grid-cell hourly ozone levels for assessment of a deterministic model. Environmental and Ecological Statistics 5, S.197-222.

Miller, Robert N./Busalacchi, Antonio J./Hackert, Eric C. (1997): Applications of data assimilation to analysis of the ocean on large scales. Journal of the Meteorological Society of Japan 75, S.445-462.

Pfeifer, Phillip E./Deutsch, Stuart Jay (1980a): Identification and interpretation of first order space-time ARMA models. Technometrics 22, S.397-408.

Pfeifer, Phillip E./Deutsch, Stuart Jay (1980b): A three-stage iterative procedure for space-time modelling. Technometrics 22,S.35-47.

Phelan , Michael J./Goodall, Colin R. (1990): An assessment of a generalized WGR model for GATE rainfall. Journal of Geophysical Research – Atmospheres 95, S. 7603-7615.

Rouhani, Shahrokh/Myers, Donald E. (1990): Problems in space-time kriging of geohydrological data. Mathematical Geology 22 (5), S.611-623.

Rouhani, Shahrokh/Wackernagel,Hans (1990): Multivariate geostatistical approach to space-time data analysis. Water Resources Research 26 (4), S.585-591.

Sampson, Paul D./Guttorp, Peter (1992): Nonparametric estimation of nonstationary spatial covariance structure. Journal of the American Statistical Association.87, S.109-119.

Schach, Ulrike (2002): Vector Autoregressive Time Series Models with Spatial Dependence. Dissertation Universität Dortmund.

Schlittgen, Rainer/Streitberg, Bernd H.J. (1997): Zeitreihenanalyse, 7. Auflage. München.

Thiebaux , H. Jean (1997) : The power of the duality in spatial-temporal estimation. Journal of Climate 10, S. 567-573.

Waller,Lance A./Carlin, Bradley P./Xia, Hong/Gelfand, Alan E. (1997): Hierarchical spatio-temporal mapping of disease rates. Journal of the American Statistical Association 92, S. 607-617.

Wikle, Christopher K./Berliner, L.Mark/Cressie, Noel A.C. (1998): Hierarchical Bayesian space-time models. Environmental and Ecological Statistics S.117-154.

Wikle, Christopher K./Cressie, Noel A.C. (1999): A dimension-reduced approach to space-time Kalman filtering. Biometrika 86, S.815-830.

Wikle, Christopher K. (2000): Hierarchical space-time dynamic models. In: L.M. Berliner, D. Nychka und T.Hoar (Hrsg.), Studies in the Atmospheric Sciences – Lecture Notes in Statistics 144, S.45-64. New York.

Wikle, Christopher K./Milliff, Ralph F./Berliner, L. Mark (2001): Spatio-temporal hierarchical Bayesian modeling – Tropical ocean surface winds. Journal of the American Statistical Association 96, S.382-397.

Xia, Hong/Carlin, Bradley B. /Waller, Lance A. (1997): Hierarchical models for mapping Ohio lung cancer rates. Environmetrics 8, S.107-120.

Bevölkerungsprognose
in räumlicher und zeitlicher Dimension

Wolfgang Gerß, Joachim Werner Otto Gerß

Das Statistische Bundesamt und die statistischen Landesämter führen Vorausberechnungen der Wohnbevölkerung – zuletzt bis zum Jahr 2050 – durch. Dabei handelt es sich um die Fortsetzung der Bevölkerungsfortschreibung in die
Zukunft. Die Fortschreibung geht von der in der jeweils letzten Volkszählung
ermittelten Bevölkerungszahl aus, die laufend um die Geburten und Zuzüge
(Wohnortwechsel) vergrößert und um die Sterbefälle und Fortzüge verringert
wird. Der bis in die Gegenwart fortgeschriebene Bevölkerungsstand bildet die
Basis für eine Modellrechnung über die zukünftige Bevölkerungsentwicklung,
indem bestimmte Annahmen über die weitere Entwicklung der Geburtenhäu-
figkeit und Sterblichkeit, der Zu- und Abwanderungen und der Einbürgerungen
getroffen werden (Eisenmenger et al. 2006). Die Qualität der Vorausberechnung hängt davon ab, wie realistisch und genau die Annahmen über die zukünftige Entwicklung der Komponenten der Bevölkerungsfortschreibung sind. Diese Annahmen sind in der Praxis oft sehr grob und beruhen nicht nur auf Erfahrungen aus der bisherigen Entwicklung, sondern sind auch von politischen
Wunschvorstellungen oder gefürchteten Gefahrenszenarien beeinflusst. Um
einseitige Aussagen zu vermeiden, verwenden die Bevölkerungsprognosen der
Vereinten Nationen variierende Annahmen und stellen ein hohes, ein mittleres
und ein niedriges Szenario dar (United Nations, laufend). Die aktuelle deutsche
amtliche Statistik verzichtet auf derartige Vertrauensbereiche, um die „exakte"
Aussagen verlangenden politischen und administrativen Auftraggeber nicht zu
verwirren. Die Ergebnisse der amtlichen Vorausberechnungen sind keine definierte Funktion der Einwohnerzahlen der Vergangenheit; diese gehen höchstens
als Hintergrundinformation in die Festsetzung der Annahmen ein. Eine mathematische Extrapolation der Zeitreihen der bisherigen Entwicklung erfolgt nicht.
Im Gegensatz dazu wird hier die Prognose aus der Dynamik der beobachteten
Zeitreihen abgeleitet. Zusätzliche exogene Annahmen gehen nicht in die Rechnung ein. Der den zu mehreren Zeitpunkten (im folgenden Beispiel Ende der
Jahre 1975 bis 2007) und für mehrere (hier zehn) Orte festgestellten Bevölkerungszahlen entsprechende stochastische Prozess weist sowohl eine räumliche
als auch eine zeitliche Dimension auf. Beide Dimensionen müssen berücksichtigt werden, um die Daten in geeigneter Weise zu modellieren und eine valide
Prognose zukünftiger Bevölkerungszahlen zu ermöglichen. Dies geschieht hier

mit Hilfe eines hierarchischen Bayes-Modells (J. Gerß 2004, S.104-114), das wie folgt erstellt wird.

1. Stufe (Data model):

$$Y_{it} \mid \mu_{it}, \tau \sim N(\mu_{it}, \frac{1}{\tau})$$

mit dem Index i=1,…,10 für die einzelnen Orte
und dem Index t für den jeweiligen Zeitpunkt (t=1975, …, 2007)

2. Stufe (Process Model):

$$\mu_{it} \mid \beta_0^{(i)}, \beta_1^{(i)}, \beta_2^{(i)}, \beta_3^{(i)} \sim \beta_0^{(i)} + \beta_1^{(i)} y_{i,\,(t-1)} + \beta_2^{(i)} t + \beta_3^{(i)} \sum_{j \in \{1,\dots,10\}\setminus\{i\}} y_{jt}$$

3. Stufe (A-priori-Verteilung der Steuerungsparameter):

$$\beta_0 = (\beta_0^{(1)},\dots,\beta_0^{(10)})^T \sim N\left[\mathbf{1}_{10} \cdot 30000,\ (\mathbf{1}_{10} \cdot 10^{-6} \cdot \mathbf{1}_{10}{}^T)^{-1} \right]$$

$$\beta_1 = (\beta_1^{(1)},\dots,\beta_1^{(10)})^T \sim N\left[(0,\dots,0)^T,\ (\mathbf{1}_{10} \cdot 10^{-6} \cdot \mathbf{1}_{10}{}^T)^{-1} \right]$$

$$\beta_2 = (\beta_2^{(1)},\dots,\beta_2^{(10)})^T \sim N\left[(0,\dots,0)^T,\ (\mathbf{1}_{10} \cdot 10^{-6} \cdot \mathbf{1}_{10}{}^T)^{-1} \right]$$

$$\beta_3 = (\beta_3^{(1)},\dots,\beta_3^{(10)})^T \sim N\left[(0,\dots,0)^T,\ (\mathbf{1}_{10} \cdot 10^{-6} \cdot \mathbf{1}_{10}{}^T)^{-1} \right]$$

$$\tau \sim \Gamma(0.001, 0.001) \qquad \text{mit } \mathbf{1}_{10} := (1,\dots,1)^T \in \mathbb{R}^{10}$$

In der ersten Stufe des hierarchischen Modells wird die beobachtete Bevölkerungszahl y_{it} eines Ortes i zur Zeit t als normalverteilte Zufallsvariable modelliert, mit dem Erwartungswert μ_{it} und einer Präzision τ (definiert als der Kehrwert der Varianz).

In der zweiten Modellstufe wird der räumliche und zeitliche Zusammenhang der Bevölkerungszahlen der verschiedenen Orte modelliert. Für die erwarteten Bevölkerungszahlen μ_{it} eines Ortes i wird davon ausgegangen, dass im zeitlichen Verlauf der Jahre t=1975,…,2007 die folgende Struktur besteht. Der aktuelle Wert der erwarteten Bevölkerungszahl eines Ortes zur Zeit t ergibt sich neben einem allgemeinen Mittelwert $\beta_0^{(i)}$ einerseits in Abhängigkeit der Bevölkerungszahl des selben Ortes im Vorjahr. Darüber hinaus wird ein möglicher zeitlicher Trend eingeräumt, d.h. zum Beispiel ein systematischer Anstieg der Bevölkerungszahl mit jedem Jahr. Wie stark die Auswirkungen dieser beiden Effekte sind, wird durch entsprechende Modellkoeffizienten $\beta_1^{(i)}$ und $\beta_2^{(i)}$ ausgedrückt, die als Variablen zunächst unspezifiziert sind und im Rahmen der

Modellanpassung empirisch geschätzt werden. Neben der zeitlichen Dimension des Prozesses wird eine mögliche räumliche Abhängigkeit der Bevölkerungszahlen der verschiedenen Orte modelliert. Die erwartete Bevölkerungszahl eines Ortes i zur Zeit t hängt von der Summe der Bevölkerungszahlen sämtlicher anderen Orte im selben Jahr t ab. Mit Hilfe des räumlichen Effekts können allgemeine Trends im gesamten Gebiet modelliert werden, die sämtliche Orte betreffen. Auch dieser Effekt wird mit einem Modellkoeffizienten $\beta_3^{(i)}$ gewichtet, der es ermöglicht, die Effektstärke flexibel zu steuern und auf diese Weise den empirischen Gegebenheiten anzupassen.

In einer dritten Stufe des hierarchischen Modells wird die A-priori-Verteilung sämtlicher Modellparameter festgelegt. Die Koeffizienten der räumlichen und zeitlichen Effekte β_0, β_1, β_2 und β_3 werden jeweils als multivariat normalverteilt angesehen. Durch die multivariate Formulierung wird noch eine weitere räumliche Dimension des Prozesses in die Modellierung eingebracht, d.h. ein Zusammenhang der Koeffizienten verschiedener Orte. Ein derartiger Effekt könnte in einem univariaten Ansatz, in dem jeder Ort separat modelliert wird, nicht berücksichtigt werden. Für den Streuungsparameter τ der ersten Modellstufe gilt als A-priori-Verteilung eine Gamma-Verteilung. Sämtliche A-priori-Verteilungen weisen niedrige Präzisionen bzw. große Streuungen auf, um auf diese Weise möglichst wenig Informativität zu bieten. Anstatt die Parameterwerte durch mögliche Annahmen einzuschränken ist man auf diese Weise in der Lage, den empirischen Informationen so weit wie möglich zu folgen. Damit wird eine maximale Flexibilität in der Modellanpassung gewährleistet.

Die empirische Anpassung des erstellten hierarchischen Bayes-Modells erfolgt mit Hilfe von Markoff-Chain-Monte-Carlo-Verfahren (Gilks et al. 1996). Dabei läuft der zeitliche Index über den letzten Beobachtungszeitpunkt t=2007 hinaus bis ins Jahr 2025. Auf diese Weise ermöglicht der Ansatz – neben einer Schätzung sämtlicher unspezifizierter Modellkoeffizienten – eine zeitliche Prognose zukünftiger Bevölkerungszahlen in den einzelnen Orten. Einen besonderen Vorteil des Ansatzes stellt die Möglichkeit dar, die Bevölkerungszahlen nicht nur punktuell abzuschätzen, sondern darüber hinaus mögliche Prognosefehler zu quantifizieren. Dies erfolgt in Form von Vertrauensintervallen, die die zukünftige tatsächliche Bevölkerungszahl mit 95%iger Überdeckungswahrscheinlichkeit eingrenzen.

Die Prognosemethode wird hier beispielhaft an Bevölkerungsdaten der Gemeinden des Kreises Mettmann (Nordrhein-Westfalen) demonstriert (LDS, laufende Veröffentlichung). Die prognostizierten Werte und die Prognosefehler sind in den folgenden Tabellen dargestellt. Der Kreis Mettmann ist gegenüber anderen Landkreisen durch einige Besonderheiten gekennzeichnet. Er umfasst zehn kreisangehörige Gemeinden – kleine und mittelgroße Städte (siehe Tabelle) – und ist (als sog. „Intercitykreis") von acht umliegenden Großstädten (Düsseldorf, Duisburg, Mülheim, Essen, Wuppertal, Solingen, Leverkusen, Köln) vollständig eingeschlossen. Der Kreis dient als grüne Lunge der Naherholung der Großstadtbewohner. Große Teile des Kreisgebietes haben die Funktion von Vorortsiedlungen der Großstädte. Dadurch ist die Anzahl der Einwohner je Quadratkilometer im Vergleich zu gewöhnlichen Landkreisen verhältnismäßig hoch. Die Vorortfunktion bewirkt starke Pendlerströme über die Kreisgrenzen (W. Gerß 2004). Die Verkehrswege und der öffentliche Personennahverkehr sind auf das großstädtische Umland ausgerichtet. Man gelangt einfacher und schneller in die nächstliegende Großstadt als in die geografisch noch näher liegende benachbarte kreisangehörige Gemeinde. Der Kreis hat kein dominierendes Zentrum. Die dem Kreis den Namen gebende, in seiner geografischen Mitte liegende Stadt Mettmann ist bei weitem nicht die größte kreisangehörige Gemeinde; sie hat außer dem Sitz der Kreisverwaltung keine zentrale Funktion.

Integrierte Zeit-Raum-Prognose der Bevölkerung des Kreises Mettmann auf der Basis der Jahre bis 2007

a = prognostizierter Wert zum Jahresende;
b = Prognosefehler (95% Vertrauensintervall)

	2007	2008		2009		2010	
		a	b	a	b	a	b
Kreis Mettmann	502045	506836	3165	509199	3886	510882	4327
Stadt Erkrath	46957	46845	1120	46653	1691	46404	2190
Stadt Haan	29323	29775	1137	29998	1348	30132	1495
Stadt Heiligenhaus	27312	27665	1126	27838	1401	27903	1617
Stadt Hilden	56180	57223	1095	57303	1055	57443	1089
Stadt Langenfeld	59075	60026	1089	60868	1531	61659	1851
Stadt Mettmann	39857	40079	1081	40233	1227	40372	1283
Stadt Monheim	43353	43937	1098	44331	1410	44621	1540
Stadt Ratingen	92255	92547	1085	92692	1276	92795	1392
Stadt Velbert	86121	86443	1066	86616	1369	86662	1565
Stadt Wülfrath	21612	22296	1126	22668	1377	22890	1518

	2011		2012		2013		2014	
	a	b	a	b	a	b	a	b
Kreis Mettmann	512221	4649	513314	4869	514309	5172	515236	5531
Stadt Erkrath	46101	2695	45777	3185	45423	3716	45056	4262
Stadt Haan	30234	1594	30306	1704	30401	1809	30483	1941
Stadt Heiligenhaus	27942	1761	27941	1903	27936	2041	27923	2171
Stadt Hilden	57596	1108	57740	1086	57879	1113	58024	1110
Stadt Langenfeld	62385	2075	63083	2268	63766	2481	64441	2634
Stadt Mettmann	40491	1326	40627	1351	40739	1364	40859	1400
Stadt Monheim	44845	1623	45044	1739	45214	1768	45385	1836
Stadt Ratingen	92908	1434	93035	1481	93155	1487	93291	1489
Stadt Velbert	86657	1702	86594	1781	86517	1797	86416	1893
Stadt Wülfrath	23062	1588	23168	1648	23279	1697	23358	1754

	2015		2016		2017		2018	
	a	b	a	b	a	b	a	b
Kreis Mettmann	516060	5703	516913	5976	517717	6317	518523	6661
Stadt Erkrath	44653	4816	44231	5378	43788	5981	43335	6633
Stadt Haan	30558	1990	30632	2086	30714	2169	30788	2252
Stadt Heiligenhaus	27918	2294	27903	2446	27907	2590	27905	2756
Stadt Hilden	58180	1121	58326	1136	58456	1132	58619	1142
Stadt Langenfeld	65096	2812	65750	2993	66387	3169	67030	3357
Stadt Mettmann	40969	1414	41101	1431	41238	1440	41358	1493
Stadt Monheim	45520	1881	45683	1944	45827	2006	45980	2044
Stadt Ratingen	93426	1548	93571	1593	93719	1630	93866	1646
Stadt Velbert	86296	1948	86179	2010	86065	2061	85929	2131
Stadt Wülfrath	23445	1789	23538	1850	23616	1898	23712	1943

	2019		2020		2021		2022	
	a	b	a	b	a	b	a	b
Kreis Mettmann	519307	7050	520059	7424	520795	7810	521556	8253
Stadt Erkrath	42855	7313	42367	8001	41868	8743	41346	9544
Stadt Haan	30876	2331	30949	2420	31028	2484	31105	2587
Stadt Heiligenhaus	27895	2917	27882	3091	27866	3237	27885	3394
Stadt Hilden	58758	1139	58897	1172	59041	1176	59186	1178
Stadt Langenfeld	67685	3517	68328	3714	68964	3919	69607	4101
Stadt Mettmann	41499	1535	41620	1547	41762	1557	41894	1592
Stadt Monheim	46134	2089	46302	2128	46448	2177	46595	2229
Stadt Ratingen	94020	1685	94172	1728	94326	1773	94481	1811
Stadt Velbert	85793	2180	85658	2233	85524	2283	85395	2350
Stadt Wülfrath	23793	1972	23885	2027	23970	2069	24062	2133

	2023		2024		2025	
	a	b	a	b	a	b
Kreis Mettmann	522221	8634	522962	9127	523665	9625
Stadt Erkrath	40803	10367	40241	11248	39674	12153
Stadt Haan	31175	2673	31279	2764	31372	2859
Stadt Heiligenhaus	27883	3589	27896	3796	27902	4001
Stadt Hilden	59343	1199	59492	1210	59622	1218
Stadt Langenfeld	70228	4267	70859	4460	71489	4673
Stadt Mettmann	42017	1618	42149	1651	42281	1681
Stadt Monheim	46745	2269	46894	2323	47037	2347
Stadt Ratingen	94608	1835	94770	1865	94923	1867
Stadt Velbert	85250	2424	85118	2500	85000	2530
Stadt Wülfrath	24169	2157	24265	2193	24365	2251

Durch das Verfahren ist sichergestellt, dass die Summe der prognostizierten Einwohnerzahlen der kreisangehörigen Gemeinden zu jedem Zeitpunkt gleich der prognostizierten Einwohnerzahl des Kreises ist. Erwartungsgemäß ist der Prognosefehler umso größer, je weiter der Prognosehorizont in die Zukunft reicht, und zwar sowohl absolut als auch relativ zum Prognosewert. Für den Kreis Mettmann wird über den ganzen Prognosezeitraum eine kontinuierlich wachsende Einwohnerzahl vorausgesagt. Dagegen weist die amtliche Bevölkerungsvorausberechnung für das Kreisgebiet eine schrumpfende Einwohnerzahl – von 2005 bis 2025 Abnahme um 5,6 % – aus (LDS 2006). Diese Diskrepanz ist erklärungsbedürftig, aber auch erklärbar. Der Grund liegt in der unterschiedlichen Zielsetzung der beiden Prognoseverfahren. Die amtliche Vorausberechnung ist eine Wenn-dann- Aussage. Die Fragestellung lautet: Wenn bestimmte Umstände eintreten werden, dann ergibt sich daraus eine bestimmte Bevölkerungsentwicklung. Dabei spielt keine Rolle, ob die ursächlichen Umstände bereits in den Daten der Vergangenheit sichtbar waren oder vollkommen neue Entwicklungen darstellen. Die Vorausberechnung zeigt die – erwünschten oder befürchteten – vermuteten demografischen Folgen noch nicht realisierter erwarteter Änderungen (z.B. politische Maßnahmen). Die Annahmen über die zukünftigen Änderungen der Einflussfaktoren der Bevölkerungsdynamik können unabhängig vom bisherigen Verlauf der Zeitreihen exogen begründet sein. Demgegenüber werden bei der hier angewendeten Zeit-Raum-Prognose die in den bisherigen Zeitreihen erkennbaren Tendenzen – tatsächliche Beobachtungen aus der Vergangenheit bis in die Gegenwart – aus dem Modell selbst heraus endogen in die Zukunft extrapoliert. Die Fragestellung lautet: Da bereits bestimmte durch Daten belegte Bewegungskomponenten die Zeitreihen geprägt haben und darüber hinaus sich in diesen Daten keine signifikante Änderung abzeichnet, resultiert eine bestimmte   Bevölkerungsentwicklung. Im Kreis

Mettmann hat die Bevölkerung bis zum Jahr 1992 zeitweise stark zugenommen und danach bis ca. 2004 auf hohem Niveau stagniert (Kreis Mettmann 2006). Die in den neuesten Daten (bis 2007) ausgewiesene Abnahme schlägt bei der Analyse der insgesamt mehr als 30 Jahre überdeckenden Zeitreihe noch nicht durch. Dass die ausschließlich als Funktion ihrer gesamten eigenen Vergangenheit definierte prognostizierte Zeitreihe mehr von der früheren längeren Phase starken Wachstums als von der bisher sehr kurzen Phase der Schrumpfung geprägt wird, ist daher nicht überraschend.

Literatur

Eisenmenger, Matthias/Pötzsch, Olga/ Sommer, Bettina (2006): Bevölkerung Deutschlands bis 2050 – 11. koordinierte Bevölkerungsvorausberechnung (herausgegeben vom Statistischen Bundesamt). Wiesbaden.

Gerß, Joachim Werner Otto (2004): Prädiktion der Ozeantemperatur im räumlichen und zeitlichen Verlauf mit Hilfe dynamischer linearer Modelle. Berlin.

Gerß, Wolfgang (2004): Berufspendler im Kreis Mettmann – Wohnen und Arbeiten zwischen und in den Großstädten. Journal 24 (Jahrbuch des Kreises Mettmann 2004/05), S.141-145.

Gilks,Walter R./Richardson, Sylvia /Spiegelhalter,David J. (1996): Markov Chain Monte Carlo in Practice. London.

Kreis Mettmann (2006): Demografische Entwicklung im Kreis Mettmann – Kreisentwicklungsbericht Nr.1 Stand 16.05.2006 (herausgegeben vom Kreis Mettmann).

LDS (Landesamt für Datenverarbeitung und Statistik Nordrhein-Westfalen) (laufend): Die (Wohn-) Bevölkerung der Gemeinden Nordrhein-Westfalens. Statistische Berichte, halbjährlich zum 30.Juni und 31.Dezember. Düsseldorf.

LDS (Landesamt für Datenverarbeitung und Statistik Nordrhein-Westfalen) (2006): Vorausberechnung der Bevölkerung in den kreisfreien Städten und Kreisen Nordrhein-Westfalens 2005 - 2025/2050. Düsseldorf.

United Nations (laufend): World Population Prospects. New York.

VS Forschung | VS Research
Neu im Programm Soziologie